VEB F. A. Brockhaus Verlag
Leipzig

Verlag Progress
Moskau

W0072257

Jewgeni Singer

Zwischen
Nordpol
und
Europa

Forschungen und Erlebnisse auf Spitzbergen

Titel der Originalausgabe:
Евгений Зингер «На Шпицбергене»

Übersetzung aus dem Russischen von Ralf Sela und Ursula
Sträubig

Die vom Autor zur Verfügung gestellten Fotos (9) wurden ergänzt
durch Aufnahmen von Ján Blažej (28) und Dr. Siegfried Meier (17)

ISBN 3–325–001 10–6

1. Auflage
Gemeinschaftsausgabe der Verlage VEB F. A. Brockhaus Leipzig und Progress
Moskau

© Издательство «Мысль», Москва 1975
© Deutsche Ausgabe VEB F. A. Brockhaus Verlag Leipzig, DDR, und Verlag
 Progress Moskau, 1987

Lizenz-Nr.: 455 / 150 / 58 / 87 · LSV 5009
Lektor: Helmut Sträubig
Kartenredaktion: Helmut Sträubig
Schutzumschlag und Einband: Peter Mauksch
Kartenzeichnung: Rudolf Riehl
Satz und Druck: UdSSR
Redaktionsschluß: 31.05.85
Bestell-Nr.: 587 257 4
01180

Inhalt

Vorwort

Schon von der Schule her wissen wir, daß am Himmel der Nord-
halbkugel ein interessanter Stern seinen Platz hat – der Polarstern.
Zweifellos hat er mit seinem fernen und doch so klaren Licht meine Kinderträume erhellt, bin ich doch in der Familie eines Polar-
fahrers geboren und aufgewachsen. Mein Vater war Journalist,
Schriftsteller, Künstler, Seemann und hat in den zwanziger, dreißiger Jahren an vielen Expeditionen zu Wasser und in der Luft
teilgenommen, als die Erschließung der Arktis durch die sowjetischen Forscher noch in den Anfängen steckte. In seinem kleinen,
gemütlichen Arbeitszimmer fanden sich gern Freunde und Mitstrei-
ter zusammen – Seeleute, Flieger, Forscher und Überwinterer –, die
gerade von ihren romantischen Märschen und Flügen im Nördlichen
Eismeer zurückgekehrt waren. Unabhängig von Beruf und Alter
nannte man sie alle durchweg »Poljarnik«. Es waren dies nicht
alltägliche Leute: mutig, willensstark, stolz, bescheiden, klug und
belesen. Sie waren nicht nur vielseitig gebildet, sondern auch mit
positiven Charaktereigenschaften ausgestattet, wie schlichtem Wesen, Güte, Fröhlichkeit und Humor.

Von Kind an war ich Ohrenzeuge so mancher seltsamen Geschichten, die jene ersten sowjetischen Poljarniki interessant zu erzählen
wußten. Unter ihnen gab es namhafte Kapitäne von Eisbrechern,
berühmte Polarflieger und Arktisforscher, bekannte Überwinterer.
Ich bin glücklich, einer der ersten und dankbarsten Leser der
Reportagen, Bücher und Erzählungen meines Vaters und seiner
Kameraden gewesen zu sein, die von jener geheimnisvollen, aber
doch so verlockenden Region unter dem Sternbild des Großen
Bären (im Griechischen heißt es »arktos«) und jenen mutigen
Männern berichteten, die sie bezwangen. So hat die Arktis sehr
früh Einzug in mein Leben gehalten, noch bevor ich selbst sie mit
eigenen Augen sehen konnte und sie wirklich zu lieben begann.

Mein Kindheitstraum von Polarfahrten wurde im Frühjahr 1944
Realität. Nach Beendigung von Kursen bei der Hauptverwaltung
des Nördlichen Seeweges wurde ich, damals siebzehnjährig, auf
Anweisung ihres Leiters, zweifacher Held der Sowjetunion Iwan

Papanin, als Funker auf eine entfernte Polarstation an der Mündung der Kolyma auf die Tschuktschenhalbinsel geschickt. Ein Jahr später, nach meiner ersten Überwinterung jenseits des Polarkreises, kommandierte man mich auf die »Mikojan« ab, einen großen Eisbrecher. Leider aber hatte ich mich zu früh gefreut – nach einiger Zeit nahm meine Kurzsichtigkeit stark zu, und ich mußte aufs Festland versetzt werden. Traurigen Herzens mußte ich mich nicht nur von meinem mir vertraut gewordenen Dampfer mit seinen zwei Schornsteinen trennen, sondern auch von der Arktis überhaupt.

Bei den Poljarniki gibt es so einen Aberglauben: Wer das erste Mal in den hohen Norden gerät, bekommt ganz bestimmt die »Arktiskrankheit« und wird immer wieder aufs neue und noch sehnlicher dorthin zurück wollen. Als ich heimkehrte, trug ich den »Arktisbazillus« schon in mir. Aber wie nun weiter? Mein Vater, der mir mehr als nur Vater schlechthin, mehr als ein engster Freund war, riet mir gleich bei unserer ersten Begegnung: »Du mußt lernen, mein Sohn. Die Arktis läuft dir nicht weg...«

Ein Jahr später beendete ich die zehnte Klasse der Schule der Arbeiterjugend und bewarb mich am Institut für geologische Erkundung. Durch Zufall erfuhr ich dann jedoch, daß es an der Geographischen Fakultät der Universität Moskau einen Lehrstuhl für Geographie arktischer Länder gab, den einzigen in der Sowjetunion (er wurde später umgewandelt in Lehrstuhl für Meereis- und Gletscherkunde). Ich holte, ohne auch nur eine Sekunde zu überlegen, meine Bewerbung aus dem Institut wieder weg und brachte sie in die Universität. Die Aufnahmeprüfungen bestand ich alle, ich wurde ins erste Studienjahr aufgenommen. Von hier, von der alten Moskauer Universität aus, begab ich mich – nunmehr als Geograph – auf meine ersten Polarexpeditionen. Noch als Student hatte ich Praktika in den Chibinen auf der Kolahalbinsel, auf der »Witjas«, dem Expeditionsschiff der Akademie der Wissenschaften, im Beringmeer und im Ochotskischen Meer sowie auf dem Trawler »Sjomga» in der Barentssee abzuleisten.

Seitdem sind mehr als dreißig Jahre vergangen. Ich habe viele interessante, an Eindrücken und wissenschaftlichen Ergebnissen reiche Expeditionen in die verschiedensten Regionen der Arktis hinter mir. Dies wurde dadurch begünstigt, daß ich seit Januar 1957 und bis zum heutigen Tage als wissenschaftlicher Mitarbeiter in der Abteilung Glaziologie des Instituts für Geographie an der Akademie der Wissenschaften der UdSSR tätig bin. Auf der Nordinsel von Nowaja Semlja habe ich auch am Internationalen Geophysikalischen Jahr teilgenommen, wo ich mich zwei Jahre lang mit Forschungen im größten Gebiet heutiger Vereisung auf dem Territorium der UdSSR beschäftigte. Ich bin auf die Dicksoninsel und die Taimyrhalbinsel geflogen, auf die am weitesten nördlich gelegenen Archipele Sewernaja Semlja und Spitzbergen... Die erste sowjetische glaziologische Expedition nach Spitzbergen fand 1965 statt, ihre Arbeit wird noch heute fortgesetzt. Ich schätze mich glücklich, an allen sowjetischen Spitzbergen-Expeditionen teilgenommen zu haben, und bin stolz, daß man mich die ganze Zeit mit der verantwortungsvollen Funktion eines Leiters betraut hat.

Der Vollständigkeit halber muß ich allerdings noch sagen, daß ich dienstlich auch in Mittelasien zu tun hatte, um die Gebirgsgletscher des Pamir kennenzulernen, sowie in Westsibirien, um dort in den Wassjuganje-Sümpfen die winterliche Schneedecke zu messen. Mehrmals habe ich meinen Urlaub auf Expeditionen verbracht, die am Baskuntschak, einem Salzsee im Gebiet der unteren Wolga, im Donezbecken sowie auf dem Ustjurt-Plateau arbeiteten.

An über dreißig Expeditionen habe ich teilgenommen. Mehr als die Hälfte davon waren glaziologische, die hauptsächlich in hohen Breiten gearbeitet haben. Die auf Polarexpeditionen verbrachte Zeit war für mich die interessanteste und unvergeßlichste. Jede Reise in den Norden ließ mich aufs neue dessen wundersame Welt entdecken – die rauhe Schönheit unberührter Natur, die einfachen und doch irgendwie ungewöhnlichen Menschen, die Poljarniki, und die Erinnerung ließ gewissermaßen die Geschichte wieder lebendig werden und wurde durch das Geschaute bereichert. Alle meine Polarexpeditionen waren nicht einfach nur eine Wiederholung früherer Unternehmen. Diese weite Region wurde mir immer vertrauter und lieber – dieses Gebiet mit seinen kalten Meeren und driftenden Eismassen, mit seinen verschneiten Inseln und Bergen, die wie Märchenschlösser aussehen, mit seinen Polarstationen und -observatorien, seinen kleinen Standlagern und modernen Städten, seiner langen dunklen Polarnacht und der rund um die Uhr dauernden Helligkeit des Polartages, mit seinen orkanartigen Winden, seinen Schneestürmen und Schneetreiben, mit den farbenprächtigen Polarlichtern am Himmel und mit seinen Eisströmen, den Gletschern. Aber die Arktis ist ja nicht nur einmaliges Objekt zum Studium der Natur; die Arktis – das sind auch die zahlreichen Begegnungen mit Poljarniki, jenen prächtigen Menschen, die im hohen Norden leben und arbeiten. Über vierzig Jahre sind seit meinem ersten Besuch der Arktis vergangen, aber immer noch ist sie für mich verlockend und erregend zugleich.

Fünfzehn Jahre habe ich auf Spitzbergen gearbeitet, dabei Gletscher untersucht, Begegnungen mit sowjetischen Bergleuten, Matrosen, Piloten und Kollegen aus anderen Expeditionen, aber auch mit Bewohnern norwegischer Siedlungen, polarer Funkstationen, meteorologischer Stationen und schließlich mit ausländischen Erforschern des Archipels gehabt. Davon möchte ich hier nun erzählen, von all dem, was ich dort Interessantes zu sehen und zu hören bekommen habe. So ist dieses Buch entstanden.

Forschungsreisende wissen, daß die ersten Eindrücke, die man von Geschautem und Erlebtem empfängt, in der Regel die stärksten, besonders reich an Emotionen sind und im Gedächtnis besonders lange haftenbleiben. Vielleicht ist das der Grund, weshalb ich den Impressionen, die mir meine ersten Reisen nach Spitzbergen vermittelt haben, so breiten Raum gewähre. Aber auch über Geschichte und Erkenntnisse wird genügend Material vorgelegt. Dies wiederum soll helfen, diesen interessanten Archipel am äußersten Rande der Zone arktischer Wüsten besser kennenzulernen.

Wir sind Glaziologen!

An einem Maitag des Jahres 1965 verkündete in Leningrad der Ansager der Bahnhofsinformation in seinem üblichen Eiltempo, der »Arktis« aus Moskau sei eingefahren und stünde zur Weiterfahrt nach Murmansk bereit. Im gleichen Augenblick schwappte auch schon die Flut von Passagieren, von schnellen und allgegenwärtigen Trägern begleitet, geräuschvoll auf den noch regennassen schmalen Bahnsteig.

In der Masse von Menschen, die eilig ihre Plätze in dem dunkelblauen Expreß einnahmen, hob sich eine Gruppe von Fahrgästen durch ihre Marschausrüstung etwas ab – alle trugen sie die gleichen khakifarbenen Wetteranzüge, alle hatten einen riesigen Rucksack auf dem Rücken, aus dem wie ein weißer Schnabel ein Eispickel herausspießte, und in den Händen hielten sie Bergskier. Sie verstauten all ihr Gepäck eiligst im Abteil und traten dann auf den Bahnsteig, um draußen noch schnell eine Zigarette zu rauchen. Die gutmütige Schaffnerin, die an der Tür Posten stand, fragte interessiert:

»Na, Jungs, fahrt wohl zum Wettkampf in die Chibinen?«

»Nein«, dröhnte die Baßstimme eines der »Jungs«; er trug eine Hornbrille und eine keck auf das rechte Auge gezogene Baskenmütze.

Die so wenig konkrete Antwort schien die Schaffnerin wohl nicht zu befriedigen, und sie setzte die Befragung fort.

»Dann seid ihr sicher Touristen oder Geologen!«

«Falsch geraten. Obwohl wir, offen gesagt, mit diesem ,fahrenden Volk' lose verwandt sind«, antwortete der mit der Baßstimme. Um jedoch die »Bahnsteigpressekonferenz« möglichst abzukürzen, teilte er der wißbegierigen Waggonchefin mit, wir seien Glaziologen, die über Murmansk nach Spitzbergen reisten.

Was ist das eigentlich, Glaziologie? Diese verhältnismäßig junge Wissenschaft wurde Ende des achtzehnten Jahrhunderts in den Alpen »geboren« und war ursprünglich eine Gletscherkunde. Heutzutage jedoch untersuchen die Glaziologen die verschiedenen Formen von Eis: unterirdisches Eis, atmosphärisches Eis, Meereis,

See-Eis, Flußeis, die Schneedecke und die Gletscher. Deshalb bezeichnet man jetzt die Glaziologie als die Wissenschaft von allen Arten Natureis auf der Erdoberfläche, in der Atmosphäre, Hydrosphäre und Lithosphäre. In den letzten Jahren bürgert sich mehr und mehr eine neue Definition des Begriffs Glaziologie ein – man betrachtet sie als die Wissenschaft von Natursystemen, deren Eigenschaften und Dynamik vom Eis bestimmt werden. Die Rolle der Glaziologie in der Sowjetunion ist in letzter Zeit gewaltig gewachsen, da immer neue Regionen mit extrem nival-glazialem Klima, mit einer lange anhaltenden Schnee- und Eisdecke in die gesellschaftliche Produktion einbezogen werden. Es sind dies die nördlichen Küstengebiete, die auf einer riesigen Strecke an den Arktischen Ozean grenzen, das sind die schier grenzenlosen Weiten Nordsibiriens, das sind die Hochgebirge des Pamir, Tienschan, Kaukasus, Altai, Sajan und anderer Gebiete Sibiriens und des Fernen Ostens.

Diese »kalte« Wissenschaft kennt viele durchaus brennende Probleme, mit deren Lösung sich die Glaziologen befassen, Vertreter eines relativ seltenen Berufs. Die Spezifik ihrer Arbeit besteht darin, daß sie sich fast jeden Sommer zu ausgedehnten Märschen auf Gletscher begeben, in kalte und sehr wenig erforschte Gebiete der Erde, um die in diesen natürlichen Eisschränken verborgenen Geheimnisse der Natur der rauhesten Regionen unseres Planeten zu enträtseln, deren Wechselbeziehungen zu Klima und geographischem Milieu allseitig zu erforschen sowie die Rolle des Eises in der Entwicklung der Erde zu ermitteln.

Ein Gletscher ist ein Objekt erhöhter Gefahr für den Menschen, der ihn betritt. Bei seiner Forschungsarbeit steht der Glaziologe Auge in Auge den tückischen Naturgewalten der Polargebiete und himmelhoher Gipfel gegenüber. Er muß nicht nur auf dem Gletscher leben, sondern unter den Bedingungen jener Eiswüste, fern vom Zuhause, von Verwandten, von der Zivilisation auch noch Forschungsarbeit leisten können. Sich an die strenge Kälte und den Wind, an die großen physischen Anstrengungen, den viele Tage anhaltenden Nebel, an die Einförmigkeit der Nahrung und andere extreme Bedingungen zu gewöhnen ist nicht so einfach. Nicht jeder ist imstande, derartige Entbehrungen auf sich zu nehmen. Der Glaziologe weiß, daß seine Expeditionskameraden ihn nicht im Stich lassen, doch verläßt er sich in erster Linie auf seine eigenen Kräfte, sein Können, seine Umsicht, seine Geduld. Sein Beruf verlangt von ihm nicht nur Wagemut, Gesundheit, Wissen und Ausdauer, sondern auch, daß er sich ihm bedingungslos hingibt, daß er ihn liebt.

Genau wie Geologen und andere im Felde arbeitende Wissenschaftler unternehmen die Glaziologen Märsche. Diese können unterschiedlich sein – schwierig oder einfach, leicht oder schwer, kurz oder lang, erfolgreich oder erfolglos, sogar heiter oder etwas traurig und, was sehr selten vorkommt, auch langweilig und uninteressant. Aber immer führen sie über Eis und Schnee. Wer einen Gletscher begeht, auf den lauern Spalten, tückisch verborgen unter weichen »Schneebrücken«. Wenn im Sommer der Schnee von den Gletscherzungen abtaut, türmt sich vor dem Auge des Forschers ein Chaos blauen Eises, das an ein riesiges Labyrinth erinnert und das man nicht immer wohlbehalten passieren kann.

Das Wetter auf Gletschern hoher Breiten begünstigt nur selten die Arbeit des Forschers. Öfter hängen über den in polaren Gebieten arbeitenden Glaziologen düstere, bleigraue Wolken, als daß die Sonne vom blauen Himmel herablacht.

Im Winter lassen kalte stürmische Winde und tückische Schneestürme den Menschen vom Weg abkommen, sie zehren seine Kräfte auf, reißen ihn um, rauben ihm den Atem, verbrennen ihm das Gesicht und verkleben ihm die Augen. Der Schnee dringt unter die Kleidung, sammelt sich in den Taschen der Rucksäcke an. Das dünne Zelt des im Felde forschenden Glaziologen wirkt in dem Meer von Schnee und Sturm auf der Gletscheroberfläche wie ein winziges Sandkorn.

Im Sommer sind es die Schmelzwasserströme, die die Forschungsarbeiten stark behindern und sich zeitweise als regelrechte Flüsse und Seen über die Gletscheroberfläche ausbreiten, ferner auch die Schneewassersümpfe. Häufig hüllt Nebel den Forscher wie eine Wattedecke auf allen Seiten ein, und dann verschwinden sehr schnell alle nahen und fernen Orientierungspunkte – Berge, Felsen, Buchten, Seen, Moränen, auch die Schneepegel zum Messen der Schneehöhe.

Es gibt aber, zwar selten, auch gute Tage, an denen das Wetter dem Glaziologen wolken- und nebelfreie Tage schenkt. Dann vergißt er, der hier so viele Bequemlichkeiten entbehren muß, alle Mühsal und alle Beschwerlichkeiten seines Lebens.

Die planmäßige Erforschung der Gletscher begann erst vor gar nicht langer Zeit. Besonders intensiv entwickelte sie sich Ende der fünfziger Jahre während eines wissenschaftlichen Unternehmens großen Maßstabs mit der Bezeichnung »Internationales Geophysikalisches Jahr«. Dank dieser Arbeit hat sich unser Wissen über das heutige Ausmaß der Vereisung auf unserer Erde merklich erweitert.

Gegenwärtig nehmen Gletscher mehr als sechzehn Millionen Quadratkilometer der Oberfläche unseres Planeten ein, das sind etwa elf Prozent des festen Landes. Um diese Eismassen aufzuwiegen, müßte man ein Riesengewicht von 24 Billiarden Tonnen auf die Waage stellen!

Die größten Eismassen gibt es in den Polargebieten. Auf die Antarktis und Arktis entfallen mehr als 99 Prozent der mit Eis bedeckten Fläche der Erde. Trüge die Erde diese beiden kalten Eiskappen auf ihren Polen nicht, ihr Klima wäre, vom Äquator bis hin zu den Polen, weitaus ausgeglichener und wärmer, es gäbe auch keine derartig unterschiedlichen Naturbedingungen, wie sie gegenwärtig vorhanden sind.

Gletscher beeinflussen nicht nur nachhaltig das Klima, sondern wirken sich auch auf Leben und wirtschaftliche Tätigkeit des Menschen aus. Dieser muß ihrem »Charakter« Rechnung tragen; von Zeit zu Zeit »erwachen« sie nämlich und stellen dann eine ernste Gefahr dar. Die gewaltigen Ansammlungen von Schnee und Eis in den Gebirgen lösen nicht selten elementare Naturerscheinungen aus wie Muren – Stein- und Schlammströme –, Lawinen, unerwartete katastrophale ruckartige Bewegungen und Abbrüche der Gletscherenden, Aufstauung von Flüssen und Seen, Überschwemmungen und Hochwasser. Die Elemente unterbrechen Gebirgsstraßen und Eisenbahnlinien, Telefon- und Stromleitungen, zerstören einzelnstehende Gebäude und sogar ganze Siedlungen.

In den verschiedenen Regionen der Erde hat man eine Vielzahl von wissenschaftlichen Stationen geschaffen, wo sich Forscher unter schwierigen natürlichen Bedingungen mit dem Verhalten der »Kühlschränke« unseres Planeten befassen.

Gletscher beenden ihr Vorrücken oft in der Nähe von Siedlungen, Seehäfen, Verbindungswegen, Polarstationen, Bergwerken. Eine solche Nachbarschaft kann von Nutzen sein, birgt aber auch Gefahren in sich. Auf der einen Seite versorgen Gletscher den Menschen und seine Wirtschaft mit Trink- und Brauchwasser, auf der anderen Seite bereiten sie auch zusätzliche Mühen, da sie Ursachen von Katastrophen werden können. Deshalb haben glaziologische Forschungen heute unmittelbare volkswirtschaftliche Bedeutung, deshalb wird jetzt schon bei der Lösung wichtiger Probleme, die bei der Entwicklung von Hydroenergetik und Bergbau, bei der Anlage von Straßen und Eisenbahnen sowie im Bauwesen auftauchen, der fachliche Rat von Glaziologen eingeholt. So hat die Glaziologie in den letzten Jahren sehr an praktischer Bedeutung gewonnen.

Was ist eigentlich ein Gletscher? Die Glaziologen verstehen darunter Eismassen, die sich vorwiegend aus festen atmosphärischen Niederschlägen gebildet, die Gestalt eines Stromes (Talgletscher) oder einer Kuppel (Plateaugletscher, Eiskappe oder Eisschild) angenommen haben und sich unter dem Einfluß der Schwerkraft vorwärts bewegen. Ein Gletscher kann nur unter bestimmten Kombinationen von Klima und Relief entstehen und existieren, wobei sich im Verlauf des Jahres mehr Schnee anhäufen muß als abschmelzen kann. Wodurch wird die Ausbreitung der Eismassen auf der Erde hervorgerufen? Mit diesem interessanten Problem beschäftigt sich eine Vielzahl unterschiedlicher Hypothesen und Theorien, es ist aber heute noch keineswegs schon gelöst. Zweifellos sind die Eiszeitalter als episodische Ereignisse im Ablauf der geologischen Geschichte durch Abkühlung der Erdatmosphäre verursacht worden; sie haben sich alle zwei- bis dreihundert Millionen Jahre wiederholt. Der letzte große Gletschervorstoß in globalem Ausmaß erfolgte im tertiär-quartären Eiszeitalter vor 18 000 bis 20 000 Jahren. Die damals von Gletschern und Eisschilden bedeckte Fläche war mindestens viermal so groß wie die heutige. Interessant ist, daß der Eisschild Antarktikas schon ununterbrochen wenigstens zwanzig Millionen Jahre existiert. Zusammen mit Grönland spielt er heute die Hauptrolle bei der Gestaltung des Klimas auf unserem Planeten, weshalb diese beiden größten Regionen heutiger Vergletscherung sehr bildhaft »Wetterküchen« unserer Erde genannt werden.

Gletscher, deren Schwankungen mit klimatischen Veränderungen verknüpft sind, zählen die Glaziologen zur Kategorie der »normalen«. Im Unterschied zu ihnen sind pulsierende Gletscher gekennzeichnet von periodisch auftretenden Beschleunigungen der Bewegung ihrer Endteile, die mit einer starken Zertrümmerung der Eisoberfläche einhergeht. Für Objekte der Wirtschaft stellen sie eine große Gefahr dar, und ihre Erforschung wirkt sich unmittelbar in der Praxis aus. Die Wissenschaft befaßt sich zwar noch nicht sehr lange mit ihnen, doch hat man bereits einige Ursachen für ihr plötzliches ruckartiges Vorrücken gefunden. Danach stellt jenes bedeutende und schnelle, von Klimaschwankungen unabhängige Vorschieben einzelner Gletscher eine durchaus gesetzmäßige und keine zufällige Erscheinung dar, wie bisher angenommen. Ihre rhythmischen, pulsierenden Bewegungen, die verbunden sind mit einer Steigerung der Geschwindigkeit auf das Zehn- und Hundertfache, haben innere, dynamische Gründe.

Solche pulsierenden Gletscher gibt es in vielen Regionen der Erde. In Nord- und Südamerika, in Island und auf Spitzbergen, in den Alpen und im Himalaja, im Karakorum und auf Neuseeland hat man schon Hunderte ermittelt. Auf dem Territorium der Sowjetunion findet man sie im Pamir, Kaukasus, Tienschan und auf Kamtschatka. Von sich reden gemacht hat der Medweshi-Gletscher auf dem Pamir. 1963 und 1973 drang er stürmisch talabwärts vor, und beide Male haben sowjetische Glaziologen dieses seltene Schauspiel beobachten können. Analoge ruckartige Vorstöße hat dieser Gletscher bereits 1937 und 1951 unternommen. Also kommen solche Aktivitäten bei ihm etwa alle zehn bis vierzehn Jahre vor. Interessant ist, daß der letzte derart stürmische »Sprung« des Medweshi von den sowjetischen Wissenschaftlern exakt vorausgesagt wurde, dadurch Zerstörungen in Grenzen gehalten und Menschenopfer verhindert werden konnten. Diese wissenschaftliche Prognose einer größeren Gletscherkatastrophe war die erste in der Welt.

Nirgendwo in der Arktis hat man so viele Informationen über Gletscherschwankungen gesammelt wie auf Spitzbergen. Interessant ist, daß hier die Größe der ruckartigen Vorstöße die der »Pulsationen« von Gletschern auf dem Pamir und in anderen gemäßigten Breiten übersteigt. Durch Bearbeitung des im Felde gesammelten Materials und Analyse von Literaturangaben konnte unsere Expedition feststellen, daß allein von 1870 bis 1982 bei 55 Gletschern auf Spitzbergen ruckartige Vorstöße festgestellt werden konnten, bei einigen von ihnen sogar mehrere. Der Mensch kann im Kampf gegen solche Gletschervorstöße vorerst nichts ausrichten. Weitaus wichtiger ist es, ihr Nahen exakt vorauszusagen.

Gletscher sind sehr wertvolle Wasserressourcen unseres Planeten. In diesen ungewöhnlichen natürlichen Speichern ist eine Menge reinen Wassers gebunden, die dem Abfluß aller Wasserläufe der Erde während der letzten sechs- bis siebenhundert Jahre gleichkommt. Wenn aber die Süßwasservorräte in den Gletschern auch sehr groß sind – etwa dreißig Millionen Kubikkilometer –, unbegrenzt sind sie nicht, und man sollte deshalb vernünftig mit ihnen umgehen.

Vorerst weiß man über diese »Speicher« festen Wassers noch recht wenig. Will man bestimmte wissenschaftliche und praktische Aufgaben lösen, braucht man eine Aufstellung, die Auskunft gibt über Begrenzung (Oberfläche, Untergrund), Volumen, Masse und Besonderheiten des Haushalts der einzelnen Gletscher. Deshalb war im Arbeitsplan unserer Abteilung alsbald ein neues Thema aufgetaucht – ein »Katalog der Gletscher der Sowjetunion«. Vor einigen Jahren haben sowjetische Wissenschaftler die Arbeit an dieser mehrbändigen Ausgabe abgeschlossen, die eine echte »Glaziologische Enzyklopädie« darstellt. Darin haben viele zehntausend Mengenangaben zu den einzelnen Gletschern und Gletscherregionen auf dem Territorium der UdSSR Eingang gefunden. In der Sowjetunion gibt es einen speziellen Dienst, der die Gletscher ständig beobachtet. Ungeahnte Möglichkeiten eröffneten sich den Wissenschaftlern, als sie die Gletscher aus dem Kosmos »betrachten« konnten. Die sowjetischen Kosmonauten bringen hochinteressantes Material zur Erde mit. Auf einem Symposium von Glaziologen berichtete Fliegerkosmonaut Iwantschenkow:

»Obwohl uns für das Betrachten der Gletscher auf jeder Umlaufbahn nur fünfzehn bis vierzig Sekunden zur Verfügung standen, fanden wir die betreffenden Objekte in dem riesigen Panorama des unter uns vorübergleitenden Bereichs unseres Planeten doch sehr schnell und konnten sie auch fotografieren. Wir waren auf solche Begegnungen vorbereitet, da wir schon auf der Erde vom Flugzeug aus Gletscherbeobachtungen geübt hatten.«

Die Kosmonauten heben hervor, daß der Anblick, den die Eiskappen unseres Planeten aus kosmischer Höhe bieten, mit Worten nicht zu beschreiben sei. Wie blendendweiße Brillanten funkeln die Gletscher in ihrer markanten Fassung aus Bergen. Gut zu erkennen sind Moränenketten und Spaltenzonen, deutlich heben sich Gebirgsflüßchen und von Schmelzwasser gespeiste Seen ab. Beobachtungen über viele Tage hinweg ermöglichen es, die ruckartigen Vorstöße pulsierender Gletscher zu fixieren und die Dynamik festzustellen, mit der sich die Schneegrenzen im Gebirge verschieben. Mit den Satellitenaufnahmen verfügt die Glaziologie heute über eine Art Monitor, so daß sie den Zustand der Gletscher praktisch auf der ganzen Erde laufend verfolgen kann.

Die Glaziologie der siebziger und achtziger Jahre hat bereits ungewöhnlich umfangreiches Faktenmaterial gesammelt über die natürlichen Eismassen auf der Erde. Deshalb hat der Vorschlag sowjetischer Glaziologen, alle diese Angaben in einem »Atlas der Schnee- und Eisressourcen der Welt« systematisch zusammenzufassen, bei den Glaziologen aller interessierten Staaten breite Zustimmung gefunden.

Doch nun zurück zum Jahr 1965. Zu jener Zeit forschten in den weißen Eiswüsten bereits nicht mehr nur einzelne Gruppen von Enthusiasten, sondern große Arbeitskollektive. Sie arbeiteten in den Gebirgsgletschern des Pamir, Kaukasus, Tienschan, Altai und anderer Gebiete, untersuchten aber auch die Vereisung von Arktis und Antarktis. Es waren dies sowohl Riesenexpeditionen in der Art der Sowjetischen Antarktisexpeditionen als auch kleine, wie z. B. unsere glaziologische Spitzbergenexpedition der AdW der UdSSR. Fünf Glaziologen zählten dazu: Troizki, Korjakin,

Markin, Michaljow und ich. Es gab da noch zwei Nichtglaziologen – Lawruschin vom Geologischen Institut und Scherschnjow vom Forschungsinstitut für arktische Geologie. Der Leningrader Scherschnjow hatte im Unterschied zu uns die letzten Jahre bereits auf dem Archipel gearbeitet und war für uns vor allem deshalb so viel wert, weil er als »Eingeborener« fast alles über dieses Land wußte. Alle Expeditionsteilnehmer waren erprobte Leute, kannten die Arktis gut und hatten alle schon zahlreiche, oft nicht leichte Expeditionen in rauhe Gebiete der Sowjetunion hinter sich: nach Franz-Joseph-Land, nach Nowaja Semlja, in den Polaren Ural, nach Sewernaja Semlja, zum Pamir usw.

Nun also ziehen wir erneut aus nach dem Norden, Kurs Spitzbergen!

Land der Gletscher
und spitzen Berge

Zwei Tage und zwei Nächte hatte ein heftiger Sturm pausenlos gewütet, als sich endlich der trübe neblige Schleier über der Grönlandsee langsam hob und allmählich nach Osten abzog. Als sich dieser unangenehme, mit Nässe vollgesogene, schmutziggraue riesige Vorhang dann endgültig aufzog, entdeckten wir einen fernen Streifen Land, der wie eine Kompaßnadel in Richtung Nordpol wies. Je mehr wir uns dem unbekannten Land näherten, um so höher hob sich der Streifen allmählich aus dem Meer heraus, »streckte« er sich. Schließlich zeichneten sich gegen den düsteren Hintergrund des bewölkten Himmels vereinzelte Zacken einer zerrissenen Bergkette ab. Kurze Zeit später konnten wir schon weiße Bänder reinen Schnees erkennen, die von den Gipfeln bis unmittelbar an den Gebirgsfuß herabliefen. Aufgeregt starrten alle Passagiere auf die näher kommende rauhe Felsenküste, auf die spitzen, schneeweiße Mützen tragenden Berge, auf die weit ins Inselinnere hineinreichende große Bucht, auf die riesigen Gletscher, die ins Meer hinabglitten und kilometerlange steile Eisküsten bildeten.

Korjakins scharfe Stimme unterbrach plötzlich die lange Stille:

»Leute, diese Küste da hat vor beinahe vierhundert Jahren Barents in die Karte eingetragen!«

»Derselbe Barents, nach dem das Meer benannt ist, das wir überquert haben, und auch das Bergwerk, wohin wir jetzt fahren?« fragte ein interessierter Passagier neben uns.

»Ja, genau der... Dieser erfahrene Seemann segelte 1596 von Europa nach Norden und stieß zufällig auf ein ihm unbekanntes bergiges Land mit spitzen Bergen, was ihn bewog, es Spitzbergen zu nennen.«

Unsere »Sestrorezk« fuhr längs der Westküste Spitzbergens in der Meeresströmung gleichen Namens. Diese bildete die Fortsetzung des Norwegischen Stroms nach Norden hin, die ihrerseits ein Abzweig des berühmten Golfstroms ist. Auf ihrem Weg über den Atlantik bringt das Wasser dieser aus dem Golf von Mexiko kommenden mächtigen interkontinentalen Strömung hierher, nach der Grönlandsee, den zwar fernen, aber noch recht warmen Atem Mexikos, Floridas und Kubas mit. Die mittlere Jahrestemperatur der Grönlandsee an der Westküste Spitzbergens erscheint niedrig, nur plus 1 bis 3 °C, doch ist es gerade dem Einfluß des Golfstroms, dieses »warmen« Stromes im Ozean, zu danken, daß das Klima hier milder ist als an der Ostküste Spitzbergens, von Franz-Joseph-Land, Nowaja Semlja und Sewernaja Semlja ganz zu schweigen. Der Einfluß des Golfstroms macht sich auch darin bemerkbar, daß das Meer an der Westküste Spitzbergens selbst im Winter sehr häufig eisfrei ist, während die Sunde an der Ostküste auch im Sommer zugefroren sind. Nicht zufällig sind schon mitten im Hochwinter im Westen des Archipels Tauwettereinbrüche zu beobachten gewesen.

Nach einigen Stunden Fahrt riß die Küste erneut auseinander, und unser Schiff passierte die breite Einfahrt des Bellsunds – wir näherten uns dem Ziel unserer Reise.

Vor langer Zeit habe ich einmal gelesen, Spitzbergen sei in alten Sagen gewöhnlich als ein Land der Finsternis, der Kälte, des Eises und nackter Felsen, als ein Land beschrieben worden, wo der Mensch nicht leben könne. Vom Deck unseres Schiffes wirkte die Insel in der Tat sehr rauh und ungastlich. Und doch war das nur der erste Eindruck. Ich wußte, daß Spitzbergen im Vergleich zu anderen in so hohen Breiten gelegenen Regionen der Arktis relativ günstige Bedingungen für Leben und wirtschaftliche Tätigkeit des Menschen bietet. Eine dauernd auf dem Archipel wohnende Bevölkerung gibt es zwar nicht, doch leben und arbeiten hier jährlich mehr als dreitausend Menschen aus Norwegen und der UdSSR, die sich im wesentlichen mit Kohleförderung befassen.

Vor dem Abendessen verkündete der wachhabende Offizier über Bordfunk eine ernste Warnung: Allen Passagieren sei es vorübergehend untersagt, auf dem Oberdeck umherzugehen, da Gefahr bestehe, über Bord gespült zu werden. Tatsächlich rollten die Wellen von Steuerbord nach Backbord, und die »Sestrorezk« erinnerte bisweilen an ein U-Boot. Nach dem Essen tauchte voraus die schmale gebirgige Insel Prins-Karls-Vorland auf, die sich zwischen dem 78. und 79. Breitenkreis neunzig Kilometer lang an der Westküste Spitzbergens hinzieht, doch wir bogen nach Südosten in eine große Bucht ein, den berühmten Eisfjord. Bald darauf sahen wir durch das kleine, etwas trübe Bullauge unserer Kajüte hohe pfeilähnliche Masten mit Antennendrähten, einen silbrig glänzenden Behälter und vereinzelte Gebäude, die in der einförmigen, verschneiten Vorgebirgsebene wie verloren wirkten.

»Das wird wohl Kap Linné sein«, erklärte Korjakin, »und auf ihm die norwegische meteorologische Station ‚Isfjord Radio‘.«

Bald befand sich unser Schiff auf gleicher Höhe mit einem Felsinselchen, das genau an der Stelle hoch aus dem Wasser ragte, wo vom Eisfjord sein erster genau nach Süden verlaufender Nebenarm, der Grönfjord, abzweigt. Auf dem flachen Gipfel bemerkten wir den weißen Leuchtturm, der in der hellen Zeit des Polartages zwar ausgeschaltet, in der Dunkelheit der Polarnacht aber unentbehrlich ist.

Plötzlich konnten wir an der steilen Ostküste des Grönfjords mitten im weißen Schnee dieser arktischen Wüste eine echte Oase erkennen – Barentsburg, das größte sowjetische Kohlebergwerk auf Spitzbergen. Ihr Anblick ließ unsere Herzen höher schlagen, näherten wir uns doch unserem Hauptstützpunkt.

Das Schiff beschrieb gemächlich einen weiten Bogen nach Süden und umfuhr so eine Girlande gefährlicher Klippen. Der Wellengang ließ nach, fast alle Passagiere stürzten an Deck, um einen Blick auf den Ort zu werfen, wo sie leben und arbeiten sollten. Gemeinsam mit ihnen machten auch wir es uns unmittelbar am Bug bequem. Ich hatte schon viel von dieser Stadt jenseits des Polarkreises gehört, mir aber nie so recht vorstellen können, wie sie wirklich aussah.

Vor dem Bergwerk ragte ein für diese Gegend ganz untypischer Kegel einer Halde auf, über dessen Spitze sich träge bläulichgraue Rauchfahnen schlängelten. Weiter rechts klebte an dem stufenförmigen Hang, der in mehreren Küstenterrassen zum Meer hin abfiel, eine Vielzahl der verschiedensten Bauwerke. Näher zur Bucht hin stand ein nicht dem Standardtyp entsprechendes zweigeschossiges rosafarbenes Haus, dessen Satteldach von einem Türmchen überragt wurde. Dahinter spießten Antennen in den Himmel, mit deren Hilfe Aerologen den Flug von Radiosonden zu verfolgen pflegen.

»Man sieht doch gleich, daß dort meine Kollegen hausen, die Aerologen und Meteorologen«, ließ unser Klimatologe Markin sich vernehmen.

Mitarbeiter der aerologischen Station analysieren hier mehrmals am Tage, immer zu den gleichen Zeiten, das Wetter in Barentsburg. Sie bestimmen Windrichtung und -geschwindigkeit von den bodennahen Schichten bis in vierzig Kilometer Höhe, ferner Temperatur, Luftfeuchtigkeit und Luftdruck in diesen Höhen. Außerdem beobachten sie die Höhe der Gezeiten, die im Grönfjord maximal etwa zwei Meter beträgt, messen die Temperatur des Meerwassers, die Stärke des Meereises und die Niederschlagsmenge.

An der Küste zogen sich die rechteckigen »Schachteln« von Lagerhäusern hin. Weiter rechts tauchte ein dunkles Ungetüm mit hohem Schornstein auf, das Wärmekraftwerk, wie unschwer zu erraten war. Über der nächstgelegenen Anlegestelle ragte eine Verladebrücke auf, von der ein langes elastisches Rohr herabhing, zusammengesetzt aus einer Vielzahl kegelförmiger Fässer ohne Boden. Von See konnte man diesen Metallrüssel und die Verladebrücke mit einiger Phantasie für ein vorsintflutliches Tier halten. Dahinter erblickte ich einen großen schwarzen Hügel – die im Laufe des Winters geförderte Kohle.

Etwas oberhalb der aerologischen Station hatte man vier in Linie ausgerichtete Häuschen aus vorgefertigten Platten gebaut, dahinter sah man ein hübsches, damals das größte Gebäude von Barentsburg. Ein wenig höher am Hang standen, wie zu einer Parade angetreten, schmucke zweigeschossige Holzhäuschen, Wohnheime, die einander wie Zwillinge glichen. Nur gut, daß sie in unterschiedlichen hellen Farben angestrichen waren. An der steilen Flanke des über der Siedlung aufragenden Berges waren unter dem Schnee hervor riesige Buchstaben zum Vorschein gekommen, die man offensichtlich aus weißen Steinen zusammengesetzt hatte:»Miru mir!« (»Frieden für die Welt!«) Ganz oben thronte ein grünes Gebäude mit Balkon im zweiten Geschoß. Über ihm flatterte die rote Fahne der Sowjetunion – das sowjetische Konsulat in Spitzbergen.

Von dort verlief bis unmittelbar zum Hafen hinunter eine schmale, an gefährlichen Stellen des Hanges durch ein Geländer gesicherte Holztreppe. Vom Zentrum der Siedlung führten die Schienen eines Bremsberges zur Verladebrücke, eine Anlage, die an eine Drahtseilbahn erinnerte. Auf ihr schaffen Loren allerlei Güter aus dem Hafen in die Siedlung.

Inzwischen hatte die»Sestrorezk« sich langsam der Nordpier genähert. Die Mitternachtssonne hatte sich hinter einer undurchdringlichen Wolkenwand verkrochen, ein kalter böiger Wind wehte. Dicke Flocken nassen Schnees mischten sich mit Nieselregen. Trotz des naßkalten Wetters begrüßte ganz Barentsburg das erste 1965 aus der Sowjetunion eintreffende Passagierschiff. Die Tollkühnsten schafften es sogar, auf den Träger der Verladebrücke und das Dach des nächstgelegenen Hafenspeichers zu klettern. Immer wieder drang Blasmusik an unser Ohr, flotte Märsche übertönten die begeisterten Rufe der zur Begrüßung Erschienenen. Die für längere Zeit von Haus und Heimat, Verwandten und Freunden getrennten Poljarniki vermochten ihre Freude und Erregung über diesen Empfang nicht zu verbergen.

Plötzlich zischte über dem Dach des Kraftwerkes eine weiße Dampfsäule empor, und das heisere dreimalige Tuten einer Sirene betäubte den ganzen Grönfjord. Kaum war der letzte lange Heulton verhallt, schallte die rauhe»Stimme« des Schleppers»Donbass«, des Flaggschiffes der hiesigen Bergwerksflotte, herüber,

Kutter und Motorbarken fielen mit durchdringendem Sirenengeheul und Pfeifen ein. Mit einem solchen Salut empfingen die Poljarniki Schiff und Menschen aus der Heimat, etwas Außergewöhnliches, ja sogar Festliches lag in diesem Ereignis.

Die freudige Erregung der Barentsburger teilte sich auch der Besatzung unseres Schiffes mit. Ich bemerkte, wie die Augen des wachhabenden Offiziers aufleuchteten, als er mit dreimaligem langem Schiffssirenengeheul nach alter guter Seemannssitte die Begrüßung erwiderte. Der junge Seemann fing meinen Blick auf und rief nicht ohne Stolz:

»Da sehen Sie mal, wie man uns empfängt! Nicht nur etwa weil wir die Navigationsperiode eröffnen, diesen Nordlandbewohnern macht die Trennung von der Heimat besonders stark zu schaffen. Deshalb diese große Ehrung!«

Später, schon an Land, erzählten uns dann die Inselbewohner, wie aufgeregt man hier das erste sowjetische Schiff erwartet, das gewöhnlich Ende Mai, Anfang Juni im Grönfjord auftaucht. Sie warten die ganze Polarnacht hindurch, die hier mindestens vier Monate dauert. Die Ankunft des ersten Schiffes aus Murmansk nach dem Winter wird zu einem richtigen Festtag.

Das Eintreffen der Ablösung, der langerwarteten Post, von Gemüse und Obst und mancherlei anderen Dingen – all das und andere freudige Ereignisse müssen ja jeden Überwinterer durcheinanderbringen, unabhängig davon, wo er sich befindet – ob in Antarktika oder auf einer meteorologischen Station im Pamir, am Nordpol oder in den Gruben Spitzbergens...

Endlich war das Schiff am Kai vertäut. Die Matrosen ließen die Gangway hinab, das Blasorchester schmetterte mit neuer Kraft einen Marsch, und schon ging der erste Passagier von Bord, in seinem leichten, weder der Jahreszeit noch der geographischen Breite angepaßten dünnen Mäntelchen, ohne Kopfbedeckung – wie auf dem Festland –, mit einem kleinen Köfferchen. Als ein zappeliges Hündchen den Neuankömmling anbellte, brachen plötzlich alle in Lachen aus, das völlig verwirrte Tierchen zog den Schwanz ein, verstummte und verdrückte sich in der Menge.

Langsam ergießt sich der Strom der Passagiere an Land, taucht in der brodelnden Brandung der zum Empfang Erschienenen unter.

Von allen Seiten hört man ohrenbetäubende Rufe:»Jemand aus Kramatorsk dabei? Aus Makejewka oder aus Kadijewka? Leute, ich bin aus Krasny Lutsch! Gruß allen Tulaern!« Viele erkennen unter den Neulingen und Veteranen Freunde, Bekannte oder einfach Landsleute. Einer beginnt vor Freude Harmonika zu spielen.

Nach der Hauptmasse der Passagiere – Arbeitern vom Trust »Arktikugol« – gehen auch wir Glaziologen von Bord. Der sowjetische Konsul begrüßt mit herzlichen Worten uns Teilnehmer der ersten Expedition der Akademie der Wissenschaften der UdSSR, die die Gletscher des Archipels erforschen will, wünscht uns alles Gute für unsere Arbeit.

Spitzbergen... Betrachtet man eine Karte der Arktis, wird man eine große Gruppe von Inseln wahrnehmen, die etwa auf halbem Weg zwischen Pol und Europa liegen. Im Westen umspült sie die Grönlandsee, im Osten die Barentssee, im Norden der Arktische Ozean und im Süden die Norwegische See. Die Natur hat Spitzbergen aus Tausenden von Inseln und Inselchen, meist winzigen Felsen, geschaffen, die zwischen dem 76. und dem 81. Breitenkreis oft kaum über das Wasser herausragen, und all diese Eilande über einem Raum von etlichen hundert Kilometern Durchmesser verstreut. Im Südosten gibt es sogar eine Art Sonderarchipel,»Tausend Inseln« genannt. Den überwiegenden Teil der Fläche des Archipels nehmen allerdings die fünf Hauptinseln ein – Westspitzbergen, Nordostland, Edgeinsel, Barentsinsel, Prins-Karls-Vorland.

Auf dem etwas über 62000 Quadratkilometer großen Territorium Spitzbergens könnten zwei Staaten wie Belgien bequem Platz finden. Die mit 39000 Quadratkilometern größte Insel des Archipels, Westspitzbergen, erinnert in ihrer Form an ein gleichschenkliges Dreieck, dessen Hypotenuse zum Nordpol zeigt. Ihre beiden größten Buchten – der Eisfjord im Westen und der Wijdefjord im Norden – reichen bis in die Inselmitte, teilen sie gewissermaßen. Eine interessante Besonderheit des Eisfjords und anderer Buchten im Westen besteht darin, daß sie in manchen Jahren bis Januar, Februar nicht zufrieren und schon im Mai, Juni wieder eisfrei sind. Dieser Umstand begünstigt in nicht geringem Maße regelmäßigen Schiffsverkehr zwischen den Hauptsiedlungen des Archipels und dem Festland, der durch Eisbrecher notfalls auch im Winter aufrechterhalten werden kann.

Westspitzbergen ist eine typische Gebirgsinsel. Die Landschaft dort ist zwar einförmig, wirkt aber wegen der steil aufragenden zahlreichen spitzgipfligen Berge und Kämme gleichzeitig erhaben. Zwischen ihnen haben sich Täler tief eingeschnitten, die stellenweise mit silbrig schimmernden Strömen – Gletschern – ausgefüllt sind. Die beiden höchsten Gipfel, die Newtonspitze und die Pearyspitze, erreichen 1717 Meter Höhe. An der Ostküste gehen die Berge allmählich in ein bis achthundert Meter hoch liegendes Plateau über. In Westspitzbergen liegen die meisten Gletscher des Archipels, über sechzig Prozent, mehr als die Hälfte der Insel ist unter Eis begraben.

Die am stärksten vergletscherte Insel von Spitzbergen ist Nordostland, wo die Eisdecke mit etwa elftausend Quadratkilometern rund achtzig Prozent der Fläche einnimmt. Eine Mini-Antarktis!

In den zwanziger Jahren hatte eine Erwärmung der Arktis eingesetzt. Interessant ist, daß seit jener Zeit die mittlere Jahrestemperatur der Luft auf Spitzbergen um mehrere Grad anstieg. Seit etwa zwei Jahrzehnten ist aber wieder eine allmähliche und beständige Abkühlung zu beobachten, die sich in erster Linie in einem Absinken der mittleren Jahrestemperatur der Luft auswirkt. Von der aerologischen Station Barentsburg ermittelte Werte besagen, daß sie sich von 1965 bis 1975 um 2,3 °C verringert hat. Die Tendenz einer Abkühlung auf Spitzbergen findet ihre Bestätigung auch darin, daß unsere Expedition gewisse Anzeichen entdeckt hat, wonach die kleinen Gebirgsgletscher, die besonders empfindlich auf Klimaänderungen reagieren, jetzt langsamer zurückweichen. Günstigere Bedingungen für die Erhaltung der Gletscher, die eine Verbesserung deren Ernährung bewirken, sind außer auf Spitzbergen auch noch im Kaukasus, auf dem Pamir, in Alaska, in Skandinavien, im Himalaja und in den Alpen registriert worden. Trotzdem ist im Weltmaßstab ein Vorrücken der Gletscher nicht zu beobachten, im Gegenteil, in vielen Regionen hält der Rückgang an. Man stößt auf Meinungen, daß die in einigen Regionen der Erde zu beobachtende gegenwärtige bessere Ernährung der Gletscher von einem beständigen Zurückweichen abgelöst werden soll. Mit anderen Worten, den Gletschern kann eher Rückzug als Vorstoß drohen.

Wer Spitzbergen kennengelernt hat, weiß, was sich tut, wenn vom Nordatlantik her ungebetene Gäste – Zyklonen – im Anzug sind. Noch herrscht an der Küste klares Frostwetter. Vom blauen, wolkenlosen Himmel strahlt die Sonne herab, sie wärmt zwar nicht, ist aber hell. Eine Fahne am Mast bewegt sich kaum, hängt dann gleich wieder schlaff herunter. Doch da tauchen hoch am Himmel erste Federwölkchen auf, später sieht es aus, als sammelten sie sich an einem Punkt am Horizont. Dabei ändert sich gewöhnlich die Form der Wolken – statt einzelner Federwölkchen ziehen kompaktere Wolken auf, die wiederum von Haufenwolken abgelöst werden. Ein solch schneller Wechsel der Wolkenformen und deren Vielfalt weisen auf das Herannahen einer Warmfront hin, die Wetterverschlechterung und anhaltende Niederschläge bringt. Der atmosphärische Druck sinkt rapide und beständig, ein böiger Wind kommt auf, die Böen verstärken sich. Schon sieht man über sich niedrigziehende Wolkenfetzen tanzen, die Lufttemperatur steigt. Bei Minustemperaturen geht Schneefegen rasch in einen wütenden Schneesturm über.

Es kommt vor, daß Zyklonen im Winter auf Spitzbergen hohe Lufttemperaturen bis + 5 °C und ergiebige Niederschläge verursachen. An manchen Tagen verändert sich der atmosphärische Druck innerhalb weniger Stunden jäh, und das beeinflußt kurzzeitig auch die menschliche Gesundheit – man spürt Schwindelgefühl, Kopfschmerzen, nicht zu überwindende Schläfrigkeit. Doch diese Unpäßlichkeit vergeht langsam wieder, sobald sich der Mensch akklimatisiert hat, und stellt für den Organismus eines Poljarnik keine Gefahr dar, zumal im Norden in der Regel willensstarke, körperlich gesunde und kräftige Menschen arbeiten.

Der Archipel liegt in der Zone des Permafrosts, des Dauerfrostbodens, der hier eine Mächtigkeit von etwa zweihundert Metern erreicht. Im Sommer taut nur die obere Bodenschicht 0,5 bis 2,5 Meter tief auf. Die beständigen Minustemperaturen in einigen Schächten sind dem Bergmann hier eine gewisse Hilfe: Wasser sickert nicht ein und fließt nicht ins Innere der Gruben. In gemäßigten Breiten muß dagegen in den meisten Schächten das Wasser an die Oberfläche gepumpt werden.

Wie überall in der Arktis sind auch für Spitzbergen lange Polarnächte und Polartage charakteristisch, eine Naturerscheinung, die bedingt ist durch die Besonderheiten der Bewegung der Erde um die Sonne. Die Dauer von Tag und Nacht ist abhängig von der geographischen Breite. Auf 66,5° Breite dauert die Polarnacht insgesamt nur 24 Stunden, am Nordpol dagegen 179 Tage. In Barentsburg beginnt sie am 25. Oktober und endet am 19. Februar, also nach 117 Tagen. Allerdings heben die Berge rings um die Siedlung die Horizontlinie gewissermaßen etwas an, und deshalb bekommt man die Sonne hier erst etwas später, am 23. Februar, zu Gesicht.

Wenn während der langen Polarnacht der helle Mond scheint oder die Sterne am klaren schwarzen Himmel wie Glühwürmchen funkeln, das Nordlicht ein buntes Lichterspiel zaubert und sich das alles auf der schneeweißen Oberfläche des winterlichen Archipels widerspiegelt, verschwindet die Illusion, es herrsche Tag und Nacht undurchdringliche Finsternis. Und dann kommt schließlich die Sonne und verschwindet etwa hundertdreißig Tage lang nicht wieder vom Himmel! Mit welcher Begeisterung begrüßen alle Poljarniki das Erscheinen des Tagesgestirns! Das ist ein echter Festtag für die Inselbewohner – für die sowjetischen wie für die norwegischen. Ich liebe diese wunderbare Zeit im Norden.

Die Polarforscher wissen, daß in der Arktis auch Erdbeben vorkommen, die manchmal erhebliche Stärke erreichen können. Auf Spitzbergen hat man gleichfalls welche registriert. Der Archipel liegt nämlich in einer Zone seismischer Aktivität, die Erdkruste hebt sich hier mit einer Geschwindigkeit von etwa fünf Millimetern im Jahr. Dadurch haben sich Strandterrassen von hundert und mehr Metern Höhe gebildet. Die Seismizität dieses Teils der Arktis schätzen Fachleute auf maximale Stärke 6 bis 7. Einst ist Spitzbergen Schauplatz starker vulkanischer Tätigkeit gewesen; im Norden des Archipels gibt es zwei erloschene Vulkane und sogar noch heiße Quellen.

Spitzbergen ist so etwas wie ein Schlüssel zum Verständnis vieler geologischer Prozesse, die auf unserem Planeten ablaufen. Dank seinen strukturellen Besonderheiten und seiner großen Vielfalt geologischer Formationen ist der Archipel ein Gebiet unserer Erde, wo Gesteinsschichten unterschiedlichsten Alters dicht beieinander zu finden sind, und – was für Geologen von besonderem Wert ist – sie sind nicht dem menschlichen Auge verborgen. Nansen war es wohl, der Spitzbergen ein geologisches Bilderbuch genannt hat. Und in der Tat können Geologen, wenn sie in diesem einzigartigen Buch blättern, daraus die recht interessante geologische Geschichte des Archipels ablesen. Hier stehen auf verhältnismäßig engem Raum fast alle Schichten von Ablagerungen an, angefangen von allerältesten, präkambrischen, bis hin zu rezenten.

Seit den sechziger Jahren suchen mehrere Länder auf dem Archipel nach Erdöl.

Obwohl mehr als die Hälfte des Territoriums der Inselgruppe mit Gletschern bedeckt ist, findet man in deren unmittelbarer Nachbarschaft ein recht vielfältiges Leben. Pflanzen gibt es hier zwar nicht so viele wie beispielsweise in Mittelrußland, aber wiederum auch nicht wenige, wenn man die Nähe des Nordpols, ausgedehnter Gletscher und kalter Meere berücksichtigt. Man trifft auf Spitzbergen über hundertsechzig Arten von Blütenpflanzen an, und das ist wirklich erstaunlich, sollte man doch meinen, die ganze Natur hier sei ihnen feindlich gesinnt: Der Winter dauert neun Monate, der Sommer ist kühl und kurz, die häufigen orkanartigen Stürme reißen im Winter den Schnee vom Erdboden, bringen im Sommer Nachtfröste, blasen die Bodenkrume unter den Wurzeln hervor weg. Trotz alledem aber hält sich Leben sogar unter diesen extremen Bedingungen, und für kurze zweieinhalb, drei Monate verwandelt sich die Oberfläche der steinigen, versumpften Tundra so, daß man sie kaum wiedererkennt, sie wirkt sogar reizvoll. Das Leben entwickelt sich hier sozusagen an der »Grenze« des Möglichen. Diese Tatsache bewirkt aber auch die Anfälligkeit, Labilität und besondere Verletzbarkeit der Inselnatur.

Die Flora auf Spitzbergen ist nicht gleichmäßig verteilt. Die meisten Pflanzen bekommt man im zentralen Teil von Westspitzbergen, an der Küste des Eisfjords, zu Gesicht, im Süden und Norden des Archipels ist die Flora dagegen ärmer. Als erste lugen Moose und Flechten unter dem Schnee hervor. Spitzbergen ist ein wahres Paradies für Moose, über zweihundert Arten gibt es hier. Die einen siedeln gern auf Kalk, andere wieder auf Sand, dritte in feuchten Felsspalten, noch andere auf tierischen Überresten. Zum floristischen Reichtum des Archipels zählen auch über hundert Arten von Flechten. Unmittelbar nach Verschwinden der Schneedecke beginnt der widerstandsfähige anspruchslose Steinbrech zu blühen – purpurviolett, gelb, weiß, lila. Später bilden auf felsigem Boden gelber Polarmohn – zweifellos die schönste Blume der Insel –, hellblaues Vergißmeinnicht, große vielblättrige weiße Ranunkeln kleine Farbtupfer. Ein Mitarbeiter unserer Expedition, der die Tundra von Spitzbergen erstmals zu Gesicht bekam, bemerkte, sie erinnere ihn an einen Teppich aus Fellstücken: Die üppigen Flecken von Rentiermoos sähen aus wie das Fell des Eisbären, die Flechte ähnelten dem dunkelbraunen Fell des Bibers und die Moose sowohl dem grauen Fell des Zobels als auch dem leuchtend roten Gewand des Fuchses.

An steilen Meeresküsten und durchwärmten Hängen sind zuweilen solche »Exoten« anzutreffen wie Arktisches Fingerkraut, Silberwurz, Lämmersalat oder Bärlapp, Arktischer Löwenzahn, Sperrkraut, Cassiopeia, weiße und rote Minuartia und andere kleine Blumen. Es kommen auch Gräser vor, die die für Menschen im hohen Norden so nötigen Vitamine enthalten. In erster Linie ist das die Oxyria, der Säuerling, ein naher Verwandter des gewöhnlichen Sauerampfers. Aus seinen kleinen Blättchen, die die Form einer Huffährte haben, kochten sich die Russen vor mehreren hundert Jahren auf Spitzbergen ihre Kohlsuppe (Schtschi). Eine besondere Stellung nimmt die arktische Cochlearia ein, eine unscheinbare Pflanze, die hier gewöhnlich an der Küste wächst und eher unter dem einfachen Namen Löffelkraut bekannt ist. Aus ihr bereiteten sich die Pomoren einen ganz besonderen und sehr gesunden Salat. Die Verwendung von Oxyria und Cochlearia rettete Hunderte von Pomoren vor dem sicheren Tode, half ihnen, sich vor dem Skorbut zu retten und zu überleben.

Bäume im gewöhnlichen Sinne des Wortes gibt es auf dem Archipel nicht, obwohl Baumvegetation hier durch selten anzutreffende Zwergbirken und Zwergweiden vertreten ist. Doch die Höhe dieser Bäume beträgt höchstens dreißig, die Stärke des Stammes keine drei Zentimeter. Ihre runden Blättchen werden nicht größer als Preiselbeerblätter. Die Polarweide ist überhaupt schwer zu entdecken, da sie sich in Moos und Steinbrech verbirgt. Die Moose bilden einen dicken festen Teppich, der anderen Pflanzen über den Winter hilft. Stielchen und Wurzeln von Hahnenfuß und Steinbrech sind völlig in eine Moosschicht eingebettet, nur die Stielchen durchstoßen diese im Frühjahr und blühen, verbergen sich aber im Herbst wieder im Moos. Daß die Pflanzen Polster bilden, ist auf den äußerst harten Kampf ums Dasein zurückzuführen, in der Gruppe, als Polster, überlebt die Pflanze in freier Natur leichter als einzeln. So können ihr weder Wind noch Kälte oder andere Pflanzen – Konkurrenten – etwas anhaben.

Die Tierwelt auf Spitzbergen zeichnet sich nicht durch sonderliche Vielfalt aus. Doch kann ein Poljarnik oder Tourist schon Glück haben und seltene Amateurfotos und -filme mit in die Heimat bringen, keine Zoo-Aufnahmen, sondern in freier arktischer Natur aufgenommen. Es ist doch nicht uninteressant, wenn man sich nur ein paar Meter von einem Eisbären, einem Moschusochsen, einer Robbe, einem Walroß, einem Polarfuchs entfernt oder mitten unter Rentieren fotografieren läßt!

Es gibt eine Hypothese, die wilden Rentiere seien zusammen mit dem Meereis hierher gelangt, das die Strömung von der Küste Skandinaviens oder Nowaja Semljas nach Spitzbergen getrieben habe. Jedenfalls ist bekannt, daß schon Teilnehmer der holländischen Expedition unter Barents sie Ende des 16. Jahrhunderts dort gesichtet haben. Im 19. Jahrhundert wurden sie aber von Jägern fast völlig ausgerottet. Gegenwärtig gibt es auf Spitzbergen wieder etwa zehntausend Rene. In der Vergangenheit waren sie jedoch in weitaus größerer Zahl verbreitet. Heute schützt sie das Gesetz, die Jagd auf Rentiere ist verboten. Wölfe, die Hauptfeinde des Rentiers, gibt es auf Spitzbergen nicht. Das größte Unglück für sie bedeuten Tauwettereinbrüche im Winter. Die Rene können dann den sich bildenden Harsch nicht durchstoßen, und sie verhungern. In dieser für sie schweren Zeit wandert ein Teil von ihnen einfach zu den Bergarbeitersiedlungen, wo sie bis Anbruch der warmen Jahreszeit leben und Hilfe erhalten. Mir ist aufgefallen, daß die Rentiere auf Spitzbergen recht »freundschaftliche« Beziehungen zum Menschen haben. Sie fürchten ihn überhaupt nicht. Ich muß da an den für Rene und Moschusochsen sehr harten Winter des Jahres 1977 denken, als Glatteis und hoher Schnee sie kein Futter finden ließen und es zu einem Massensterben der Tiere kam. In diesem für sie schlimmen Winter zogen über dreißig Rene direkt nach Barentsburg, um bei den Menschen Hilfe zu suchen. Sie paßten sich rasch der Lebensweise im sowjetischen Grubenort an und begannen sich hier »einzuquartieren«. Man konnte sie vor dem Speiseraum lange stehen sehen, wo sie auf Gaben warteten, und sie fraßen Brot und andere Lebensmittel direkt aus der Hand. Ging jemand vorbei, ohne ihnen etwas zu geben, stießen sie ihn freundschaftlich mit dem Maul an, bettelten wie Hunde. Als im Frühjahr die Tundra streckenweise schneefrei und ihnen die vertraute Nahrung wieder zugänglich wurde, verließen sie die Bergarbeitersiedlung, ästen aber noch lange in deren Nähe.

Das lebende Emblem Spitzbergens ist der Eisbär. Hier auf diesem Archipel ist er nämlich schon 1774 erstmals in der wissenschaftlichen Literatur als selbständige Art beschrieben worden, und zwar von der Expedition des Engländers Phipps. Spitzbergen war auch die erste Stelle in der Arktis, wo 1962 Zoologen des Norwegischen Polarinstituts mit der Markierung dieses größten Landraubtiers begonnen haben.

Noch Ende der sechziger Jahre trafen Teilnehmer unserer Expedition in einsamen, an der Küste von Westspitzbergen verstreuten Hütten norwegische Jäger an, die hier gewerbsmäßig auf Eisbär und Ringelrobbe Jagd machten. Einige erbeuteten im Laufe eines Winters bis zu zweihundert Bärenfelle. Durch diesen Ausrottungsfeldzug verringerte sich die Zahl der Bären drastisch, bis in den frühen siebziger Jahren die Norweger ein Gesetz erließen, das die Jagd auf Eisbären streng verbot, kommt dieser doch nur an der Küste des Arktischen Ozeans, auf dessen Inseln und auf driftenden Eisschollen vor. Inzwischen hat die Zahl der Eisbären wieder beträchtlich zugenommen.

Der Eisbär ist ein mächtiges Tier, das sechs- bis siebenhundert Kilogramm schwer werden kann. Der prächtige dichte »Pelz« schützt ihn zuverlässig vor jeder Kälte. Die mächtigen Tatzen helfen dem Raubtier bei der Jagd auf Ringelrobben oder beim Kampf mit Walrossen im Wasser. Übrigens ist der Eisbär ein vorzüglicher Schwimmer und Läufer, der häufig gewaltige Entfernungen zurücklegt. Trächtige Weibchen beginnen ihren Winterschlaf in der Regel im Hochwinter und werfen gewöhnlich Ende Februar, Anfang März in ihrer Höhle ein, zwei, seltener drei und als sehr große Ausnahme auch einmal vier Junge. Wie Fachleute behaupten, ist die Inselgruppe König-Karl-Land der bedeutendste »Bärenwinkel« auf dem Archipel. Um das wertvolle Tier zu schützen, hat man hier ein Reservat geschaffen. Nicht umsonst gilt dieser Lieblingsplatz der Eisbären als größte »Kinderstube« auf Spitzbergen. Leningrader Geologen haben mir erzählt, daß sie sich jedesmal, sobald sie im Sommer hier mit Flugzeugen oder Schiffen landen, der Bären kaum erwehren können. Diese Raubtiere sind nämlich außerordentlich neugierig. Polnische Wissenschaftler, die 1979/80 im Hoornsund überwinterten, registrierten über zweihundert Besuche durch Eisbären; sehr viele Eisbären sichteten die Teilnehmer der sowjetischen Expedition von 1981 auch auf Nordostland.

In den letzten Jahren haben sich auf Spitzbergen Fälle gehäuft, daß Bären in Siedlungen eindrangen. Manchmal kann man in Barentsburg oder Pyramiden über den Stadtfunk etwa folgende ungewöhnliche Durchsage hören, die der Sprecher mit besonderem Nachdruck bekanntgibt: »Vor Spaziergängen und Skiwanderungen wird gewarnt, in der Siedlung sind Bären aufgetaucht!«

Nebenbei gesagt, Eisbären fallen Menschen nur außerordentlich selten an, und wenn schon, dann ist in der Regel der Betroffene selber schuld. Vielleicht ist eben das der Grund, weshalb die Poljarniki, kaum daß sie eine solche Rundfunkmeldung vernommen haben, in völliger Mißachtung des soeben Gehörten und der Gefahr buchstäblich in hellen Scharen nach draußen stürzen, um »mit eigenen Augen« den einstigen Herrscher des Archipels zu sehen und gleichzeitig eine Großaufnahme von ihm zu machen. Der Wahrheit halber sei bemerkt, daß diese Leute sehr unüberlegt handeln. Sie vergessen, daß der Eisbär eben doch ein Raubtier ist, das besonders dann gefährlich wird, wenn es sehr hungrig ist, sich seine gewohnte Nahrung nicht mehr selbst beschaffen kann und wenn die Leute ihn zudem noch ködern. Versuche, mit einem Bären Freundschaft zu schließen und ihm Almosen zu geben, führen dazu, daß er seine Vorsicht aufgibt und dreist wird. Selbst Drohungen in Form von Schüssen oder Leuchtpatronen können ein derart frech gewordenes Tier nicht zur Räson bringen. Ausgehungerte und alte Exemplare pflegen zuweilen sogar regelrecht Jagd auf Menschen zu machen. Es sind etliche Fälle bekannt, in denen auf Spitzbergen diese Raubtiere Menschen und einzelnstehende Häuser überfallen haben. Einer dieser »Besuche« eines ungebetenen Gastes in einem Lager österreichischer Touristen im Magdalenefjord endete im Sommer 1977 sehr tragisch.

Mehr als andere Tiere weckte unser Interesse ein ganz ungewöhnliches Tier, das äußerlich gleichzeitig einem Ochsen, einem kleinen nordamerikanischen Bison, aber auch einem Schaf ähnelt. Dieses urzeitlich anmutende Tier hat den wissenschaftlichen Namen Ovibos moschatus – Moschusochse. Einstmals bewohnte es nur die »Alte« Welt bis hin nach Westeuropa, einen großen Teil der heutigen Sowjetunion eingeschlossen. Vor etwa neunzigtausend Jahren wanderten Moschusochsen denn über eine schmale Landenge in der Gegend der heutigen Beringstraße auch nach Nordamerika, drangen dort fast bis zum Süden der heutigen USA und bis nach Grönland vor. In dem Maße, wie die Gletscher der Eiszeit nach Norden zurückwichen, verkleinerte sich das Gebiet, in dem diese Tiere leben konnten. Im vorigen Jahrhundert rotteten die Menschen diesen großen pflanzenfressenden Säuger fast aus, der ein wertvolles Fell und schmackhaftes Fleisch lieferte.

Moschusochsen sind gedrungen und haben auf dem Rist einen Höcker. Der mächtige Kopf und der Rumpf dieser Bewohner hoher Breiten sind mit sehr dichter, langer dunkelbrauner Wolle bedeckt, die fast bis auf die Erde herunterhängt. Ein Bulle kann eine halbe Tonne, ein Weibchen eine Vierteltonne Gewicht erreichen. Das sehr zarte Fleisch erinnert im Geschmack an Rindfleisch. Hoch geschätzt wird die Wolle, richtiger die Unterwolle des »Bartträgers«, wie die Eskimos den Moschusochsen nennen. Von einem zahmen Moschusochsen kämmt man bis zu drei Kilo, von einem erlegten bis zu fünf Kilo Unterwolle aus! Die verhältnismäßig kurzen Beine enden in ungewöhnlich massigen Hufen, mit deren Hilfe das Tier im Winter zu seinem Futter unter dem Schnee gelangt. Auf der Stirn trägt er zwei furchtgebietende gebogene helle, an der Basis sehr breite Hörner, die nur eine schmale Rinne voneinander trennt. Das Gehörn dient als schreckliche Waffe nicht nur im Kampf gegen Artgenossen, sondern auch gegen Feinde. Dabei haben die Moschusochsen eine originelle Methode der Selbstverteidigung entwickelt.

Bemerkt das Leittier, daß der Herde Gefahr droht, überfallen zu werden, gibt es ein »Alarmzeichen«. Im Nu bilden alle ausgewachsenen Moschusochsen einen geschlossenen lebenden Ring, in dessen Mitte die hilflosen Kälber und schwächere Tiere geschützt sind. Eng aneinandergepreßt, die Häupter mit den dolchähnlichen Hörnern tief gesenkt, stehen die älteren Tiere da. Die Bullen stampfen ruhelos den Boden, ohne die »Igelstellung« aufzugeben. Eine solche Methode der Selbstverteidigung schützt die Tiere zwar zuverlässig gegen Polarwölfe, nicht aber gegen Jäger mit Feuerwaffen.

Moschusochsen sind die einzigen Vertreter der großen Gruppe der Huftiere, die tief in die polare Wüste, bis zum 82. Breitenkreis, eingedrungen sind. Sie werden nicht sehr alt, sind auch nicht besonders fruchtbar. Die Tragezeit ist lang, sie beträgt zwei Jahre, und in der Regel bringen die Muttertiere nur ein einziges Kälbchen mit einem Gewicht von sieben Kilo zur Welt. Schon nach wenigen Tagen kann das Kalb seiner Mutter folgen.

Gegenwärtig gibt es noch einige zehntausend Moschusochsen auf der Erde. Manche Zoologen sind der Ansicht, sie seien mit die ältesten urzeitlichen Säuger, die keinerlei biologische Veränderungen durchgemacht haben. Aus diesem Grund auch sind die Moschusochsen für die Fachleute so interessant.

In normaler Umgebung bewegen sich diese Säuger im Schritttempo. Sie wirken zwar langsam und wenig behende, vermögen aber notfalls in einen sehr schnellen Galopp zu verfallen und dabei große Geschwindigkeiten zu entwickeln, auch steile Hänge zu bezwingen. Andererseits können sie aber stundenlang hintereinander bewegungslos an derselben Stelle verharren, ohne auf Neugierige zu achten, die sich um sie versammelt haben. Eine charakteristische Besonderheit dieser Tiere ist ihre relative Standorttreue. Die Herde hält sich mitunter monate-, ja jahrelang in ein und demselben Tal, an ein und demselben Hang auf. Im Winter wählen sich die Tiere gern Plateaus und Gebirgshänge aus, wo der Wind den Schnee fortbläst und die spärliche Vegetation freilegt. Die übrige Zeit des Jahres äsen sie in Flußtälern und in tiefer gelegenen Gegenden der Tundra, wo die Vegetation üppiger ist.

Europäer bekamen die ihnen unbekannten Tiere erstmalig 1689 im Norden des amerikanischen Kontinents zu Gesicht. Auf ihren »Entdecker« wirkten sie äußerlich abstoßend. Kopf und Extremitäten dieses zwei Meter langen und einen Meter hohen Vierbeiners sind in dem dichten langen Haarkleid, das den ganzen Körper bedeckt, kaum zu sehen. Selbst der kurze Schwanz und die Nase sind darin verborgen, sichtbar sind nur die Ränder der Nüstern. Diese seltsame äußere Erscheinung des Moschusochsen ist nicht zufällig, er ist eben, wie der namhafte sowjetische Zoologe Sawwa Uspenski* es ausdrückte, ein »echter Poljarnik«. In der Tat ist das Tier den rauhen Bedingungen arktischer Breiten – niedrigen Lufttemperaturen und heftigen Winden – ausgezeichnet angepaßt.

Bis in unsere Zeit hatten sich Moschusochsen nur noch an der Küste Grönlands, auf den Inseln des kanadischen Arktischen Archipels und in einigen Gebieten Nordkanadas erhalten. Amerikanische Zoologen arbeiten schon seit langem in Alaska an einer Domestizierung dieser Tiere.

Viele Jahre lang befaßte man sich mit dem Problem, Moschusochsen in für sie geeigneten Lebensräumen der sowjetischen Arktis anzusiedeln. Im Herbst 1974 war es dann endlich soweit: Eine Herde von zehn Tieren brachte man im Flugzeug aus Kanada auf die Taimyrhalbinsel, und bereits ein halbes Jahr später siedelte man weitere vierzig »Bartträger« von der vor der West-

* Verfasser der beiden als Gemeinschaftsausgabe der Verlage VEB F. A. Brockhaus Leipzig und Progress Moskau erschienenen Bücher »Heimat der Eisbären« und »Tiere in Eis und Schnee« (A. d. R.)

küste Alaskas gelegenen Insel Nunivak auf die Taimyrhalbinsel und auf die Wrangelinsel um. Im Juni 1977 wurden auf dieser Insel die zwei ersten Kälber geboren. Der Zweck dieses Experiments besteht darin, jene relikten Tiere sich wieder in Gebieten akklimatisieren zu lassen, die sie schon vor zehn-, zwölftausend Jahren einmal bewohnt hatten. Nach Meinung der Zoologen haben sich die kanadischen und alaskischen Moschusochsen in ihrer neuen Heimat in der sowjetischen Arktis eingelebt, und man ist sicher, daß es in einigen Jahrzehnten hier wieder eine größere Population dieser wertvollen arktischen Tiere geben wird.

Wie aber sind Moschusochsen nach Spitzbergen gelangt? Weiß man doch, daß es hier früher keine gegeben hat! Norweger fingen 1929 in Ostgrönland eigens siebzehn Kälber ein und brachten sie per Schiff nach Westspitzbergen, wo man sie im Adventfjord in die Freiheit entließ. Diese Stelle im Adventfjord wurde ein paar Jahre später von norwegischen Bergleuten in Moskushamm –»Moschusochsenhafen«– umgetauft. Allmählich lebten sich die Umsiedler auf Nordenskiöldland ein, akklimatisierten sich und vermehrten sich schließlich auch. Schon 1937 zählte die Herde vierzig Tiere. Im zweiten Weltkrieg kamen viele um, nicht nur durch Menschen, sondern auch durch verwilderte Hunde. In der Nachkriegszeit regenerierte sich die Herde und zählte in den siebziger Jahren bereits wieder etliche Dutzend Exemplare. Das Klima auf Spitzbergen und das Grünfutter, das sie hier in den Tälern und an der Küste finden, sagten ihnen offensichtlich zu.

Die Jagd auf Moschusochsen ist allenthalben geregelt; auf Spitzbergen gibt es ein Gesetz, das jegliche Jagd auf Moschusochsen streng verbietet.

Der Moschusochse ist ein von Natur friedliches, gutmütiges, aber keineswegs feiges Tier. Menschen greift er nur dann an, wenn er sich von ihnen bedroht fühlt. Dem Schweizer Glaziologen Dr. Fritz Müller bot sich in Kanada eines Tages Gelegenheit, sich den Tieren bis auf kurze Entfernung zu nähern; er wollte sie fotografieren. Diese »Fotositzung« wäre für den Wissenschaftler beinahe tragisch ausgegangen; so kam er zu der Überzeugung, der Moschusochse sei ein gefährliches Tier und zu völlig unerwarteten Überfällen auf den Menschen fähig.

Wir lernten Moschusochsen erstmalig 1965 auf Spitzbergen kennen. Solange wir uns in respektvoller Entfernung von ihnen befanden, zeigten sie keinerlei Beunruhigung, sondern blieben wie steinerne Standbilder stehen. Kaum aber näherte sich einer von uns entschlossenen Schrittes dieser kompakten Gruppe, da preschte das Leittier vor, wenn auch nicht allzu weit. Hatte es uns zurückgescheucht, kehrte es wieder an seinen Platz zurück. Ein Tag und eine Nacht stampften die Moschusochsen den Erdboden an ein und derselben Stelle, erst später zogen sie weiter aufwärts, in hundert Meter Entfernung vorbei an unserer Hütte im Adventtal.

Auf Spitzbergen sind viele Fälle bekannt, daß Moschusochsen bis in die Siedlungen gekommen sind. Manchmal war ihr unerwartetes Auftauchen wohl mit einfacher Neugier zu erklären, mitunter aber suchten die Tiere im Winter die Siedlungen auf, weil sie höchstwahrscheinlich Hunger hatten. Gewöhnlich geschah das nach Tauwettereinbrüchen, denen rasch starke Kälte gefolgt war. Die Tiere waren dann nicht mehr in der Lage, mit ihren Hufen die entstandene harte Eisdecke aufzubrechen. Ein Teil der Tiere kam vor Erschöpfung um. In Barentsburg kann man sich eines Falles erinnern, daß ein Moschusochse so schlau war, eine solche schwere Zeit in einem Kuhstall zu verbringen, wo er sich von Heu ernährte. Im Bereich der sowjetischen Siedlung Coles-bucht lebte lange Zeit ein Moschusochsenpärchen, Mischka und Maschka. Auf die Gegenwart von Menschen reagierten die beiden unterschiedlich – manchmal ließen sie sie dicht herankommen, dann wieder jagten sie sie auf das Dach eines Hauses.

In einer Dezembernacht weckte Spitzbergens »Hauptstadt« Long-yearbyen einmal aus irgendeinem Grunde das Interesse einer großen Herde Moschusochsen. Völlig unerwartet drangen sie in die nor-wegische Siedlung ein und versetzten deren Bewohner in panischen Schrecken. Erfolglos versuchten die Leute, die ungebetenen Gäste davonzujagen, da halfen weder Leuchtpistolen noch der Motoren-lärm von Geländefahrzeugen. Ebenso plötzlich verließen die Tiere jedoch am Silvesterabend die Siedlung von selbst wieder.

An dieser Stelle möchte ich elf Jahre vorgreifen und von einer Begegnung mit einem Moschusochsen erzählen, die mir und meinen Expeditionskameraden besonders gut in Erinnerung geblieben ist.

Anfang Juni 1976 zog unsere Abteilung, bestehend aus vier Glaziologen und einem Studenten – einem Bodenkundler–, den wir als Hilfskraft mitgenommen hatten, aus dem Adventtal in das benachbarte Ental. An jenem Tag herrschte ungewöhnlich schönes Wetter, ein Tag einmal ohne grauen schmutzigen Nebelvorhang, ohne Nieselregen, ohne widerwärtigen Wind, der einem das Gesicht peitscht, ohne tiefziehende, die Berggipfel verhüllende Wolken. Das hatte uns ermuntert, einen Marsch zum Bogergletscher zu unternehmen, wo wir Schneemessungen und andere glaziologische Forschungen vornehmen wollten.

Wir marschierten auf altem Weg in Richtung Ental, eine Menge Lasten auf unseren Rücken – Fluchtstäbe aus Duraluminium, Bohrstangen, Handbohrer, Lebensmittel und schwere Skier. Den größten und schwersten Rucksack mit den Konserven schleppte der Größte und Kräftigste unserer Gruppe, der Student.

Es machte Spaß, über das abgetaute, sommerliche Gerüche verströmende Erdreich zu laufen, dem Gezwitscher der Vögel zu lauschen, die wilden, aber fast zahmen Rene zu beobachten. Auch wußten wir, daß wir in diesem trockenen, warmen Tal einem Moschusochsen begegnen konnten. Von Norwegern, die in Longyearbyen überwintert hatten, war uns erzählt worden, diese urtümlichen Tiere hätten einen unwahrscheinlich schweren Winter hinter sich, viele wären verendet. Kaum hatten wir die Seilbahn passiert, als ich den einsam und allein in einer Senke am äußersten Ende der Bahn stehenden Moschusochsen entdeckte.

»Vielleicht sollten wir lieber einen Bogen um ihn machen?« schlug ich zaghaft vor, ich hatte nämlich gehört, Einzelgänger könnten bei diesen Tieren sehr aggressiv sein.

»Ich habe noch kein einziges gutes Dia von so einem Öchslein. Das nennt man Glück, Freunde! Schaut doch einmal, wie er sich für uns in Pose stellt«, rief unser Troizki fröhlich und öffnete schon im Gehen das Futteral seiner Kamera.

»Haben Sie nicht Angst, daß dieses Foto Ihr letztes sein könnte?« versuchte der neben ihm gehende Student zu scherzen.

Doch der wissenschaftliche Leiter der Expedition beruhigte ihn ganz entschieden:»Ich war ja selbst dabei, als Korjakin im vorigen

Jahr ganz dicht an die Tiere herangegangen ist, einen ganzen Film hat er verknipst. Der Leitbulle hat ihn zwar zweimal zurückgescheucht, ihm aber nichts getan. Der Moschusochse sieht doch, daß wir nichts von ihm wollen!«

Just in diesem Moment senkte das Tier ruckartig den Kopf bis zum Boden und scheuerte energisch sein gebogenes Gehörn am Bein. Manches Wild warnt auf diese oder jene Weise einen möglichen Gegner, wenn er die Grenze des Erlaubten, die sie beide trennt, überschreitet. Vielleicht wollte auch »unser« Bulle kundtun, daß wir nicht weitergehen sollten, auf jeden Fall stürzte er schon im nächsten Augenblick blitzschnell auf uns zu. Wir wußten gar nicht, wie uns geschah – die zwanzig Meter Entfernung hatte er im Nu zurückgelegt –, da hatte er den Studenten durch einen furchtbaren Stoß auch schon zehn, zwölf Meter weit weggeschleudert. Der vierzig Kilo schwere Rucksack mit den Konserven hinderte den Bodenkundler, das Tier auf die elegante Art eines Torero zu empfangen, dafür aber rettete er ihm sicherlich das Leben, da der Student im letzten Moment dem Bullen den Rücken zugekehrt hatte. Ein paar Konservendosen wurden von den Hörnern wie mit einer Axt aufgeschlitzt. Dem Tier in seinem Kampfeseifer schien dies aber wohl noch zu wenig zu sein, denn es stürzte sich ein zweites Mal auf den schon zu Boden geworfenen, auf dem Bauch liegenden »Gegner«. Er nahm den Studenten am Rucksack auf die Hörner, stellte ihn so wieder aufrecht und stieß ihm, ehe der wieder zur Besinnung kam, sein schreckliches Horn ins Bein. Rasend vor Schmerz, drehte sich der Student um und trat seinem Gegner mit dem Gummistiefel auf die Schnauze, flog daraufhin aber nur noch ein Stück weiter, einen lauten Schrei ausstoßend. Vielleicht war es dieser Schrei, vielleicht auch etwas anderes, was bewirkte, daß der Bulle nur noch ein- oder zweimal den Rucksack anstieß und den Studenten in Ruhe ließ.

Ich muß betonen, daß wir damals keine Waffen bei uns hatten. Zudem war es ja auch gesetzlich verboten, dieses wertvolle und seltene Tier zu töten. Mit unserem Marsch zum Gletscher war es nun natürlich vorbei, wir mußten unserem Kameraden erste medizinische Hilfe leisten. Ich rannte zur nahen Autostraße, die Longyear mit dem entfernten Bergwerk verband. Völlig außer Atem erreichte ich rechtzeitig die Chaussee, denn schon kam ein Kleinlaster vorbei, am Steuer ein Bergmann mit Helm, das Gesicht schwarz von Kohlenstaub. Ich bat den Fahrer, von der Straße abzubiegen, den verletzten Studenten aufzunehmen und ins norwegische Krankenhaus zu bringen. Selbst wenn der Fahrer kein Englisch verstand, meine vielsagende Mimik und meine Gesten mußte er begreifen. Der Norweger gab das übliche »Okay« von sich, nickte zum Zeichen seines Einverständnisses, und schon raste unser »Volkswagen« in irrem Tempo los nach Longyear! Ich versuchte dem Fahrer klarzumachen, daß ein Mißverständnis vorliege: Ich selbst sei gesund, aber ein junger Mann, ein Student, der sei verletzt – umsonst.

Fünf Minuten später hielt das Auto vorm Krankenhaus. Glücklicherweise trat in diesem Moment gerade ein uns bekannter Geologe aus dem Kontor der norwegischen Bergbaugesellschaft. Wir setzten uns gleich in seinen Dienstwagen und fuhren zurück. Während ich nach Longyear unterwegs war, hatte Troizki dem unglücklichen Studenten erste Hilfe erwiesen. Zwanzig Minuten später lag dieser schon auf dem Operationstisch des Krankenhauses, wo der norwegische Chirurg die gefährliche Wunde reinigte und nähte.

Nach dieser Spitzbergener »Corrida«, die für den Studenten eine Operation in Longyear und eine weitere in Barentsburg nach sich zog, glaube ich nicht das Recht zu haben, Fotoliebhabern zu empfehlen, von einem Moschusochsen (einem!) eine Großaufnahme zu machen.

Zweifellos war nach dem letzten winterlichen Glatteis, dem der größte Teil der Moschusochsen Spitzbergens zum Opfer gefallen war, »unser« Bulle ganz einsam geblieben, und das hatte das Tier schließlich besonders reizbar und aggressiv gemacht. Als Troizki am nächsten Tag das »Schlachtfeld« inspizierte, entdeckte er dort ungewöhnlich interessante Molluskenschalen – Zeugen eines einst wärmeren Klimas auf Spitzbergen. Wie man so schön sagt: Kein Unglück so groß, hat was Gutes im Schoß!

Recht vielfältig ist die Vogelwelt Spitzbergens. Man zählt hier etliche Dutzend Vogelarten, von denen die meisten Wasservögel sind, die auf steil zum Meer hin abstürzenden Felsen leben. Tausende und aber Tausende von ihnen lärmen und kreischen Tag und Nacht auf den berühmten Vogelbasaren, wo die verschiedenen Arten von Möwen, Gryllteisten, Tauchern und Limikolen nisten. Am meisten verbreitet sind Lummen und Papageitaucher. Wie auf Kommando stürzen sie sich plötzlich in einem großen Schwarm von ihren Nistplätzen hinunter aufs Meer. Interessant ist, daß Nahrungsreste, Kot und Kadaver, die sich hier in Jahrhunderten und Jahrtausenden angehäuft haben, die Ausbildung einer üppigen Pflanzenwelt am Fuße der Felsen begünstigt haben. Im Vergleich zu anderen Regionen des Archipels könnte man diese Stellen beinahe als »Dschungel« Spitzbergens bezeichnen.

Zu den Charaktervögeln gehört der Eissturmvogel, der durch seine Flugkünste auffällt: Er berührt fast die Meereswogen, bewegt dabei aber die Flügel so gut wie gar nicht. Besonders zahlreich kommt hier die Eiderente vor, die – wie auch Taucher und Gänse – außerhalb der »Basare« lebt. Nur zwei Vögel überwintern auf Spitzbergen: Schneehuhn und Schnee-Eule. Das Schneehuhn ist übrigens der einzige Vogel, der sich hier von Pflanzenkost ernährt. Es fürchtet den Menschen kaum und läßt ihn dichter an sich herankommen, als gut ist.

In offenem Gelände und in der Nähe von Siedlungen trifft man oft auf Nistplätze der langschwänzigen Seeschwalben, sehr aggressiver Vögelchen. Versucht ein Mensch, in ihren Lebensraum einzudringen, schießen sie im Sturzflug auf ihn herunter, um ihn abzuschrecken.

Man trifft auch ganz kleine Vögel an – Schneeammer und Polarammer, die beide zu den Sperlingsvögeln gehören. Die körnerfressenden Schneeammern haben in allen Siedlungen der Arktis «Bürgerrecht«, und die Poljarniki hegen besondere Sympathie für diesen Vogel, kündet er doch den langersehnten Frühling an.

Auf Spitzbergen fehlen die kleinen Nager; vielleicht erklärt sich daraus das Fehlen von Raubvögeln. In zentral gelegenen Gebieten des Archipels tauchen zuweilen, besonders an stillen warmen Sommertagen Mücken auf, aber sie sind für die hiesige Fauna nicht typisch.

In küstennahen Gewässern leben Dorsch, Schellfisch und Heilbutt, die für den heimischen Fischfang von Interesse sind. Auch den Fang von Garnelen hat man aufgenommen. In Seen und Flüssen kommt die Schmerle vor. Im 17. und 18. Jahrhundert war der Walfang am wichtigsten für die Wirtschaft des Archipels, doch hat die äußerst intensive Jagd auf Wale zu deren fast völliger Ausrottung geführt. In unseren Tagen tauchen in Buchten und Meeresstraßen Walartige auf – Buckelwale, Narwale, Schwertwale und Zahnwale (Belucha). Noch vor relativ kurzer Zeit machten norwegische Seetierjäger hier auf Meeressäuger wie Grönlandrobbe, Seehase und Walroß Jagd. Gegenwärtig ist nur noch die Bartrobbe einigermaßen verbreitet.

Spitzbergen ist das nördlichste Land der Welt, das einen organisierten Tourismus kennt. Dieser kam Ende des vorigen Jahrhunderts auf, als eine norwegische Schiffahrtsgesellschaft den regelmäßigen Verkehr von Luxusdampfern von Norwegen zum Archipel einrichtete. Kapitän des ersten dieser Schiffe war Nansens berühmter Gefährte Otto Sverdrup.

Unternehmungsfreudige Leute bauten an der Küste des Adventfjords unverzüglich ein Hotel mit vierzig Betten und einer Poststelle. Für Liebhaber von Polarexotik druckte man sogar eigens eine Spitzbergenmarke, die einen Eisbären zeigte und von der hiesigen Post mit einem Sonderstempel entwertet wurde. Wegen der sehr hohen Hotelpreise mieteten sich allerdings immer weniger Touristen hier ein, und schließlich mußte dieses nördlichste Hotel der Welt schließen. Heute kräht kein Hahn mehr nach ihm, doch das Kap, auf dem das Gebäude um die Jahrhundertwende gestanden hat, erinnert mit seinem seltsamen Namen »Hotellneset« (»Hotelkap«) noch immer daran.

Was war es wohl, das uns auf diesen fernen Archipel gelockt hat? Nun, Spitzbergen ist das klassische Land für Polarforschung, hier konnten sich die Wissenschaftler erstmalig und allseitig mit der Natur der Arktis bekannt machen.

Eine wesentliche Besonderheit der geographischen Lage Spitzbergens besteht darin, daß es dem isländischen Zentrum atmosphärischen Geschehens, einem Gebiet mit ständig niedrigem Luftdruck, viel näher liegt als andere arktische Archipele und zudem dort, wo die warmen Wasser der nordatlantischen Strömung auf die kalten des Arktischen Ozeans stoßen. Deshalb empfängt Spitzbergen als erstes jene Niederschläge, die intensive Zyklonen heranführen – die aus dem Nordatlantik in die Arktis vorstoßenden riesigen feuchten Luftmassen. Feste Niederschläge in Form von Schnee werden in gewaltigen Mengen von den zahllosen Gletschern abgefangen, die wie weiße Fransen im Randgebiet des Archipels herunterhängen. Je weiter die Zyklonen nach Osten vordringen, um so mehr verringert sich ihre Intensität; das hat zur Folge, daß die Ernährung der Gletscher auf anderen Inseln schlechter ist.

Beim gegenwärtigen Stand der Vereisung unseres Planeten gehört Spitzbergen zusammen mit den sowjetischen Inselgruppen Franz-Joseph-Land, Nowaja Semlja und Sewernaja Semlja zu einem einheitlichen glaziologischen Gebiet. Sie alle eint die Gemeinsamkeit von außen wirkender Existenzbedingungen, eine einheitliche Feuchtigkeitsquelle und ein einheitlicher Charakter der atmosphärischen Zirkulation.

Die polare Natur hat auf Spitzbergen ein interessantes »Gletscherfreilichtmuseum« geschaffen. Viele Wissenschaftler möchten es besuchen, finden sie doch dort in engster Nachbarschaft die verschiedensten Gletschertypen und -formen, die es auf der Erde gibt, von kleinen Kar- und Talgletschern bis zu relativ großen Eiskappen. Diese Vielfalt wird bedingt durch die Unterschiede, die Relief und Klima Spitzbergens aufweisen. Um in dieses einzigartige »Museum« zu gelangen, braucht man nicht erst, wie etwa im Pamir, ein Hochgebirge zu erklimmen, seine »Schwelle« liegt direkt am Meer.

Die Fläche der gegenwärtigen Vergletscherung des Archipels beläuft sich auf mehr als 35 000 km ^{2}, das heißt, sie ist größer als das Territorium der Niederlande. 58 Prozent der Oberfläche Spitzbergens liegen unter einem viele Meter dicken Eispanzer, der ein nicht wegzudenkendes, charakteristisches Kennzeichen seiner Natur ist. Die Landschaft wird hier eben von Gletschern bestimmt, und diese wiederum verleihen ihr jene besondere Schönheit und Anziehungskraft. Fliegt man heute über die Eis- und Schneefelder Spitzbergens hinweg, kann man sich nur schwer vorstellen, daß zu Ende des Tertiärs hier einmal üppige grüne Wälder rauschten und noch früher, im Mesozoikum, nicht sympathische bärtige Robben, sondern Riesenschuppentiere sich von der heißen Sonne bescheinen ließen. Und doch war es so. Die mächtige Gletscherdecke auf dem Archipel ist erst im Quartär entstanden. Seitdem hat das Territorium Spitzbergens mehrmalige Vereisungen erfahren. Die von Gletschern bedeckte Fläche war starken Veränderungen unterworfen, sie verringerte sich dabei zeitweise auf den gegenwärtigen Umfang und sogar noch darunter.

Die Hauptmasse der Gletscher überzieht auf Spitzbergen Gebirgstäler und Hochflächen, deren Höhenlage aber selten tausend Meter übersteigt. Das spezielle Interesse der Forscher gilt jenem Typ von Vereisung, den man als Eisstromnetz oder auch direkt als Spitzbergentyp bezeichnet. Aus der Luft gesehen, könnte man ihn mit einem riesigen abstrakten Schachbrett vergleichen: Die weißen Felder – das sind die Gletscherströme, die die Talsysteme dieser Region zu mehr als der Hälfte ausfüllen und in ihren Oberteilen miteinander in Verbindung stehen; die schwarzen Felder dagegen – das sind die aus dem Eis herausragenden einzelnen Gipfel und Gebirgskämme.

Früher als in anderen Regionen der Arktis hat man auf Spitzbergen begonnen, die Veränderung im Ausmaß der Schwankungen der Gletscher zu beobachten. So hat man festgestellt, daß seit Anfang des 20. Jahrhunderts die Vereisung hier rückläufig, ihre Fläche um etwa fünfhundert Quadratkilometer geschrumpft ist. Gleichzeitig haben aber einige Gletscher Perioden eines intensiven Vorstoßes gehabt, der auch gegenwärtig noch anhält, ordnen sich also nicht der allgemeinen Gesetzmäßigkeit unter und bilden ein charakteristisches Beispiel für Pulsationen – katastrophales ruckartiges Vorschieben. Mehr als alle anderen beeindruckt da natürlich der Bråsvellgletscher im äußersten Süden von Nordostland. Etwa zwischen 1936 und 1938 (genauer läßt es sich nicht sagen, da es keine Augenzeugen gab) schob er eine riesige fast dreißig Kilometer lange und über zwanzig Kilometer breite Gletscherzunge ins Meer. Durch diesen katastrophalen »Ruck« vergrößerte sich die Fläche des Plateaugletschers Sörfonna um volle vierhundert Quadratkilometer! Eine einmalige Erscheinung auf Spitzbergen.

Eine Klärung der Bedingungen, unter denen die aktiven Gletscher Spitzbergens existieren und sich entwickeln, ist wichtig zum Verständnis für die Gesetzmäßigkeiten und Besonderheiten, unter denen sich die Evolution der Vergletscherung im gesamten atlantischen Sektor der Arktis vollzieht. Was die Forscher gegenwärtig auf dem Archipel zu sehen bekommen, war noch vor relativ kurzer Zeit charakteristisch für weiter südlich gelegene Gebiete Europas, die heute eisfrei sind. Vor fünfzehntausend Jahren bedeckte eine riesige Eiskappe, deren Zentrum auf der Skandinavischen Halbinsel lag, auch die Nordhälfte der Russischen Tiefebene, ihr Südrand lag bei der Waldaihöhe. Um die Einwirkung des Eises auf die Umwelt allseitig und richtig einschätzen zu können, erforschen Paläogeographen und Paläoglaziologen solche Gegenden, die noch heute vergletschert sind, und in dieser Hinsicht ist Spitzbergen zweifellos ein ungewöhnlich günstiges Übungsfeld. Die hier gesammelten Erfahrungen fördern eine richtige Interpretation jener Ereignisse aus der jüngsten geologischen Geschichte solcher Gebiete, die einer Vereisung unterworfen waren.

Spitzbergen ist, anders als sonstige Regionen des hohen Nordens, nie von Wissenschaftlern »verschont« worden, sie suchen es schon seit langer Zeit auf. Hundert Jahre bereits dient es als eine Art internationales Forschungslabor. Eine systematische glaziologische Untersuchung der Gletscher setzte allerdings erst 1931 ein. Seitdem haben hier Expeditionen aus Schweden, Norwegen, England, Polen, Finnland, der DDR und Frankreich, Wissenschaftler aus den USA, Kanada, der BRD und anderen Ländern gearbeitet. Und dennoch ist die Vergletscherung Spitzbergens immer noch nicht hinreichend erforscht worden. So fehlte bisher ein zusammenfassendes Verzeichnis, und auch bei der Schätzung der Fläche, die auf dem Archipel von Eis bedeckt ist (bis vierzig Prozent!) gehen die Meinungen namhafter Forscher erheblich auseinander.

Worin bestand also nun die Aufgabe unserer Expedition? Vor allem darin, zu versuchen, in den verschiedenen Teilen Spitzbergens die wichtigsten Gesetzmäßigkeiten der Vergletscherung und die klimatischen Bedingungen herauszufinden, unter denen diese Vereisung existiert. Außerdem hofften wir, endlich eine erste wissenschaftliche Monographie über die natürlichen »Kühlschränke« des Archipels erarbeiten zu können.

Zu den wenig oder gar nicht erforschten Regionen zählten die ausgedehnten Plateaugletscher im Ostteil der größten und gebirgigsten Insel – Westspitzbergens. Deshalb stellten wir schon in Moskau einen Plan auf, der vorsah, daß wir unsere Untersuchungen in ebenjener Region beginnen sollten, wo sich noch echte »weiße Flecke« erhalten hatten.

So sehr wir uns auch beeilten, nach Spitzbergen zu kommen, das Schmelzen des Winterschnees hatte bereits zwei Tage vor unserer Ankunft auf der Insel eingesetzt. Uns war aber besonders daran gelegen, das Maximum der Schneemenge zu »erwischen«, die im vergangenen Winter auf die Gletscher niedergegangen war. Je tiefer Gletscher liegen, um so rascher reagieren sie bekanntlich auf Sonnenwärme und um so rascher beginnt das Abschmelzen. Deshalb beschlossen wir, unverzüglich mit der Untersuchung der Gletscherzungen zu beginnen, die im Bereich eines weiteren sowjetischen Bergwerks – Pyramiden – lagen, wo die Lufttemperatur im Sommer etwas höher steigt als in Barentsburg.

Es war schon drei Uhr nachts, aber die Siedlung schlief nicht. Nicht etwa, weil es hier rund um die Uhr hell war, vielmehr verabschiedete die Grube an die hundert Barentsburger, die zwei Jahre auf der Insel gearbeitet hatten und nun nach Hause fuhren. Gleichzeitig begrüßten die Grubenarbeiter an die hundert Landsleute, die nun die alten, ein klein bißchen stolzen Poljarniki ablösten. In dieser »weißen Nacht« war ganz Barentsburg auf den Beinen, jemanden zu verabschieden oder jemanden zu empfangen – das ist alte Tradition bei den Inselbewohnern. Heute war jeder bei jedem zu Gast, in jedem Haus wurde musiziert, überall erklangen die besinnlichen russischen und ukrainischen Volkslieder, und getanzt wurde, daß die Wände wackelten.

Am zeitigen Morgen verließ die »Sestrorezk« das gastliche Barentsburg in Richtung Pyramiden mit meinen Expeditionskameraden an Bord, während ich noch ein paar Tage hier verbleiben mußte, um einige dringende organisatorische und finanzielle Angelegenheiten zu erledigen, die mit der »Anmeldung« unserer Expedition in Barentsburg und mit dem bevorstehenden Absetzen von fünf

Glaziologen auf dem Lomonossowplateau, mit der Bereitstellung und dem Versand der für diese schwierige Unternehmung benötigten Ausrüstung zusammenhingen.

Viele Jahrhunderte lang ist Spitzbergen so etwas wie »Niemandsland« gewesen. Erst Anfang des 20. Jahrhunderts weckte der Archipel wegen seiner Steinkohlevorkommen verstärkt das Interesse europäischer Industrieller und Wissenschaftler. Vertreter von Privatgesellschaften zog es hierher, aber auch einfach nur Geschäftemacher, die sich fieberhaft beeilten, ein und dieselben »Claims« abzustecken, dadurch einen ungesunden Rummel und ein Tohuwabohu um das Recht auf Kohleabbau inszenierten. All das veranlaßte Norwegen, das 1905 seine Selbständigkeit erlangt hatte, die Frage einer ordnungsgemäßen Verwaltung von Spitzbergen aufzuwerfen. 1907 beauftragten die europäischen Länder schließlich Rußland, Norwegen und Schweden, ein entsprechendes Projekt zu erarbeiten.

Die Vertreter der drei Staaten trafen sich 1910 und 1912 zu Verhandlungen in Christiania (Oslo), um zu klären, welchen Status Spitzbergen erhalten sollte. Man verhandelte darüber, daß der Archipel auch fernerhin »Niemandsland« bleiben solle, von keinem Staat annektiert oder nicht der Souveränität irgendeines Landes unterstellt werden könne, im Kriegsfalle aber als neutrales Territorium zu betrachten sei.

Im Mai 1914 wurde in Oslo eine Internationale Konferenz über den künftigen Status Spitzbergens eröffnet. Vertreter Rußlands, Norwegens, Schwedens, Großbritanniens, der USA, Deutschlands, Dänemarks und der Niederlande diskutierten über die Möglichkeit, den Archipel von einer internationalen Kommission verwalten zu lassen, die aus russischen, norwegischen und schwedischen Bevollmächtigten bestehen, Gesetze und Verordnungen für Spitzbergen erlassen, den Abbau der Bodenschätze regeln und eine Ordnung erarbeiten sollte, den Schutz der natürlichen Reichtümer betreffend. Doch da brach im August 1914 der erste Weltkrieg aus, und die Konferenz wurde abgebrochen.

Die Diskussion über die Frage der rechtlichen Stellung des Archipels wurde im Juli 1919 auf der Pariser Friedenskonferenz ohne Beteiligung eines Vertreters Sowjetrußlands wiederaufgenommen. Parallel zum Versailler Vertrag unterschrieben am 9. Februar 1920 Bevollmächtigte der USA, Großbritanniens und seiner Dominien, Frankreichs, Italiens, Japans, der Niederlande, Dänemarks, Schwedens und Norwegens den Vertrag von Sèvres über Spitzbergen, dem zufolge die Souveränität über Spitzbergen Norwegen übertragen wurde. Bürgern der Unterzeichnerstaaten wurde das Recht auf freien Zugang in die Gewässer des Archipels für beliebige Zwecke und Aufgaben gewährt und ihnen erlaubt, Fischfang, Jagd und Schiffahrt zu betreiben sowie Operationen auf dem Gebiet von Industrie, Bergbau und Handel zu genau den gleichen Bedingungen wie Norwegen selbst vorzunehmen. Der Vertrag verpflichtete die Norweger, auf Spitzbergen keine Kriegsmarinestützpunkte und Befestigungen anzulegen, und schrieb vor, daß der Archipel niemals zu militärischen Zwecken benutzt werden dürfe. Weiter wurde darin vermerkt, daß russische Bürger und Gesellschaften noch vor einem Beitritt Rußlands zu dem Vertrag die gleichen Rechte wie Bürger der Unterzeichnerstaaten genießen können. Der Vertrag von Sèvres sah vor, daß Norwegen ein Statut zu verabschieden habe, das den Bergbau, das heißt Erkundung, Erwerb und Förderung von Bodenschätzen auf Spitzbergen regeln sollte.

1925 verleibte Norwegen Spitzbergen ein; der Archipel zusammen mit den benachbarten Inseln – Weiße Insel, Prins-Karls-Land, Hoffnungsinsel – und der sehr viel weiter südlich gelegenen Bäreninsel wurde Svalbard genannt. Dieses Territorium liegt zwischen dem 74° und 81° nördlicher Breite und dem 10° und 35° östlicher Länge; die Gesamtfläche aller seiner Inseln beträgt etwa 63 000 Quadratkilometer. Administrativ nimmt dieses eine besondere Stellung im Staat Norwegen ein – es ist ein autonomer Teil Norwegens und wird von einem vom König ernannten Gouverneur regiert, der die Einhaltung der Gesetze und Verordnungen kontrolliert und zudem die Funktion eines Polizeichefs innehat.

Die Sowjetunion trat 1935 dem Vertrag von Sèvres bei und übt im Einklang mit diesem auf dem Archipel wirtschaftliche und wissenschaftliche Tätigkeit aus. Bis zum Ausbruch des zweiten Weltkrieges unterzeichneten noch eine ganze Reihe weiterer

Staaten den Vertrag, gegenwärtig sind es insgesamt 41 Länder. Am 15. Februar 1947 nahm das Storting eine Resolution an, worin festgestellt wird, daß die Sowjetunion auf Spitzbergen »besondere ökonomische Interessen« besitzt. Die bereits über ein halbes Jahrhundert währenden Beziehungen zwischen Norwegen und der UdSSR haben gezeigt, daß die Völker beider Länder bemüht sind, die sachliche Zusammenarbeit gemäß den die unterschiedlichen Bereiche betreffenden sowjetisch-norwegischen Abkommen weiterzuentwickeln und in Frieden und Freundschaft zu leben, wie es sich zwischen guten Nachbarn gehört. Die strikte Einhaltung der Bedingungen des Vertrages von Sèvres entspricht gleichermaßen den Interessen Norwegens und der Sowjetunion.

Die Erschließung des Archipels

Bevor Forscher an die Erkundung eines wenig bekannten Territoriums gehen, werden sie stets bestrebt sein, möglichst viel über dessen Vergangenheit und Gegenwart in Erfahrung zu bringen. Was Spitzbergen betrifft, so ist die Geschichte seiner Erschließung mit zahllosen erregenden Ereignissen und Fakten verknüpft. Nach wie vor beschäftigt sie nicht nur Forscher, sondern auch jene Wißbegierigen, die von Romantik umwitterte Reisen in polare Länder lieben.

Seine so ungewöhnlich reiche und interessante Geschichte verdankt Spitzbergen in erster Linie den Versuchen, diese Inseln zu besiedeln und zu erschließen, der Jagd auf Wale und andere Meeressäuger, dem Abbau von Steinkohle und schließlich den vielen berühmten Polarexpeditionen. Wie ein riesiger Magnet hat der Archipel jahrhundertelang Tausende von Wagemutigen angelockt, die ungeachtet der ihnen drohenden tödlichen Gefahren in diese unbekannten kalten Gegenden zogen, um das rätselhafte Land unweit des Nordpols kennenzulernen, mit eigenen Augen zu sehen. Zahlreiche namhafte Seefahrer, Forscher, Entdeckungsreisende, Pelztierjäger und Flieger, darunter auch nicht wenige meiner Landsleute, haben sich im Laufe der Zeit auf Spitzbergen aufgehalten. Wie wertvolle Autogramme haben sich ihre Spuren in diesem eisbedeckten Land erhalten.

Russen haben in der Geschichte der Erschließung Spitzbergens – wie in der Geschichte der Arktis überhaupt – bekanntlich in vieler Hinsicht eine große Rolle gespielt. Nicht zufällig findet man auf einer Karte von Spitzbergen die Namen vieler namhafter Vertreter Rußlands verzeichnet – von Pomoren, Pelztierjägern, Seefahrern, Forschern, bedeutenden Persönlichkeiten, aber auch von russischen Schiffen. So nimmt den höchsten Teil des eisüberzogenen Olav-V.-Landes (früher hieß es »Russische Eisregion«) im Osten von Westspitzbergen ein riesiges Gletscherplateau ein, das den Namen Lomonossows trägt. Dieses Plateau wiederum ist umgeben von Bergen, die nach Backlund, Golizyn, Minkin, Nemtinow, Smyslow und Tschernyschow benannt sind, und hier gibt es auch einen Grusdew- und einen Russki-Gletscher. Übrigens ist das Wort »russki« sehr häufig in geographischen Namen zu finden: Russebukta (Russische Bucht), Russehamna (Kleine russische Bucht), Russeelv (Russischer Fluß), Russedalen (Russisches Tal), Russeøyane (Russische Inseln).

Ende des 15. Jahrhunderts entdeckte Christoph Kolumbus Amerika, fand Vasco da Gama den Seeweg von Europa nach Indien um Afrika herum, und in der ersten Hälfte des 16. Jahrhunderts unternahm Magalhães seine Weltumsegelung. Die Epoche der großen geographischen Entdeckungen förderte die Vormachtstellung Spaniens und Portugals, die die größten Seemächte der Welt wurden. Beide Staaten versuchten ihre Einflußsphäre auf fast das gesamte Weltmeer und auf die Seewege auszudehnen, besonders auf die nach Indien und China führenden.

Da sich die südlichen Seewege zu jener Zeit in Händen der Spanier und Portugiesen befanden, richteten englische und holländische Seefahrer und Kaufleute ihren Blick auf den hohen Norden und versuchten ihr Glück in dem geheimnisvollen »Erstarrten Meer« zu finden. Daß es einen nordöstlichen Seeweg nach China geben könnte, davon hatte man in Europa schon Anfang des 15. Jahrhunderts gehört. Als erster äußerte diesen Gedanken Dmitri Gerassimow, seinerzeit russischer Botschafter in Rom, ein hochgebildeter Mann, der über den hohen Norden und die Bedingungen informiert war, unter denen Fahrten in polaren Gewässern möglich sind. In einem Gespräch mit dem italienischen Historiker Paolo Giovio berichtete er über Russen, die jene Gegenden schon seit langem aufsuchten, über das Meer, über das man »auf Schiffen bis ins Land China gelangen kann, sofern man auf dieser Strecke nicht noch auf irgendein Land stößt«. Der Botschafter zeigte dem italienischen Gelehrten eine Karte polarer Länder und bekräftigte damit die Schlußfolgerungen, es gäbe eine Nordostpassage. Danach schrieb Paolo Giovio 1525 ein Buch über die Gesandtschaft des Großfürsten von Moskowien Wassili II. zu Papst Clemens VII., in dem er die Auskünfte darlegte, die er von Dmitri Gerassimow erhalten hatte. Ebendies war der Hauptgrund dafür, daß westeuropäische Expeditionen ausgerüstet wurden, die einen neuen Weg durch die unbekannten Nordmeere ausfindig machen sollten.

Als erste waren es englische Expeditionen, die den Versuch unternahmen, auf dem Weg nach Osten »Länder und Besitzungen des großmächtigen Prinzen von China« zu erreichen, doch kompakte Eismassen hinderten sie daran. Dafür gelang es aber Richard Chancellor, die Mündung der Nördlichen Dwina zu erreichen. Zwischen England und dem Moskauer Staat wurden diplomatische und Handelsbeziehungen aufgenommen. Mit der Eröffnung des Seeweges nach Moskowien wurden verstärkt Versuche unternommen, einen nördlichen Seeweg nach China zu finden.

In den achtziger Jahren des 16. Jahrhunderts ging die Initiative auf Holland über, das nach seiner Befreiung von der spanischen Herrschaft zu einer starken Seemacht geworden war. Niederländische Kaufleute, die um jeden Preis einen einträglichen Handel mit China und Indien treiben wollten, richteten Ende des Jahrhunderts mehrere große Expeditionen aus, die »einen bequemen Seeweg in die Reiche Kitai und Sin finden sollten, der nördlich von Norwegen, Moskowien und Tartaria (unter diesem Namen verstanden die Europäer damals den Norden Sibiriens) verläuft«. 1594 und 1595 unternahmen holländische Kaufleute ausgedehnte Fahrten nach Nowaja Semlja und in die Karasee. Eines ihrer

Schiffe befehligte der berühmte Willem Barents, doch beide Expeditionen konnten den gesuchten Weg nicht entdecken. Da setzte die holländische Regierung eine Belohnung von fünfundzwanzigtausend Gulden aus für denjenigen, der die nordöstliche Durchfahrt fände, und Amsterdamer Kaufleute schickten daraufhin eine neue, dritte Expedition aus.

Am 10. Mai 1596 verließen zwei Segelschiffe Amsterdam, doch im Unterschied zu den vorhergehenden Fahrten steuerten die Holländer von der skandinavischen Küste aus nicht Nowaja Semlja an, sondern wandten sich direkt nach Norden. Diesmal war nicht der kühne, entschlossene Barents zum Kommandanten ernannt worden, da er aber unbedingt an der Expedition teilnehmen wollte, nahm er den Posten des Ersten Offiziers auf dem von Jakob van Heemskerk befehligten Schiff an. Augenzeugen vermerkten aber, Barents sei die treibende Kraft bei dieser Expedition gewesen und habe sie faktisch geleitet.

Auf das erste Eis trafen die Seefahrer am 5. Juni. Vier Tage später sichteten die Holländer auf einer Breite von 74° 30′ eine kleine gebirgige Insel. Bei der Landung erlegten sie einen mächtigen Eisbären, und deshalb tauchte auf der Karte der Arktis die neue Insel als »Bäreninsel« auf.

Von hier ging es noch weiter nach Norden. Man war der Meinung, man befände sich irgendwo in der Nähe von Grönland, doch da zeigte sich am 19. Juni unerwartet am Horizont ein weiteres unbekanntes Land. Beim Näherkommen erkannte man, daß es ein Gebirgsland mit vielen spitzen Gipfeln war. Der Expeditionsteilnehmer Gerrit de Veer vermerkte in seinem Tagebuch: »Dieses Land war sehr groß, und wir fuhren an seiner Westküste entlang bis auf 79,5° nördlicher Breite.« Hier bereitete kompaktes Eis der Fahrt ein Ende. Im Schiffsjournal verzeichnete Barents, dieses Land sei größtenteils zerrissen, sehr hoch und bestehe durchweg aus Gebirgen und spitzen Gipfeln.

Von der Küste Nordwestspitzbergens aus drehten die holländischen Schiffe nach Süden bei und kehrten zur Bäreninsel zurück. Hier trennten sich ihre Wege – das eine fuhr erneut nach Norden, um die Suche nach einem Seeweg nach China fortzusetzen, das andere dagegen, mit Barents an Bord, segelte in Richtung

Nowaja Semlja, in der Hoffnung, weiter nach Osten vordringen zu können.

Im August erreichte Barents die Nordostküste von Nowaja Semlja, wo sein Schiff vom Eis eingeschlossen und zerquetscht wurde. Die Besatzung mußte schleunigst an die Küste übersiedeln, sich aus Treibholz ein Haus bauen und darin überwintern. Im folgenden Polarfrühling, am 14. Juni 1597, brachen die Holländer in Schaluppen zum Festland auf, doch Barents war es nicht vergönnt, heimzukehren, er starb bald. Erst einen Monat später stießen die Schaluppen bei der Insel Meshduscharski auf zwei russische Boote; das war ihre Rettung.

Der hervorragende Polarfahrer Barents, der als erster die Umrisse der Westküste Spitzbergens in die Karte der Arktis eintrug und den Europäern Mitteilung von dieser Entdeckung machte, verdient unser aller Hochachtung. Wer allerdings das Land der spitzen Berge erstmalig sichtete und wann, darüber gehen die Meinungen der Historiker und Geographen auseinander. Wollen wir die verschiedenen Standpunkte zu dieser Frage einmal näher beleuchten.

Der norwegische Geologe Balthasar Keilhau, Professor an der Universität Christiania (heute Oslo), hatte bei seiner Spitzbergenexpedition 1827 gute Forschungsarbeit geleistet. Er legte wertvolle geologische und botanische Sammlungen an und erhielt überaus interessante Informationen über alte Siedlungsstätten von Pomoren. Keilhau sprach die Vermutung aus, russische Seefahrer seien hier im 13. Jahrhundert erschienen. Der französische Wissenschaftler Romanovski vom Zentrum für ozeanographische Forschungen Paris äußerte in seiner 1943 erschienenen Monographie über Spitzbergen sogar die Meinung, die Pomoren hätten den Archipel schon früher, im 10. Jahrhundert, entdeckt. Der Historiker Professor Michail Below, der sich speziell mit der Geschichte der Arktis befaßt, hat mehrmals bestätigt, daß Russen als erste die Küsten Spitzbergens erreicht und als erste dort Jagd betrieben haben. Auch die inzwischen verstorbenen Professoren Sergej Obrutschew, Nikolai Subow und Wladimir Wiese sowie weitere namhafte sowjetische Wissenschaftler, die sich gleichfalls mit der Geschichte der Arktis beschäftigten, vertraten wiederholt die Ansicht, bei der Entdeckung und wirtschaftlichen Erschließung des Archipels gebühre den Russen die Priorität. Die genannten westlichen und sowjetischen Forscher haben ihre Schlußfolgerungen auch begründet; sie gingen dabei von einer allgemeinen Analyse der Geschichte der Entdeckungsfahrten im hohen Norden aus und zogen sowohl russische als auch westeuropäische Quellen heran. Gewisse westliche Forscher versuchen diese Meinung allerdings anzufechten. So geben moderne norwegische Quellen und Handbücher über Spitzbergen an, der Archipel sei Ende des 12. Jahrhunderts von Wikingern entdeckt worden, die den Ozean auf der Suche nach »Beute und Ruhm« befuhren. Gewöhnlich bezieht man sich dabei auf die isländischen Sagas, in denen die Ereignisse der einzelnen Jahre aufgezeichnet sind. Darin finden sich neben allen möglichen Mitteilungen für Jahr 1194 auch die beiden Wörter »Svalbard gefunden« (man kann sie auch übersetzen mit »Fund von Svalbard«). Im Altnorwegischen bedeutet »sval« soviel wie »kühl« und »bard« etwa »Land«, »Gegend«. Wo aber lag denn nun diese von den Wikingern gefundene »kühle Gegend«? Das ist und bleibt ein Rätsel. Überhaupt ist diese recht lakonische Erwähnung in jener Saga von einer 1194 erfolgten geographischen Entdeckung kaum geeignet, Klarheit zu schaffen.

In dem im 13. Jahrhundert in altisländischer Sprache verfaßten »Landnámabók« findet man: »So sagen weise Leute, daß es ... von Langanes in Nordisland aus nach Norden vier Tage Meer bis Svalbard am Ende des Meeres sind.« Und in der um 1350 geschriebenen »Saga von Samson dem Schönen« wird berichtet, von Jotunheimen (einem von den Skandinaviern erdachten Land, das nordöstlich von Rußland liegen und von übernatürlichen Wesen – Trollen, Riesen, Zwergen, Zauberern und Hexen – bewohnt sein sollte) in Richtung Grönland erstrecke sich das Land Svalbard, das von verschiedenen Stämmen bewohnt sei.

Im Laufe der Jahrhunderte haben die verschiedensten europäischen Forscher versucht, zu enträtseln und zu klären, was die Chronisten des Mittelalters denn nun tatsächlich unter »Svalbard« verstanden, und sind dabei zu unterschiedlichen Deutungen gelangt. Da wurden die Nordostküste Grönlands, die Insel Jan Mayen,

Spitzbergen, Franz-Joseph-Land, ja sogar Nordsibirien genannt...
Namhafte westliche Forscher, so der Kanadier Vilhjalmur Stefansson, die Dänen Carl Christian Rafn und Birket-Smith, der Schwede Gustav Holm, der Deutsche Alexander von Humboldt und andere Wissenschaftler neigten zu der Ansicht, mit dem in den Sagas genannten Svalbard sei nicht Spitzbergen, sondern die Ostküste Grönlands gemeint, die tatsächlich von Normannen aufgesucht worden ist. Die entgegengesetzte Hypothese, wonach das mittelalterliche Svalbard identisch sei mit Spitzbergen, wird vor allem von Norwegern vertreten. Zweifellos spielen hier nicht nur nationale, sondern auch politische Interessen Norwegens eine vorrangige Rolle.

Wir hingegen vertreten die Meinung, daß Pomoren als erste auf Spitzbergen gewesen sind. Alle Fragen jedoch, die Art, Umfang und Zeitpunkt des ersten Vordringens von Menschen aus Europa nach Spitzbergen betreffen, können objektiv nur nach sorgfältigen archäologischen Forschungen beantwortet werden. So besteht denn auch die Hauptaufgabe der seit 1978 auf dem Archipel arbeitenden sowjetischen archäologischen Expedition darin, zu versuchen, diese Seite im Buch der russischen und der Weltgeschichte zu entziffern und alle Etappen der Entdeckung und Erschließung Spitzbergens zu rekonstruieren. Obwohl die Arbeiten der Archäologen bei weitem noch nicht abgeschlossen sind, kann man heute schon mit vollem Recht behaupten, daß Spitzbergens Geschichte in bedeutendem Maße russische Geschichte ist.

Was für Leute waren das denn nun, die berühmten Pomoren? Woher, aus welchen Gebieten kamen sie hierher, in die tiefste Arktis?

Die Geschichte der Pomoren beginnt im 11. Jahrhundert. Wagemutige Nowgoroder waren die ersten russischen Siedler an der Küste des Weißen Meeres, von dem aus sich ihnen der Weg in den Arktischen Ozean eröffnete. Auf der Suche nach neuen Handelswaren und Ländereien für das mächtige Nowgorod drangen diese Leute immer weiter nach dem fernen rauhen Norden vor, bis an die Küsten des »eiskalten Meeres«, aber auch nach Osten über Petschora und Ural hinaus. Auch »gewöhnliches Volk« und vor der Unterdrückung durch Bojaren und Kaufleute Flüchtende zog es hierher. Das Meer erreichten die Nowgoroder auf Flüssen, die See selbst befuhren sie mit den gleichen Kähnen. An der Küste des Eismeeres entstanden erste Siedlungen von Tierfängern und Jägern. So also gelangten schon vor fast tausend Jahren Drushinas von Nowgorodern bis zum Weißen Meer und später bis an die Küste der Kolahalbinsel. In jenen Zeiten nahmen die ehemaligen Nowgoroder ihre weiten Fahrten aufs Eismeer auf.

In diesem Zusammenhang mag die Meinung eines so berühmten Arktisforschers wie Adolf Erik Nordenskiöld von Interesse sein, der in einer seiner Arbeiten schrieb, Russen wären im 10. und 11. Jahrhundert in den europäischen hohen Norden vorgestoßen und seien damit den bis nach Finnmarken gelangten Norwegern um zwei, drei Jahrhunderte zuvorgekommen.

Mit der Zeit nannte man alle Bewohner der Küsten des Eismeeres, deren ganzes Leben mit der See verknüpft war, Pomoren, nach dem Wort Pomorje – »Land am Meer«.

Als erste Europäer besuchten sie Nowaja Semlja (vielleicht schon im 11. Jahrhundert), die westsibirische Halbinsel Jamal (wahrscheinlich im 14. Jahrhundert), und archäologische Zeugnisse besagen, daß Russen zu Beginn des 17. Jahrhunderts auch bis zur Taimyrhalbinsel gesegelt sind. Etwas früher schon, im 16. Jahrhundert, befuhren Pomoren die großen sibirischen Ströme, suchten den Obbusen und den Tasbusen auf. Herausragendes Ereignis in der Geschichte der geographischen Entdeckungen war 1648 die Fahrt des Pomoren Semjon Deshnjow, der dabei die Meeresstraße zwischen Eurasien und Nordamerika entdeckte.

Die Entdeckung und die Erschließung »unbekannter Länder« durch Pomoren war in erster Linie mit deren Jagd und Tierfang verknüpft. Die Nachfahren der Nowgoroder fürchteten weder die Dunkelheit der langen Polarnacht noch eisige Kälte, weder heftige Winde noch Schneestürme und auch nicht das Toben des kalten Meeres. Sie machten Jagd auf Eisbären, Robben, Walrosse, Rentiere, Wale, Polarfüchse und trieben Fischfang. Besonders hoch im Kurs stand die »rauche Ware«, wie man die Pelztierfelle nannte. Die Pomoren bauten auch kleine hölzerne Kähne, mit denen sie das Eismeer befuhren, und nutzten jede Möglichkeit, Beobachtungen anzustellen und Kenntnisse über die entdeckten Länder zu sammeln. Sie stellten Logbücher zusammen und bezeichneten markante Punkte mit großen Kreuzen.

Eine dieser Fahrten durch das »eiskalte Meer« verschlug die russischen Seefahrer an die Küste eines unbekannten Landes – wie sich sehr viel später herausstellte, Spitzbergens. Wann genau sich dieses denkwürdige Ereignis zugetragen hat, ist vorerst noch nicht geklärt. Die Geschichte hat leider keine schriftlichen Zeugnisse von diesen ersten Fahrten und dem damaligen Leben und Treiben der Russen auf Spitzbergen bewahrt. Man kann nur hoffen, daß die sowjetischen Archäologen die ersten Spuren, die Russen auf diesem Archipel hinterlassen haben, auszufinden und zu restaurieren vermögen.

Seefahrer und Geographen jener fernen Zeiten (darunter auch Barents) nahmen irrtümlich an, Spitzbergen hänge im Norden mit Grönland zusammen. Erst im 17./18. Jahrhundert wurde dieser Irrtum aufgeklärt. Das ist auch der Grund, weshalb die Pomoren dem Archipel Namen wie Grulandija, Grulandskaja Semlja, Gruland, Grunt, Grunt Landija, Gruntland, Grunant, Grumant-Inseln oder Grumant gaben. Der Name Grumant setzte sich schließlich durch und verdrängte allmählich alle anderen. Deshalb auch nannte man jene Pomoren, die sich dort aufgehalten hatten, stolz Grumanlanen.

Der schon erwähnte Sergej Obrutschew vermerkt in seinem interessanten Buch »Russische Pomoren auf Spitzbergen im 15. Jahrhundert und was 1493 ein Arzt aus Nürnberg über sie geschrieben hat«, daß die Fahrten nach Grumant und die Überwinterungen dort in Zeiten, da man über Mittel gegen Skorbut noch nicht viel wußte, uns heute besonders beeindrucken, daß nirgendwo zu jener Zeit Russen im normalen Alltagsleben so heroische Taten vollbracht haben wie bei den Fahrten nach Grumant.

Schriftliche Zeugnisse über die Fahrten der Pomoren tauchten in Europa Ende des 15., Anfang des 16. Jahrhunderts auf. So schrieb der hochgebildete deutsche Gelehrte Hieronymus Müntzer (Monetarius), Arzt, Geograph und Astronom aus Nürnberg, 1493 an König Johann (João) II. von Portugal einen Brief, der erstmalig Anfang des 16. Jahrhunderts in Portugal als Beilage zu dem »Traktat über die Sphäre« des Kosmographen Johann de Sacrobosco veröffentlicht wurde. In der zweiten Hälfte dieser Botschaft teilte Müntzer dem König mit, daß vor einigen Jahren unter der Rauheit des Sterns des arktischen Pols die große Insel Grunland wiederentdeckt worden sei, deren Küste dreihundert Legua (etwa 1770 km – *J. S.*) lang sei und auf der sich eine sehr große Siedlung von Menschen unter der Herrschaft des Signors Herzog von Moskowien befinde.

Sergej Obrutschew erkannte die Bedeutung dieses bemerkenswerten Satzes in jenem vor fast fünfhundert Jahren geschriebenen Brief. Als Nachweis für die Richtigkeit seiner Schlußfolgerung analysierte er alles vorhandene Material über Müntzer und die Geographen Nürnbergs vom Ende des 15. Jahrhunderts und studierte die geographischen Ideen des 15./16. Jahrhunderts sowie die Karten aus jener Zeit. In seiner Arbeit behauptet Obrutschew, daß Ende des 15. Jahrhunderts Russen auf Spitzbergen bereits Jagd betrieben und sogar dort überwinterten und daß sie auf jeden Fall schon hundert Jahre vor Barents über das »Meer der Finsternisse« hierher gesegelt sind.

Auf einer 1569 von dem bekannten flämischen Kartographen Gerhard Mercator erarbeiteten Karte findet man nördlich der Skandinavischen Halbinsel sieben Inseln eingetragen mit dem Namen »Heilige Russische«. Der holländische Kapitän Joris Karolis, der das erstemal mit Barents nach Spitzbergen kam und später noch weitere Male dorthin fuhr, trug in seine Seefahrtskarte Inseln mit den russischen Namen Neiswestnaja Semlja und Ostrow Marfa ein. Sie lagen östlich vom seinerzeit holländischen Seeleuten bekannten Westteil des Archipels; es muß sich um die heutige Edgeinsel und König-Karl-Land (oder Nordostland) gehandelt haben. Später verschwanden die russischen Namen von der Karte wieder, man ersetzte sie einfach durch westeuropäische.

1901 veröffentlichte die russische Zeitschrift »Literaturny westnik« einen Brief des dänischen Königs Frederik II. vom Jahre 1576 an seinen Statthalter Ludwig Munk in Norwegen. Darin teilte der Monarch mit, er habe von Verhandlungen Kenntnis, die vergangenen Sommer einige Kaufleute der Hafenstadt Trondheim mit einem Steuermann aus der russischen Siedlung Kola namens Pawel Nischez (wahrscheinlich Nikitisch) geführt hätten, der alljährlich um den Bertholomäustag nach Grumant gefahren sei. Weiter hieß es darin, der Pomore habe sich gegen Belohnung bereit erklärt, nicht nur über jenes Land zu berichten, sondern auch Schiffe der Kaufleute dorthin zu führen. Da Frederik II. ohnehin eine Expedition nach Grönland-Grumant ausschicken wollte, bat er Munk, bei den Trondheimer Kaufleuten Schiffe zu chartern und den Steuermann aus Kola als Lotsen anzuheuern. Wie man sieht, ist dieser Brief des dänischen Königs ein weiterer Beweis dafür, daß Russen Spitzbergen schon vor seiner offiziellen Entdeckung durch Barents im Jahre 1596 besucht haben.

Ein Mitglied der Barentsexpedition hat Aufzeichnungen hinterlassen, in denen er mitteilt, daß die Holländer im Sommer 1596 in den Gewässern westlich Spitzbergens »Massen von umhertreibenden geköpften Walrossen, aber auch tote Wale gesichtet haben. Wir waren verwundert, diese geköpften Walrosse zu sehen, da die Russen doch gewöhnlich (im Pomorje – J. S.) aus deren Fett Tran kochen.« Nach Meinung von Below folgt heraus, daß noch vor Eintreffen der holländischen Schiffe die Pomoren hier Jagd auf Walrosse gemacht haben, deren Stoßzähne zu jener Zeit wertvoller waren als Elfenbein.

Mitte des 16. Jahrhunderts gründeten unternehmungsfreudige englische Kaufleute in London zur Aufnahme von Handelsbeziehungen mit Moskowien eigens die Moscow Company. Deren Schiffe fuhren von England um Skandinavien und die Kolahalbinsel herum zur Mündung der Nördlichen Dwina, also nach dem Pomorje. Diese Londoner Kompanie, die zu Handelszwecken den Westteil des späteren Nördlichen Seewegs erschlossen hatte, hoffte über die zentrale Arktis bis zum Pazifik vorzudringen und auf diesem südwärts bis an die Küsten Chinas und sogar Indiens zu gelangen. Eben um dieses wichtigen Zieles willen stellte die Kompanie Gelder bereit, um noch einmal zu versuchen, die unbekannte, für die Engländer aber so überaus wichtige Durchfahrt im Nordosten zu finden.

Als erster begab sich der bekannte Seefahrer Henry Hudson 1607 auf diese gefahrvolle Reise. Er hatte den Auftrag, auf einer Bark mit achtzig Tonnen Wasserverdrängung über den Nordpol in den Stillen Ozean zu gelangen. Am 1. Mai lief die Bark »Hope well« aus Greenwich aus. Anderthalb Monate brauchte sie allein, um die Ostküste Grönlands zu erreichen, dann fuhr sie an der größten Insel der Welt entlang nach Norden. Auf dem 73. Grad nördlicher Breite gebot das Eis dem kleinen Schiff Halt. Da wendete sich Hudson nach Nordosten und gelangte in fünf Tagen nach Spitzbergen.

Von hier aus segelte die »Hope well« erneut nach Norden. Doch unüberwindliche Eismassen verhinderten bei 80° 23′ jegliche Weiterfahrt in nördlicher Richtung. Allerdings war bisher noch kein anderes Schiff bis in eine solche Breite vorgedrungen. Bis Ende Juli versuchte der mutige Forscher immer wieder, zwischen Spitzbergen und Grönland eine Durchfahrt nach Norden zu finden, doch das Eis war stärker als die Menschen und das kleine Schiff. Hudson mußte nach England zurückkehren, wo er erklärte, eine Durchfahrt vom Atlantischen in den Stillen Ozean sei unmöglich, zumindest in jener Region.

Im folgenden Jahr konnte der Forscher nur die Westküste von Nowaja Semlja erreichen. Danach gab die Moscow Company endgültig die Hoffnung auf, eine nordöstliche Durchfahrt zu finden.

Die historische Aufgabe, die Nordostpassage (heute sprechen wir vom Nördlichen Seeweg) zu bezwingen, wurde erst wesentlich später gelöst. Das schaffte 1878/79 der schwedische Polarforscher Adolf Erik Nordenskiöld auf seiner »Vega« mit nur einer Überwinterung. Erst dem sowjetischen Eisbrecher »Sibirjakow« gelang 1932 erstmals die Bezwingung dieses Seeweges zum Pazifik in nur einer Navigationsperiode. Im gleichen Jahr noch wurde in der Sowjetunion die Hauptverwaltung des Nördlichen Seewegs geschaffen, die von Partei und Regierung die wichtige Aufgabe erhielt, »einen endgültigen Seeweg vom Weißen Meer zur Beringstraße einzurichten«. Heute sehen wir, dieser Auftrag wurde erfüllt, der Nördliche Seeweg hat sich zu einem normal funktionierenden Wasserweg entwickelt.

Die Expeditionen von Barents und Hudson hatten festgestellt, daß es an der Küste Spitzbergens zahllose Wale gab. Unverzüglich schalteten sich Engländer, Dänen, Holländer, Franzosen, Spanier und Deutsche in das große Walgeschäft ein. Jeder Staat versuchte, das Monopol für die Jagd auf diese Riesenmeeressäuger zu gewinnen.

Zur Fangzeit im Sommer fanden sich hier bis zu dreihundert Schiffe ein, in den Gewässern um Spitzbergen entbrannte ein erbarmungsloser Kampf der miteinander konkurrierenden Flottillen. Häufig betrieb man den Walfang unter dem Schutz von Kriegsschiffen, zeitweise kam es zu bewaffneten Auseinandersetzungen, fast Seeschlachten. Um den Besitz einzelner günstiger Inseln, Buchten und guter Ankerplätze trug man regelrechte Kämpfe aus.

Im Jahre 1613 unternahmen die Engländer den Versuch, die Souveränität über Spitzbergen zu erringen. Ihr König erließ einen Befehl, der die Angliederung des Archipels an das englische Königreich unter dem Namen König-Jakob-Neuland vorsah und den Walfang an der Küste des Archipels zum Monopol der Engländer erklärte. Im gleichen Jahr noch entsandte England sieben Schiffe, darunter zwei Kriegsschiffe, dorthin, die die Holländer und gleichzeitig auch die unweit davon jagenden französischen und spanischen Walfänger gewaltsam vertrieben. Daraufhin schickten die Holländer, die nicht gewillt waren, das englische Monopol anzuerkennen, im folgenden Jahr nicht weniger als vierzehn Walfangschiffe und vier Kriegsschiffe in diese Region, und ein weiteres Jahr später erschienen dänische Walfänger unter dem Schutz ihrer Kriegsschiffe, und schließlich kamen auch noch Deutsche aus den Hansestädten Hamburg und Bremen. Und alle verteidigten sie mit Waffengewalt ihr Recht, um Spitzbergen Walfang treiben zu können. Was allerdings die unglückselige »Annexion« Spitzbergens durch die englische Krone angeht, so geriet sie sehr rasch in Vergessenheit.

Die interessierten Länder mußten sich wohl oder übel über eine Aufteilung der Fanggebiete einigen. 1617 wurde zwischen ihnen ein entsprechendes Abkommen erzielt. So erstreckte sich die Einflußsphäre Englands auf die besten Gebiete an der Westküste Spitzbergens zwischen Bellsund und Magdalenefjord. Die Holländer erhielten am Nordwestzipfel des Archipels die Amsterdaminsel und ein paar kleine Buchten, auf die Dänen entfiel die unweit davon liegende Däneninsel, und die Deutschen bekamen die Hamburgbucht.

Spanier und Franzosen dagegen, die keine Unterstützung durch Kriegsflotten hatten, mußten sich mit für den Fang am wenigsten geeigneten Buchten im Norden begnügen, wie etwa der Biskayabucht. Dieser sogenannte Friedensvertrag über Spitzbergen war also ganz offenkundig ungerecht, und deshalb hielten die Auseinandersetzungen zwischen den Konkurrenten ungeachtet der Übereinkunft auch weiterhin an. Russen waren an dieser nach Räuberart erfolgten Aufteilung der Gewässer und Ländereien Spitzbergens nicht beteiligt.

Im Jahre 1630 lief ein englisches Walfangschiff in den Grönfjord ein. Unweit der Stelle, wo heute Barentsburg liegt, gingen acht Matrosen an Land, um Rentierfleisch für die Besatzung zu beschaffen. In der Nacht kam ein Orkan auf, der das Schiff vom Anker riß und abtrieb. Der September hatte bereits begonnen, und es war von nirgendwoher Rettung zu erwarten. Die Matrosen mußten unvorhergesehen hier überwintern. Sie quartierten sich in einem großen Schuppen ein, den die Moscow Company einst am Ufer des Fjords errichtet hatte. Sie schleppten dicke Balken und Steine in den Schuppen und bauten sich darin eine kleine Hütte. Aus den Fellen erlegter Rentiere und Eisbären stellten sie Kleidung und Betten her. Zu ihrer unbeschreiblichen Freude konnten die Überwinterer im nächsten Jahr ihre Kameraden und ihr Schiff begrüßen, das sie abholte.

Diese dramatische Geschichte wurde in unterschiedlichsten Varianten damals überall in Europa erzählt. Geschäftemacher der Londoner Moscow Company schleppten die acht Matrosen von Kneipe zu Kneipe, um – allerdings erfolglos – Freiwillige für eine planmäßige Überwinterung auf Spitzbergen anzuwerben. Mit allen Überredungskünsten gelang es schließlich, in Holland eine Gruppe von sieben Mann zusammenzubringen, die man in den Norfjord brachte, einen nördlichen Arm des Eisfjords. Das im folgenden Jahr dort eintreffende Schiff fand jedoch niemand mehr lebend vor: Alle hatte der unbarmherzige Skorbut dahingerafft. So endete die erste freiwillige Überwinterung, die von Westeuropäern organisiert worden war, und sie blieb auch die letzte.

In den dreißiger Jahren des 17. Jahrhunderts begnadigte man

auf Bitten von Kaufleuten der Moscow Company einige zum Tode verurteilte englische Sträflinge zur Überwinterung auf Spitzbergen. Als diese Sträflinge die öde, rauhe Felsenküste und die von Eis und Schnee bedeckten spitzen Berge sahen, baten sie inständig, man möge sie nicht hierlassen. Sie wollten lieber in die Heimat zurückkehren, wo der Tod sie erwartete, als um den Preis einer Überwinterung auf dem arktischen Archipel ihr Leben retten.

Den Walfang an der Küste Spitzbergens bezeichneten die Holländer als Goldgrube des Nordens. Im 17. Jahrhundert entstand auf der Amsterdaminsel die nördlichste Stadt, die es je auf der Erde gegeben hat. Ihren seltsamen Namen Smeerenburg (etwa »Stadt des Fetts« oder »Transtadt«) erhielt sie wegen der dort stehenden großen Kessel, in denen der Walspeck ausgelassen wurde.

Leben herrschte in dieser ungewöhnlichen Stadt nur im Sommer zur Walfangsaison. Im Winter verließen die Einwohner die Stadt. Auf dem niedrigen flachen Südostufer der Insel standen einst Warenlager, Wohnhäuser, Schuppen, Werkstätten, Schmieden, Gasthäuser, Spielhöllen und andere Stätten des Lasters, auch eine Kirche gab es. Sobald der Walfang begann, zog wieder Leben ein. Hier, auf dem 80. Grad nördlicher Breite, landeten jährlich Dutzende von holländischen Schiffen und mit ihnen Walfänger, Fischer, Transieder, Schauerleute, Seetierjäger, Kaufleute und Verkäufer.

Der »Raubbau« an den Walen führte dazu, daß diese allmählich aus den Gewässern um Spitzbergen verschwanden. Die Forscher nehmen an, daß Smeerenburg daher nach etwa fünfzig Jahren wieder aufgegeben werden mußte.

Ich selbst bin Ende der siebziger Jahre auf der Amsterdaminsel gewesen, fand aber keinerlei Spuren von der Polarstadt mehr vor. Nur ein kleines Denkmal erinnerte noch an sie. An der Stelle der einst von pulsierendem Leben erfüllten Stadt stand ein winziges vom Wind gezaustes farbiges Zelt, in dem vorübergehend der Direktor des archäologischen Museums Amsterdam hauste. Er führte hier Ausgrabungen durch, wo vor fast zweihundertfünfzig Jahren Smeerenburg sozusagen gleich neben dem Nordpol lag, wo Kaufleute Riesenvermögen erwarben, Walfänger erbeutete Meeresriesen anlandeten, wo Transieder Tausende Tonnen wertvollen Walspecks ausließen...

Die erste uns bekannte Beschreibung Spitzbergens nahm 1671 Friedrich Martens vor, ein Hamburger Naturforscher und Schiffsarzt auf einer Walfangexpedition, der einen Großteil der Westküste des Archipels besucht hatte. Er war auch dort gewesen, wo einst Smeerenburg lag, und bezeugt in seinem Buch, daß diese Stadt schon seit langem von ihren Bewohnern verlassen worden war und vom Zahn der Zeit zerstört werde. Die Europäer verloren für lange Zeit das Interesse an Spitzbergen. Die russischen Pomoren hatten sich zwar nicht am Walfang beteiligt, liefen den Archipel aber auch weiterhin häufig an. Wie schon früher befaßten sie sich hauptsächlich mit der Jagd auf Walrosse, Robben, Weißwale, Eisbären, Polarfüchse und Rentiere sowie mit dem Sammeln von Eiderdaunen.

Auf Grund des von der archäologischen Expedition der Akademie der Wissenschaften der UdSSR in den Jahren 1978 bis 1982 gewonnenen Materials läßt sich jetzt mit Sicherheit behaupten, daß Spitzbergen im 17. und 18. Jahrhundert ein Land war, das sich die Pomoren vollständig erschlossen hatten. In diesem Zeitraum sind Dutzende russischer Siedlungen entstanden, die zwischen dem Südende des Archipels, der Sørkappøya (Südkapinsel), und dem fernen Nordostland an der Küste verstreut lagen. Solide Bauten und zahllose Funde weisen darauf hin, daß die Pomoren Jagd und Tierfang ständig, ununterbrochen, ganzjährig betrieben haben. Dies macht deutlich, daß dieser Blütezeit des Wirkens der Pomoren auf Spitzbergen im 17. und 18 Jahrhundert eine anhaltende, zweifellos viele Jahrzehnte während Periode vorausgegangen ist, in der die Entdeckung und erste Erschließung erfolgte.

Die Hauptarbeit der sowjetischen Archäologen konzentrierte sich auf den Zentral- und den Südteil von Westspitzbergen. Von größtem Interesse sind da zwei Pomorensiedlungen, die man an der Westküste von Nordenskiöldland untersuchte. Unter allen schon früher auf dem Archipel gefundenen menschlichen Wohnstätten haben sich diese als die ältesten erwiesen. Mit Hilfe verschiedener moderner Methoden von Analysen gelang es, festzustellen, daß diese Funde dem 16. Jahrhundert zuzuordnen sind und somit bestätigen, daß sich Russen schon etliche Jahrzehnte vor der 1596 durch Barents erfolgten »Entdeckung« des Archipels dort aufgehalten haben.

Heute kann man also behaupten, daß bereits in jener fernen Zeit die ersten Pomoren ständig auf Spitzbergen jagten und daß im Unterschied zu Holländern und Engländern, die den Archipel nur im Sommer aufsuchten, die Russen hier auch den Winter über blieben. In der Regel gingen die Pomoren im Sommer auf den Inseln an Land, sobald die Navigationsbedingungen es erlaubten; übers Jahr trafen dann vom Pomorje her Schiffe ein, die die Seetierjäger und deren Beute abholten. Manchmal war die Jagd so erfolgreich, daß die Leute schon im gleichen Sommer wieder zurückkehrten, es kam aber nicht selten auch vor, daß sie gezwungen waren, zwei Jahre und länger auf der Insel zu bleiben. Die Pomoren pflegten vom Festland für längere Zeit berechnete Lebensmittelvorräte mitzunehmen: Roggen-, Hafer- und Gerstenmehl, verschiedene Sorten Graupen, Honig, Pflanzenöl und tierisches Fett, gesalzenen Dorsch, eine kleine Menge gesalzenes Rindfleisch, gedämpfte Milch in kleinen Fäßchen, Zapfen der Zirbelkiefer und Sumpfbrombeeren. Sumpfbrombeeren und Milch galten als beste Mittel gegen Skorbut.

Die verstärkte Tätigkeit der Pomoren auf Grumant seit der ersten Häfte des 17. Jahrhunderts hatte neben weiteren Gründen noch den, daß Zar Michail Fjodorowitsch 1620 einen Ukas erließ, wonach den Anwohnern des Weißen Meeres und den anderen Bewohnern des Pomorje Fahrten nach dem Osten, zu den Mündungen von Ob und Jenissej, verboten wurden. Dieses Verbot zwang die Pomoren, ihre Blicke auf den weiter entfernten westlichen Norden zu richten. Die Entwicklung der Jagd auf Spitzbergen aber konnte niemand hindern: Steuereintreiber kamen nicht bis dorthin.

Uns sind Beschreibungen der verschiedenen Fanggebiete und Siedlungsstätten der Pomoren überliefert. Sobald die Polarnacht begann, ließ man ein, zwei Mann in den Lagern zurück, die auf die Behausung und das zur Überwinterung im Eis zurückgelassene kleine Schiff aufzupassen hatten. Die übrigen Leute brachten den Winter in Jagdhütten zu, die zwanzig bis hundert Kilometer von den Lagern entfernt waren. Hier gab es einen Nahrungsmittelvorrat, Pulver, verschiedenes Werkzeug für Reparaturen und Jagd. In der Regel hausten zwei Männer in einer Hütte. Im Winter fingen sie Polar- und Blaufüchse, im Herbst und Frühling, wenn es tagsüber noch etwas hell war, erlegten sie Eisbären und Rentiere. In einem guten Jagdgebiet erbeutete man bis zu dreihundert Füchse in einem Winter. Die Jäger besuchten einander oft, benutzten dabei Schneeschuhe. Auf ihre Märsche nahmen sie einen kleinen Schlitten und eine hölzerne Schaufel mit. Wurden sie von einem starken Schneesturm überrascht, der ein Weiterkommen unmöglich machte, bauten sich die findigen Pomoren, um zu überleben, aus Blöcken verharschten Schnees einen Unterschlupf, der etwas Ähnlichkeit mit einem Eskimo-Iglu hatte. Bei diesen Märschen verstanden es die Russen ausgezeichnet, sich nach den Sternen zu orientieren und den Tag von der Nacht nach dem Stand des Mondes und dem Aufgehen der Sterne zu unterscheiden.

Mit Frühlingsbeginn nahm auf dem Archipel die Tageslänge rasch zu. Die Jäger verstauten ihre gesamte Beute an einem sicheren Ort und kehrten ins Lager zurück, wo sie sich auf ihre Rückfahrt nach dem Pomorje vorbereiteten. Sobald die Eisverhältnisse es erlaubten, segelten die Grumanlanen mit ihrer Beute nach Archangelsk, wo ihre Angehörigen schon lange auf sie warteten.

Wieviel Mut, Ausdauer, Selbstbeherrschung, Können und Kraft mußten die Grumanlanen wohl besessen haben, um den zahllosen Gefahren zu begegnen, die ihnen auf dem Archipel auf Schritt und Tritt drohten! Zuweilen endeten die Überwinterungen tragisch – die schlechte und ungenügende Ernährung, das schwer zu ertragende Klima und der damit verbundene schlimme Skorbut taten ihre Wirkung. Die lange Polarnacht mit ihren viele Tage anhaltenden Winden und Schneestürmen, die einen Menschen umreißen konnten, mit einer Kälte, die das Blut in den Adern fast erstarren ließ, schwächte zweifellos den menschlichen Organismus und untergrub die Gesundheit.

Um dem tückischen Skorbut nicht zu erliegen, der gewöhnlich auftrat, wenn Vitamine in der Nahrung fehlten, und mit Schwäche und Zahnfleischbluten einherging, bemühten sich die Grumanlanen, an den langen dunklen Abenden und am Tage möglichst intensiv zu arbeiten. Sie überprüften die aufgestellten Fallen, holten aus den primitiven Fangeisen Polar- und Blaufüchse heraus, oder sie knüpften Netze und Taue, gerbten Eisbären- und Robbenfelle, nähten Kleidung aus Rentierfellen, bastelten etwas aus dem angeschwemmten Treibholz oder verkürzten sich die Zeit mit dem Anfertigen von Schuhwerk. Auf ganz originelle Weise versuchten die Männer gegen das starke Schlafbedürfnis anzukämpfen – sie knüpften Knoten in Taue und lösten sie wieder, trennten die Flicken von ihren Schafpelzen und nähten sie von neuem auf.

Ihre Fahrten unternahmen die Grumanlanen auf kleinen Segelschiffen, deren Mannschaft aus etwa zwanzig Mann unter dem Kommando eines erfahrenen Steuermanns bestand. In der Regel lief man mit Beginn der Navigationsperiode aus, zu Frühjahrsende oder bei Sommeranfang. Ausgangshäfen nach Grumant und Nowaja Semlja waren Archangelsk, Onega, Kem, Kola, Mesen.

Man weiß, daß die Seeleute aus Mesen sehr häufig erst Nowaja Semlja anliefen, ehe sie Grumant ansteuerten. Diese Route war allerdings beträchtlich länger als beispielsweise die von Kola direkt nach Spitzbergen und nahm gewöhnlich etwa zwei Monate in Anspruch, lohnte sich aber, weil sie relativ ungefährlich war. Die Schiffe fuhren von Nowaja Semlja aus an der Eisgrenze entlang nach Westen und waren dort vor den heftigen Nordwinden in der Barentssee geschützt. Es sei daran erinnert, daß die Pomoren selbstgefertigte primitive Karten und Kompasse benutzten.

Diese Grumantfahrten unternahmen die Pomoren in jenen Zeiten sehr oft, und doch findet man sie in russischen Dokumenten des 16. und 17. Jahrhunderts nicht erwähnt. Wie ist das zu erklären? Professor Below meint, eben die Route nach Grumant über Nowaja Semlja gebe Antwort auf diese Frage. Er vermutet, daß viele Archive im Norden verlorengegangen und deshalb nur Zolldokumente aus dem 16. und 17. Jahrhundert erhalten geblieben sind. Da den Zoll aber die genaue Route der Seefahrer nicht interessierte, vermerkte er nur Nowaja Semlja, ohne die weitere Route von dort zu präzisieren.

Als dokumentarisches Zeugnis dafür, daß die Route nach Grumant über Nowaja Semlja Anfang des 17. Jahrhunderts benutzt wurde, dient eine alte auf ein Holzbrettchen gezeichnete holländische Navigationskarte aus dem Jahre 1619. Auf ihr ist der Seeweg von Nowaja Semlja zur Bäreninsel und von der Bäreninsel nach Spitzbergen angegeben. Die Holländer benutzten damals diese Route nicht, wenn man die einmalige Fahrt von Barents im Jahre 1596 von der Bäreninsel zur Nordinsel von Nowaja Semlja nicht rechnet, wobei auch diese wesentlich weiter südlich verlief als jene Route, die auf der Karte von 1619 verzeichnet ist. Zweifellos haben dieser Karte Angaben, ja vielleicht auch Zeichnungen zugrunde gelegen, die die Holländer von den Pomoren erhalten haben. Interessant ist dabei auch, daß die Route auf der Karte mit dem langjährigen Jahresmittel der Eisgrenze in der Barentssee im Frühjahr oder im Herbst zusammenfällt.

Die Geschichte der Kolonisation des Archipels, die Geschichte der Überwinterungen dort vermerkt eine Vielzahl von dramatischen Ereignissen, die sich sowohl im 17. als auch im 18. und 19. Jahrhundert zugetragen haben. Mehr als einmal hat der Verlust des Schiffes oder die Unmöglichkeit, sich aus der Eisumklammerung zu befreien, Walfänger und Seetierjäger aus Westeuropa gezwungen, an der Küste Spitzbergens zu überwintern. Fast immer endeten solche erzwungenen Überwinterungen tragisch. An den einzelnen Küstenabschnitten wurden immer neue Gräber von solchen Unglücklichen angelegt, und die Begräbnisstätten erhielten Namen wie Totenkap, Totenberg, Toteninsel, Kreuzbucht, Bucht der Trauer, Berg des Leids... Es ist bekannt, daß nur der Skorbut schuld war am Tode sämtlicher Teilnehmer der ersten holländischen Überwinterung von 1633 und der norwegischen Überwinterung von 1833 auf der Bäreninsel.

Einen erregenden Bericht über das Mißgeschick von vier arktischen Robinsonen hat der in Petersburg lebende Historiker Pierre Le Roy nach den Erzählungen von vier Grumanlanen verfaßt, die unerwartet und für lange Zeit Gefangene der rauhen

Natur auf einer unbewohnten Insel Spitzbergens waren. Dieser Roman wurde in der russischen Hauptstadt zunächst in französischer und zwei Jahre später in Riga und Mitau (heute Jelgava) in deutscher Sprache gedruckt, 1772 erschien er in Petersburg schließlich auch in russischer Sprache unter dem langen Titel »Die Abenteuer von vier russischen Matrosen, die ein Sturm an die Insel Ostspitzbergen trieb, wo sie sechs Jahre und drei Monate lebten«. Diesem Buch von Le Roy war ein Riesenerfolg beschieden, es wurde in ganz Europa bekannt und hat sich einen festen Platz in der klassischen Abenteuerliteratur über die Arktis erobert.

In Daniel Defoes »Robinson Crusoe« hat der englische Schriftsteller 1719 bekanntlich die Geschichte des Matrosen Selkirk nachgestaltet, der auf einer unbewohnten Insel im Pazifik ausgesetzt worden war, wo er viereinhalb Jahre lebte. Auch Spitzbergen hat seine Robinsone gehabt, die gezwungen waren, gegen ihren Willen dort zu überwintern. Manche haben überlebt, andere sind umgekommen. Mit Bestimmtheit aber kann man sagen, daß auch nicht eine der bis heute bekannt gewordenen Überwinterungen in aller Welt sich vergleichen ließe mit der jener vier Grumanlanen, die auf einer unbewohnten Insel ohne jede Hilfe über sechs Jahre verbrachten. Diese Ende der ersten Hälfte des 18. Jahrhunderts von Pomoren – und zwar nicht in den Tropen, sondern in der Arktis! – vollbrachte Heldentat verdient es, daß hier näher von ihr berichtet wird.

Im Jahre 1743 rüstete Jeremej Okladnikow, Kaufmann aus Mesen im Gouvernement Archangelsk, ein Fangschiff aus und schickte vierzehn Mann nach Grumant. Am neunten Tage schlug der Wind um, und statt an die Westseite des Archipels zu gelangen, verschlug es das Schiff an die Ostküste, wo es drei Werst vom Ufer entfernt vom Eis eingeschlossen wurde. Da eine Überwinterung auf dem kleinen Schiff höchst gefährlich werden konnte, wollte man die nahe Küste in Augenschein nehmen, um dann dorthin überzusiedeln. Einer der Leute erinnerte sich nämlich, daß Einwohner von Mesen vor langem einmal Holz auf diese Insel geschafft und irgendwo hier eine Hütte gebaut hatten. Vier Mann unter Führung von Steuermann Alexej Chimkow (Inkow) gingen die

Hütte suchen. Um im Eis nicht einzubrechen und zu ertrinken, nahmen sie nur geringes Gepäck mit. Ihre gesamte Ausrüstung bestand aus einem Gewehr, einem Horn mit Pulver für zwölf Schuß, zwölf Kugeln, einer Axt, einem kleinen Kochkessel, zwanzig Pfund (8 kg) Mehl, Feuerstein und Zunder, einem kleinen Messer, einem Beutel mit Tabak und vier Holzpfeifen, für jeden Mann eine. Mit diesem winzigen Vorrat an Waffen und Lebensmitteln also betraten die Männer die völlig wilde unbewohnte Insel (entweder war es die Edgeinsel oder eine der ihr benachbarten Inselchen).

Anfangs ging alles gut, man fand die Hütte sehr schnell – ein kleines aus Balken gefügtes Haus, etwa sechs Sashen lang (rund 12 m) und jeweils drei Sashen breit und hoch, mit einem etwa zwei Sashen breiten Vorraum. Im Wohnraum stand ein russischer Lehmofen ohne Rauchfang, wie er bei den Bauern im Rußland jener Zeit fast allgemein üblich war. Unter dem Zahn der Zeit und den Unbilden der Witterung hatte das Haus etwas gelitten. Die hocherfreuten Jäger übernachteten hier und eilten am nächsten Morgen zu ihren Kameraden auf dem Schiff zurück, um diesen von dem großen Glück zu berichten und so schnell wie möglich alle noch vorhandenen Lebensmittelvorräte, Waffen und alles andere, was für eine Überwinterung auf der Insel brauchbar war, dorthin zu schaffen.

Unbeschreibliches Staunen und Entsetzen packte die Leute, als sie an die alte Stelle gelangten und statt ihres von den Eismassen eingeschlossenen Schiffes völlig offenes Meer erblickten. In der Nacht hatte ein heftiger Sturm getobt, das Eis vom Ufer weggerissen und zusammen mit dem Holzschiffchen weggetrieben. Die vier Robinsone begriffen, daß sie ohne Schiff keine Chance hatten, von der kalten öden, ungastlichen Insel wegzukommen. Die fassungslosen Männer mußten sich auf eine Überwinterung vorbereiten. So begann an der fernen, wüsten Küste einer unbewohnten Insel die arktische Odyssee von vier russischen Seeleuten...

Not pflegt beim Menschen besonderen Arbeitseifer, Fertigkeit, Findigkeit zu wecken. Innerhalb kurzer Zeit erlegten die Männer mit zwölf Schuß zwölf Rentiere. Aus einem Brett, das sie am Ufer fanden, zogen sie einen eisernen Haken und ein paar fünfzehn Zentimeter lange Nägel heraus. Als der Vorrat an Rentierfleisch zu Ende ging, erbarmte sich das Schicksal der notleidenden Männer – sie fanden die Wurzel einer Tanne, aus der sie mit Hilfe eines Messers einen richtigen Bogen anfertigten. Nun fehlte noch eine Sehne dafür, wo aber sie hier finden? Um sich der Eisbären zu erwehren, stellten die Männer zwei Jagdspieße her. Zum Schmieden der Eisenspitzen für Spieße und Pfeile brauchten sie aber einen Hammer, und den fertigten sie aus jenem Haken, den sie aus dem Brett gezogen hatten. Ein großer Stein ersetzte den Amboß, und aus zwei Rentiergeweihen entstand eine Zange. Unter großen Gefahren erlegten die Grumanlanen mit ihren speerähnlichen Jagdspießen ihren ersten Eisbären. Sein Fleisch diente als Nahrung, und er lieferte ihnen auch die erforderliche Bogensehne. Mit den von ihnen ebenfalls hergestellten Pfeilen erlegten sie während ihres Aufenthaltes auf der Insel 250 Rentiere und eine Menge Füchse. Mit den Spießen erbeuteten sie weitere neun Eisbären, die versucht hatten, in die Hütte einzudringen.

Lange Zeit aßen die Pomoren das Fleisch absichtlich roh, noch dazu ohne Salz und ohne Brot, da sie beides ja nicht hatten. Anstelle von Brot diente ihnen im Sommer an der Sonne gedörrtes Fleisch. Das Holz reichte auch nicht, sie mußten mit Brennmaterial sparen. Feuer schlugen sie mit Hilfe des Feuersteins und unterhielten es ständig in einem eigenhändig aus Lehm geformten Gefäß, das ihnen das ewige Lämpchen ersetzte.

Vor Beginn ihrer ersten Überwinterung auf der Insel versorgten sich die Jäger mit genügend Ren- und Fuchsfellen, die ihnen als Betten und Decken dienten, doch litten sie sehr unter Mangel an Kleidung und Schuhwerk. Also mußten sie lernen, Leder und Felle zu gerben. Um Stiefel, Schuhe und Kleidung zu nähen, schmiedeten sie sich Ahlen und Nadeln, als Nähgarn verwendeten sie die Sehnen von Bär und Rentier. So kleideten sie sich allmählich von Kopf bis Fuß neu ein.

Manchmal warf das Meer Baumstämme ans Ufer, hin und wieder auch einmal Trümmer eines gekenterten Schiffs. Alle diese »Gaben« des Meeres wußten die Grumanlanen zu nutzen. Trotz allem aber konnten sie sich nicht in völliger Sicherheit wiegen, denn ständig lauerte eine tödliche Gefahr auf sie, der tückischste Feind des Menschen im hohen Norden – der Skorbut. Ein zuverlässiges Mittel im Kampf gegen diesen zeigte seinen Unglücksgefährten der erfahrene Steuermann, der schon vorher etliche Male an der Westküste von Grumant überwintert hatte. Er redete seinen Kameraden zu, rohes und gefrorenes Fleisch zu essen, das noch warme Blut eben getöteter Rentiere zu trinken, sich möglichst viel zu bewegen und rohes Löffelkraut zu essen, das reich an Vitaminen ist. Drei der Seeleute befolgten brav diese freundschaftlichen Ratschläge, der vierte aber lehnte es ab, Blut zu trinken, war dazu auch noch träge und verbrachte fast die ganze Zeit in der Hütte. Das Ergebnis war, daß seine Kräfte nachließen und er schließlich unter schrecklichen Qualen starb.

Sechsmal löste der Sommer den Winter ab, sechsmal wich die lange Polarnacht langsam, schwand die bedrückende Dunkelheit für ein paar Monate, aber nicht ein einziges Boot ließ sich am Horizont sehen, und die Hoffnung auf Rettung schwand allmählich dahin. Doch endlich, als die Grumanlanen schon überzeugt waren, daß sie ihre Heimat und ihre Angehörigen niemals wiedersehen würden, entdeckten sie eines Tages – nach 75 Monaten Gefangenschaft auf Spitzbergen – ein Schiff. Das war am 15. August 1749. Eilig entfachten die Pomoren auf erhöhten Punkten in Nähe ihrer Hütte Feuer, auf dem Schiff bemerkte man die Signale. So kam die langersehnte Rettung. Das Schiff gehörte dem Seefahrer und Spitzbergenforscher Amos Kornilow, einem Pomoren, der schon fünfzehnmal hierher gesegelt war und etliche Male hier überwintert hatte. Am 28. September trafen die geretteten Grumanlanen samt ihrer reichen Beute und den primitiven Geräten, die ihnen im Kampf ums Überleben unter arktischen Bedingungen gedient hatten, in Archangelsk ein.

Diese von Akademiemitglied Le Roy nacherzählte wundersame Geschichte aus dem Leben der Grumanlanen ist ein weiteres Zeugnis für die ungewöhnliche Tapferkeit jener Russen, die den rauhen Norden in ferner Vergangenheit erschlossen haben. Wie die meisten Pomoren besaß auch Alexej Chimkow große seemännische Erfahrungen, verlor in der fast ausweglos erscheinenden Situation nicht den Kopf. Als wißbegieriger Beobachter vermochte er die klimatischen Bedingungen auf Spitzbergen und die Natur des Archipels in allen Einzelheiten zu schildern.

Der einflußreiche russische Graf Schuwalow, dem die Zarenregierung von 1748 bis 1768 das Monopol für die Jagd auf Pelz- und Meerestiere im Nördlichen Eismeer gewährt und den Chimkows Bericht interessiert hatte, rüstete eine Expedition nach Grumant aus. Deren Teilnehmer überwinterten dort und kehrten mit vielen neuen Erkenntnissen in die Heimat zurück, die den Bericht des russischen Spitzbergen-Robinsons nur bestätigten.

Generalfeldmarschall Schuwalow führte den freien Handel mit tierischem Fett ein, und das förderte die Jagd der Pomoren im hohen Norden und speziell auf Spitzbergen. Interessant ist, daß Pierre Le Roy 1748 zum Erzieher der Kinder des Grafen bestellt wurde, und jener bat ihn auch, die Abenteuer der Pomoren auf Grumant aufzuschreiben. Auf Anweisung des Grafen ließ der Geschäftsträger der Kola-Walfang-Kompanie alles Material über die packende Geschichte von der sechsjährigen Überwinterung der Seeleute aus Archangelsk sammeln und übergab es Le Roy.

Außerdem lud Schuwalow 1750 zwei Pomoren, Teilnehmer jener Polarepopöe, aus Archangelsk nach Petersburg ein, nur damit sie den Historiker bei seiner literarischen Arbeit unterstützten. Erst nach ausgedehnten Unterredungen mit ihnen formulierte dieser den endgültigen Text seines Buches, das übrigens 1975 in vierter Auflage in russischer Sprache in der UdSSR erschien. Professor Below, der die Archive der »für arktische Seefahrten talentiertesten« Archangelsker Bauern durchforschte, fand die Originalliste der Namen, die Lomonossow im Frühjahr 1764 für die Marinekommission der Russischen Flotte zusammengestellt hatte. Unter den bekannten Steuerleuten aus dem Pomorje befand sich auch jener Chrysanthemus Inkow, der sechs Jahre auf Grumant überwintert hatte und später, 1778, bei einer Überwinterung zusammen mit seinen beiden Söhnen auf Nowaja Semlja an Skorbut starb. Beim Studium des biographischen Materials fand Below heraus, daß Le Roy bei der Schreibung des Familiennamens Inkow und des Namens von Chrysanthemus Inkow, den er Iwan nannte, ein Fehler unterlaufen war. Heute wissen wir mit Bestimmtheit, daß seinerzeit Steuermann Alexej Inkow sowie

74

Chrysanthemus Inkow, Fjodor Werigin und Stepan Scharapow überwintert haben.

Unmittelbaren Bezug zu diesem Thema hat auch der berühmte russische Enzyklopädist Michail Lomonossow. 1763 erschien seine wissenschaftliche Arbeit »Kurze Beschreibung verschiedener Fahrten auf den nordischen Meeren und die Aufzeigung einer möglichen Durchfahrt durch den Sibirischen Ozean nach Ostindien«. Darin heißt es, »das Nordmeer ist ein weites Feld, wo sich der Ruhm Rußlands mehren und mit beispiellosem Nutzen verbinden läßt durch Auffindung eines Ost-Nördlichen Seeweges nach Indien und Amerika«. Im Projekt für die Erschließung dieses Seewegs, den der Gelehrte der Marinekommission zur Prüfung übergab, versicherte er, die Fahrt zur Beringstraße sei am besten in Grumant zu beginnen und sollte dann zum Nordpol als Zwischenstation und über den gesamten Arktischen Ozean führen. Auf Vorschlag Lomonossows wurde eine Polarexpedition ausgerüstet, die zur ersten wissenschaftlichen Spitzbergen-Expedition werden sollte.

Im Mai des folgenden Jahres gab Katharina II. einen von Lomonossow verfaßten Ukas über die Ausrüstung der Expedition in die Arktis heraus: »Zum Nutzen der Seefahrt nach Osten und der Kaufmannschaft Unserer treuen Untertanen geruhen Wir die Suche nach einem Seeweg durch das Nordmeer nach Kamtschatka weiter aufzunehmen. Derenthalben befehlen Wir allergnädigst, unverzüglich noch diesen Sommer dieses Unternehmen in Angriff zu nehmen unter dem Namen ‚Wiederaufnahme des Fangs von Walen und anderen Tieren und des Fischfangs auf Spitzbergen‘.«

Als Leiter dieser ersten russischen See-Expedition in hohe Breiten wurde der seinerzeit bekannte Seemann und Kapitän zur See Tschitschagow ernannt. Ihm wurden die besten Seeoffiziere und tüchtige Pomoren – Steuerleute, Matrosen und Jäger – unterstellt, die schon früher auf Grumant und Nowaja Semlja gewesen waren.

Im Sommer 1764 liefen sechs Schiffe unter dem Kommando von Kapitänleutnant Nemtinow von Archangelsk nach dem Archipel aus. Sie beförderten etliche Hütten, Speicher, Badestuben sowie Proviant für elf Mann nach Klombai – so nannten die Pomoren den heutigen Recherchefjord im Südteil des Bellsunds am Eingang zum Van-Keulen-Fjord. Hier blieb eine Abteilung unter Unterleutnant Timofej Ryndin zur Überwinterung zurück, die auf Spitzbergen einen Stützpunkt für Tschitschagows Expedition einrichten sollte. Klombai war von den Pomoren bereits weitgehend bewohnbar gemacht worden, mindestens zehn Häuser gab es hier. Übrigens retteten während der zweiten, nicht eingeplanten und besonders schwierigen Überwinterung die hier jagenden Grumanlanen den restlichen Teil der Expeditionsgruppe Ryndin vor dem sicheren Tode. Sowjetische Archäologen, die 1980 an der Stelle, wo sich damals dieser Stützpunkt befunden hatte, Grabungen durchführten, förderten an die vierhundert verschiedene Gegenstände zutage, die von einem gut geordneten Leben der überwinternden Seeleute sprechen. Die ganze Organisation der Überwinterung, die Art, wie man jagte und arbeitete, zeugen davon, daß sie sich die reichen Erfahrungen der Pomoren auf Grumant zunutze gemacht hatten.

Kurz vor seinem Tode (4. April 1765) verfaßte Lomonossow eine»Musterinstruktion« für die Teilnehmer der bevorstehenden Polarexpedition – ein wissenschaftlich fundiertes Programm für eine umfassende geographische Erforschung der Polarmeere. Gleich nach Lomonossows Tod brach die Hauptabteilung der Expedition unter Tschitschagow von Kola nach Norden auf. Zu ihr gehörten drei eigens zu diesem Zweck gebaute Schiffe, die »Tschitschagow«, die »Babajew« und die »Panow«, benannt nach ihren Kommandanten.

Anfang August erreichte Tschitschagow nordwestlich von Spitzbergen 80° 26′ nördlicher Breite, mußte dann aber Befehl zur Rückkehr nach Archangelsk geben. Das Admiralitätskollegium war zwar darüber sehr ungehalten, ordnete aber an, im nächsten Jahr, 1766, den»Versuch zu wiederholen«. Doch auch dieser endete mit einem Mißerfolg. Tschitschagow gelang es, etwa die gleiche Breite wieder zu erreichen, stieß dort aber auf unüberwindliche Eismassen; er erkannte, daß eine Fortsetzung der Fahrt sinnlos war, und kehrte um. Die Aufgabe, vor der Tschitschagow Mitte der sechziger Jahre des 18. Jahrhunderts stand – auf hölzernen, für Fahrten durch Eis überhaupt nicht eingerichteten Segelschiffen über den Nordpol die Küste Nordwestamerikas zu erreichen –, war damals absolut nicht zu bewältigen.

Trotz ihres Mißerfolgs ist jene erste wissenschaftliche Spitzbergenexpedition jedoch von großer Bedeutung gewesen. Zum erstenmal in der Geschichte der polaren Seefahrt hatten drei Schiffe gleichzeitig versucht, ins Zentrum der Arktis vorzudringen. Bei diesen Fahrten wie auch bei der Errichtung des Stützpunktes in Klombai auf Grumant konnte reichhaltiges Material über die Natur der Grönlandsee, über das Wetter in hohen Breiten und über die Geschichte des Archipels gesammelt werden. Die Expedition war mit für jene Zeit neuesten und besten Geräten ausgestattet, die Lomonossow speziell für sie konstruiert hatte.

Nach Tschitschagow, 1773, hielt sich eine gut ausgerüstete englische wissenschaftliche Expedition auf Spitzbergen auf. Sie stand unter Leitung von Kapitän Konstantin Phipps und war von der Geographischen Gesellschaft ausgeschickt worden mit dem Auftrag, zu klären, ob man in den zentralen Teil des Nördlichen Eismeeres eindringen könnte, um über den Pol nach Indien zu gelangen. Die Expedition stand also vor der gleichen Aufgabe wie die russische Expedition. Erinnert sei daran, daß man in jener Zeit und auch noch später, bis Ende des vorigen Jahrhunderts, irrtümlich annahm, im zentralen Teil des Arktischen Ozeans gebe es ein »offenes Polarmeer«. Danach sollte das Meer um den Pol herum eisfrei oder doch zumindest das Eis dort so verteilt sein, daß es die Schiffahrt nicht behindere. Die Forscher meinten, die Schiffe brauchten nur den Treibeisgürtel zu überwinden, der den Ozean begrenze, und dann hätten sie freie Fahrt durch offene Gewässer.

Auf den zwei besten Schiffen, die England seinerzeit besaß, lief die Phipps-Expedition am 2. Juli von London nach Spitzbergen aus. Auf 80° 30′ Breite geboten kompakte Eismassen den Schiffen Halt. Alle Versuche, doch noch eine Durchfahrt zu finden, hatten nur den Erfolg, daß man sich dem 81. Breitenkreis näherte und den von Hudson aufgestellten Rekord brechen konnte. Innerhalb der letzten 165 Jahre hatte man also den erreichten Abstand zum nördlichsten Punkt der Erde nur um 25 Meilen verkürzt. Nur mit Mühe befreiten sich die Schiffe aus dem Eis und kehrten nach England zurück. Auf dem Archipel hatte die Expedition erdmagnetische Messungen durchgeführt, Temperatur und Feuchtig-

keit der Luft bestimmt sowie Flora und Fauna erforscht. Phipps'
Name wurde dadurch berühmt, daß er die erste wissenschaftliche
Beschreibung vom Eisbären lieferte. Diese Expedition ist außer-
dem noch bemerkenswert, weil auf einem der Schiffe der fünf-
zehnjährige Midshipman Horatio Nelson diente, der später als
Admiral so berühmt wurde.

Die zweite Hälfte des 18. Jahrhunderts war gekennzeichnet von
einem neuen stürmischen Aufschwung der russischen Tierfangtä-
tigkeit auf Grumant. Nicht selten überwinterten dort bis zu zweihundert Pomoren. Bis Einbruch der Polarnacht jagte man gewöhnlich Rentiere, in der dunklen Zeit fing man Polarfüchse. Mit
Anbruch des Frühjahrs begann dann die Jagd auf Meerestiere,
und dazu mußten die kleinen Holzschiffe oft weit aufs Meer hin-
ausfahren.

Im 18. Jahrhundert befand sich eines der größten russischen
Standlager auf Grumant im Nordwesten nicht weit von der Stelle,
wo einst Smeerenburg gestanden hatte. Alljährlich traf hier aus
Archangelsk ein Schiff mit einer Wasserverdrängung von etwa
hundert Tonnen ein, brachte Lebensmittel, Jagd- und Fanggerä-
te und die neuen Überwinterer, zurück nahm es die Beute vom
letzten Jahr mit: Speck, Fischbein, Bären- und Fuchsfelle, Eiderdaunen und geräucherte Rentierzungen sowie Stoßzähne vom
Narwal.

Ein Stück weiter südlich, an der Küste des Magdalenefjords,
überwinterte 1784/85 eine kleine Pomorengruppe, die innerhalb
kurzer Zeit 300 Walrosse, 80 Seehasen, 150 Robben, 100 Weißwale, 150 Eisbären, 1000 Polarfüchse und einen Wal erbeutete
sowie 20 Pud Eiderdaunen sammelte. Da kann man nur staunen!
Man weiß, daß allein in den letzten Jahren des 18. Jahrhunderts
vom Pomorje aus achtzehn Fangschiffe nach Spitzbergen ausgelaufen sind. Und fast allen gelang es, neue Überwinterer dorthin
zu bringen und ein Jahr später wiederzukommen, um Menschen
und Beute heimzuschaffen. Russen jagten auch auf der Bäreninsel und auf der Hopeninsel (Hoffnungsinsel), die bei ihnen Pja-
tigor hieß.

Eine der bekanntesten Grumanlanenfamilien im alten Rußland

waren die Starostins. Nach Erzählungen, von Sippe zu Sippe weitergegeben, fuhren ihre Vorfahren schon vor Gründung des Solowezker Klosters im Weißen Meer, also noch vor dem 15. Jahrhundert, nach Grumant. Das bezeugt eine uns überlieferte Bittschrift des Bauern Anton Starostin aus Wologda, der es 1871 erreichte, daß ihm die Zarenregierung das »Vorzugsrecht« gewährte, auf Spitzbergen zu jagen. Obwohl Starostin das genaue Datum der ersten Fahrten seiner Vorfahren nach Grumant nicht nennen konnte, ist sein Bericht, der sich auf vierhundert Jahre alte Überlieferungen stützt, durchaus glaubwürdig und beachtenswert. Auf jeden Fall bezeugt Archivmaterial, daß die Starostins im 17. Jahrhundert in Cholmogory gelebt haben und sich als Jäger und Händler am Tierfang auf Inseln in der Barentssee beteiligten, daß sie auch eigene Fanggebiete auf Nowaja Semlja besaßen, und damit war es zweifellos möglich, daß sie auch Fahrten nach Spitzbergen unternommen haben können.

Ausländer, die den Archipel Ende des 18. und Anfang des 19. Jahrhunderts aufsuchten, kannten Iwan Starostin sehr gut als einen der allerersten ständigen Bewohner Grumants. Nicht umsonst titulierten sie ihn achtungsvoll »König von Spitzbergen«, »Patriarch«, »Held und Philosoph«. Norwegische Jäger und Walfänger erzählten dem schwedischen Zoologen Professor Sven Lovén, der 1827 den Archipel erforschte, der im Vorjahr verstorbene Iwan Starostin sei ein überaus lebhafter, sehr kräftiger, rotwangiger Mann von kleinem Wuchs gewesen und habe einen üppigen rötlichen Bart getragen.

Der ungekrönte »König von Spitzbergen« war erstmalig 1780 in sein »Eisreich« gekommen. Anfangs kam er fast jeden Sommer hierher, um zu jagen, manchmal aber überwinterte er auch. Nach dem Tode seiner Frau siedelte er dann endgültig nach Grumant über, und die letzten fünfzehn Jahre seines Lebens verbrachte dieser russische »Recke« dann hier, ohne die Insel je zu verlassen, und befaßte sich mit der Jagd auf Land- und Meerestiere. Der alte Mann wollte dem Alltagstrubel entfliehen und zog sich in das rauhe, aber einfache Leben in der Natur des hohen Nordens zurück. Verwandte brachten ihm weiterhin vom Pomorje den erforderlichen Proviant, Kleidung und Jagdzubehör und nahmen die reichen Jagdtrophäen mit zurück. Insgesamt hat Iwan Starostin auf

Spitzbergen an die vierzig Jahre zugebracht. Als hochbetagter Greis starb er 1826, er wurde an der Küste des Eisfjords unmittelbar an der Einfahrt in den Grönfjord bestattet. Unweit davon hatte seine aus dicken Kiefernstämmen fest zusammengezimmerte Hütte gestanden.

Auf einer seiner turnusmäßigen Spitzbergen-Expeditionen entdeckte Adolf Erik Nordenskiöld die Überreste von Starostins Grab, befestigte es mit Steinen und stellte ein Grabmal auf. Das Kap, auf dem der Pomore begraben worden war, nannte der schwedische Polarforscher Kap Starostin. Wer in den Eisfjord kam, pflegte Starostins Grab aufzusuchen, um diesem legendären Helden seine Ehrerbietung zu erweisen. Allmählich jedoch zerstörten der Zahn der Zeit und die rauhe Natur das Grab, und es ließ sich immer schwieriger finden. Trotz aller Anstrengungen von Archäologen und Enthusiasten ist es heute nicht mehr möglich, die Begräbnisstätte von Iwan Starostin genau zu lokalisieren.

Ich habe jene Stelle besichtigen können, die sich der Pomoreneinsiedler vor zweihundert Jahren als Wohnstätte ausgesucht hatte, und kann bezeugen, sie war schön und gut gewählt. Vom Kap Starostin bietet sich einem ein beeindruckendes Bild: Auf der einen Seite, im Westen, dehnt sich die schier grenzenlose Weite der Grönlandsee, auf der anderen der Eisfjord, die größte Bucht von Spitzbergen, die weit in den zentralen Teil des Archipels hineinreicht, von spitzen schneebedeckten Bergen und dunklen Felsen eingerahmt wird. Genau gegenüber, im Norden, hat man ein Panorama anderer Art vor sich: Das flache Kap Daudmann verschwindet fast vor dem Hintergrund eines hohen Gebirgsmassivs, das von drei auffälligen Gipfeln überragt wird. Weiter rechts wechseln schneeweiße Gletscherbänder mit spitzen Bergen ab. Im Rücken von Kap Starostin ragen wie Wächter der Wardeborg und der Grieg auf, und im Tal dazwischen dehnt sich der Linnésee aus, einer der größten Spitzbergens. Gewaltige steile Uferfelsen, majestätische Berge, Gletscher, Seen, Küstentundra und Flüßchen machen die Einförmigkeit des Meeres wett.

Höchst interessant sind die Grabungen, die skandinavische Archäologen 1955 und 1960 in der kleinen »Russischen Bucht« vorgenommen haben. Hier stand am Ufer des Linnéflusses (er

Luftbild von Spitzbergen, aufgenommen in der Zeit der Mitternachtssonne

Barentsburg liegt am Grönfjord, einer Bucht des weit ins Inselinnere reichenden Eisfjords

Barentsburg im Winter. Das ganze Jahr über wird hier
Steinkohle gefördert

Auch bei Schneesturm wird das Löschen der Ladung fortgesetzt

(Oben) Sowjetischer Frachter im Eis vor der Küste Spitzbergens

Oft müssen Eisbrecher eingesetzt werden, damit die Frachter
die im inneren Eisfjord gelegenen Siedlungen anlaufen können

Heute wohnen die Barentsburger Kumpels in modernen mehrgeschossigen Häusern, die man an den zum Grönfjord hin abfallenden Hängen gebaut hat

Die Bewohner der auf 78° nördlicher Breite liegenden sowjetischen Grubensiedlungen erhalten aus den dort angelegten Treibhäusern stets frisches Gemüse

An der Pier von Barentsburg: Ein Zehntausendtonner übernimmt
Spitzbergener Steinkohle

In den Siedlungen tauchen nicht selten neugierige Eisbären auf

Auch die wilden Rentiere scheuen die Nähe des Menschen nicht allzusehr; im Winter, wenn es für sie mitunter schwierig ist, Futter zu finden, kommen auch sie dicht an die Siedlungen heran

(Oben) Wie in der gesamten Arktis steht auch auf den Inseln Spitzbergens der Eisbär unter strengem Schutz

Unter den auf Spitzbergen anzutreffenden Vögeln fehlen auch die Möwen nicht

Teil der Front des Nordenskiöldgletschers, der
gegenüber der Siedlung Pyramiden endet

(Oben) Begehrte Felle liefert der Polarfuchs

Einst waren die eingeführten Eskimohunde auf Spitzbergen als Zugtiere fast unentbehrlich; in der letzten Zeit wurden sie durch geländegängige Fahrzeuge und Motorschlitten verdrängt

Die norwegische Funkstation »Isfjord Radio« am Eingang zum Eisfjord

Blick aus dem Bullauge auf den Eisfjord, auf dem man tief
ins Innere Westspitzbergens gelangen kann

hieß früher »Russischer Fluß«) vor langer Zeit eine kleine Pomorensiedlung. Das zutage geförderte reichhaltige Material weist darauf hin, daß dieses Gebiet ständig und längere Zeit von Pomoren bewohnt gewesen sein muß. Wissenschaftlich von besonderem Wert war ein recht großer Wohn- und Wirtschaftskomplex, der Wohnstätten, Dampfbad, Schmiede, Vorratsspeicher und andere Gebäude umfaßte. Die Archäologen fanden russische Münzen, ein Schachspiel, ein Tongefäß, Jagdzubehör und viele andere Gegenstände aus dem Alltag der Pomoren. Auf zwei hölzernen Gegenständen waren zwei Daten eingeschnitten: 1776 und 1786. Höchstwahrscheinlich hat dieses Haus den Starostins gehört, und vielleicht hat auch genau hier der bekannteste Mensch aus dieser Dynastie von Grumanlanen gelebt – Iwan Starostin. Noch heute kann man Überreste zweier Häuser sowie einen kleinen Friedhof besichtigen.

Hier an der Russischen Bucht hatte im Herbst 1966 eine kleine von Maria Solowjowa geleitete Gruppe Moskauer Wissenschaftler ihren Stützpunkt. Bei ihrer Arbeit im Felde entdeckte sie eine Vielzahl neuer materieller Beweise für die ehemalige Existenz eines alten russischen Winterlagers, wo einst die Hütte der Starostins gestanden hatte. Es gab dort noch Reste von Glimmerfensterchen, schmiedeeiserne Gegenstände, eine Harpune, eine Ofengabel, ein Schustermesser, Bootsnieten, lange Dreikantnägel; es gab ferner Überreste von Möbeln, Narten, Vorrichtungen für die Herstellung von Fischernetzen, Stöpsel in Gestalt von Figuren, kleine Bretter mit eingeschnitzten Ornamenten, die zur Ausschmückung der Wohnstätte dienten, Stöckchen mit Kerben in Form von kleinen Kreuzen – mit deren Hilfe zählte man die erlegten Tiere, die Fäßchen mit Tran oder einfach die auf der Insel verbrachten Tage –, einen kleinen hölzernen Spaten mit Spachtelmasse zum Abdichten von Ritzen in den Booten. Bemerkenswert waren auch die Scherben eines Tontopfes, in dem die Grumanlanen gewöhnlich das Feuer während ihrer Fahrten unterhielten, Scherben von flachen Keramikschüsseln mit breitem Boden. Mit innerer Erregung betrachtete ich ein Paar handgefertigte Lederschuhe, die für einen großen Fuß gedacht waren und in deren breiten Spitzen noch Fuchsfell steckte, das man hineingestopft hatte, damit die

Schuhe warmhielten. Die Fersenteile bestanden aus Birkenrinde; um den Schuhen besondere Festigkeit zu verleihen, hatte man sie noch mit Robbenhaut umspannt. Maria Solowjowa versuchte mich davon zu überzeugen, in ebendiesen Schuhen sei Iwan Starostin selbst in seiner Winterhütte umhergegangen! Vielleicht hat sie recht. Im Sommer 1978 führten sowjetische Archäologen weitere interessante Forschungen in der Russischen Bucht durch. Sie legten die Reste des Komplexes der hiesigen Bauten frei und verfestigten sie, untersuchten die Reste eines einst massiven Kreuzes, das in der Nähe des Winterlagers am anderen Ufer des Linnéflusses gestanden hatte. Solche vier, fünf Meter hohen Pomorenkreuze stellen zweifellos ein unikales, spezifisch russisches historisches Denkmal dar. Auf Spitzbergen und überhaupt am Nördlichen Eismeer sind solche Kreuze Begleiter fast aller Bauwerke und Wege der Pomoren. Außer kultischer Bedeutung hatten sie auch die sehr wichtige Funktion von Navigationszeichen – sie wiesen Schiffen die Einfahrt in den Hafen. Außerdem zeigten die Querbalken immer die Nordsüdrichtung an. Häufig bestatteten die Grumanlanen ihre Toten am Fuße solcher Kreuze.

Von 1978 bis 1982 sammelte die sowjetische archäologische Expedition umfangreiches und wichtiges Material auf dem Archipel. Sie untersuchte mehr als zwanzig russische Wohn- und Wirtschaftsgebäude sowie über fünfzehn Pomorenkreuze. Die Bedeutung dieser Arbeit ist um so höher zu bewerten, als sich im gesamten Pomorje Reste von Gebäuden aus jener Zeit nicht so gut erhalten haben wie hier auf Spitzbergen, da das hiesige rauhe Klima Wände, Fußböden und Türrahmen in ihrer ursprünglichen Gestalt bis in unsere Tage erhalten hat. Gegenwärtig kennt man auf Spitzbergen schon an die hundert Denkmale, die unmittelbar mit der Geschichte russischer Pomoren und Seefahrer auf dem Archipel zu tun haben.

Tief bewegt berichtete mir Expeditionsleiter Wadim Starkow im Herbst 1981 von zahlreichen Funden mit Inschriften, die die Überwinterer in ihren Häusern hinterlassen haben und die für die Historiker einen ganz besonderen Wert darstellen, sind sie doch wie ein fernes Echo der lebenden Stimmen jener furchtlosen Pomoren. Fast in jedem Haus fanden die Archäologen einzelne

Buchstaben und ganze Sätze, die auf hölzernen, beinernen und ledernen Gegenständen eingeritzt waren. Diese Funde widerlegen entschieden jene irrige Meinung, die Grumanlanen seien durch und durch unwissend und »rückständig« gewesen, wie manche Forscher noch bis vor kurzem geschrieben haben. Im Gegenteil, man kann heute behaupten, daß die damaligen Russen auf Grumant und folglich auch im Pomorje weitgehend des Lesens und Schreibens mächtig gewesen sind. Aus verschiedenen Gründen erlahmte die Tätigkeit der Russen auf dem Archipel zu Beginn des 19. Jahrhunderts, und um die Jahrhundertmitte kam sie ganz zum Erliegen. Auf der in archäologischer Hinsicht übrigens höchst interessanten kleinen Sørkappinsel entdeckte diese Expedition die Reste fünfer Häuser und dreier mächtiger Kreuze. Eins dieser Häuser war der Periode zuzuordnen, in der Pomoren letztmalig auf Spitzbergen lebten, denn man fand dort einen beinernen Kamm mit der Jahreszahl 1837. Im Haus drin lagen die Gebeine seiner beiden letzten Bewohner, Jäger, die auf der Insel gestorben waren.

Die letzten größeren Fahrten von Grumanlanen nach Spitzbergen fanden 1851 statt. Zwei davon sind von Tragödien überschattet: dem Untergang eines großen russischen Überwinterungsplatzes im Nordwesten von Westspitzbergen und der Ermordung einer Gruppe von Pomoren vom Schoner »Grigori Bogoslow« im Bellsund.

Zu dieser Zeit hatten sich die Bedingungen verändert, unter denen Jagd und Walfang erfolgten, die Konkurrenz ausländischer Jäger und Fänger sich verstärkt, die Raubbau an der Tierwelt des Archipels betrieben. Auch bezeigte die zaristische Regierung kein nennenswertes Interesse daran, daß Russen weiter dort tätig waren und daß die Natur des Archipels eingehender erforscht würde. Ab erster Hälfte des vergangenen Jahrhunderts wurden die Russen in ihrer dortigen Tätigkeit von Norwegern abgelöst, die ihre erste Hütte 1822 an der Küste des Krossfjords errichteten.

Anfang vorigen Jahrhunderts ist der bekannte englische Walfänger William Scoresby (der Ältere) mehrmals auf Spitzbergen gewesen. In den ersten 25 Jahren des 19. Jahrhunderts unternahmen die Scoresbys – Vater und Sohn – insgesamt siebzehn Fahrten nach dem Archipel und erreichten dabei am 24. Mai 1806 auf der »Resolution« 81° 30′ nördlicher Breite, übertrafen damit den Rekord von Phipps.

Am 25. April 1818 lief aus der Themse eine weitere englische Expedition nach Spitzbergen aus, die beiden Segelschiffe »Dorothee« und »Trent« unter dem Kommando von Kapitän David Buchan und Leutnant John Franklin, der später ein berühmter Polarforscher wurde. Von Spitzbergen aus wollte sie den Pol erreichen und von dort aus eine Durchfahrt zur Beringstraße suchen. Die Aufgabe dieser Expedition unterschied sich also kaum von der, die schon Tschitschagow und Phipps lösen wollten. Ihre Ergebnisse waren ebenfalls wenig ermutigend – die Schiffe gelangten über 80° 34′ nicht hinaus. Damit die Schiffe nicht vom Eis zerdrückt wurden, suchten die Kapitäne in einem der Fjorde am Nordwestzipfel von Spitzbergen Zuflucht, wo die Forscher sich mit wissenschaftlichen Untersuchungen befaßten. Auch alle weiteren Versuche, das Eis zu bezwingen, waren erfolglos, und so kehrte man nach England zurück.

1845 machte sich auf den Schiffen »Erebus« und »Terror« eine weitere englische Polarexpedition unter Leitung des nun schon über sechzigjährigen Franklin auf, um die nordwestliche Durchfahrt vom Atlantik in den Stillen Ozean zu erzwingen. Sie blieb spurlos verschwunden. Franklins Frau Jane rüstete fünf Expeditionen aus, die ihren mutigen Mann suchen sollten. Aber erst nach zwölf Jahren fand man eine Aufzeichnung, die Franklins Expedition auf der King-William-Insel hinterlassen hatte und die besagte, daß die Schiffe vom Eis zerquetscht wurden und während der erzwungenen zweiten Überwinterung 25 Mann, darunter der Expeditionsleiter, gestorben waren. Die Franklins sahen einander also nicht wieder. Als Zeichen der Achtung vor diesen beiden tapferen Menschen haben Arktisforscher deren Namen auf der geographischen Karte von Spitzbergen für alle Zeiten verewigt. So gibt es im Nordwesten von Nordostland den Franklinsund, der sich im Osten mit dem Lady-Franklin-Fjord vereinigt. An dessen Ende gleiten der Nördliche und der Südliche Franklin-Gletscher herab, und an der Ostküste der Bucht ragt genau gegenüber dem Franklinsund der höchste Berg dieser Region empor, der Franklinfjell, an dessen

Fuß das Franklintal beginnt – Gegenden, die der junge John Franklin 1818 durchstreift hat.

Im Süden des breiten Bellsunds liegt der Recherchefjord, an dessen Wasser der große Recherchegletscher endet. Beide Namen erinnern an die französische Spitzbergenexpedition auf der Korvette »Recherche«, die 1837 bis 1839 eine erste komplexe Erforschung der Natur dieser Inselgruppe unternommen hat. Ihre Ergebnisse sind in einem sechzehnbändigen Werk veröffentlicht, das 1840 bis 1849 in Paris erschienen ist.

Zu Beginn der zweiten Hälfte des vorigen Jahrhunderts wird die wissenschaftliche Eroberung Spitzbergens von mehreren schwedischen Expeditionen fortgesetzt. Die Expedition von 1858 wurde von Otto Martin Torell geleitet, zu dessen engsten Mitarbeitern der sechsundzwanzigjährige Professor an der Akademie der Wissenschaften Stockholm, Adolf Erik Nordenskiöld, gehörte. Drei Jahre später, 1861, rüstete Torell seine zweite Spitzbergenexpedition aus, an der zehn Wissenschaftler teilnahmen, darunter wieder Nordenskiöld. Während zweier beschwerlicher Fahrten auf Schaluppen trug er die Hinlopenstraße, die Westspitzbergen vom Nordostland trennt, sowie die Sieben Inseln auf die Karte ein, eine Inselgruppe im äußersten Norden des Archipels vor der Einfahrt in die riesige Nordenskiöldbucht.

Die dritte Expedition leitete Nordenskiöld selbst. Er erforschte den südlichen und südöstlichen Teil Spitzbergens. 1868 begab er sich das vierte Mal nach Spitzbergen. Die Expedition hoffte, auf dem Dampfer »Sophie« in hohe Breiten vorzudringen, doch widrige Eisverhältnisse ließen alle Versuche der Schweden erfolglos bleiben. Die Presse schrieb damals, diese Expedition habe das Vorhandensein eines Eisgürtels bewiesen, der den Pol bis zu 81. und 82. Grad nördlicher Breite umgebe. Wer diesen Gürtel überwinden wolle, müsse Hundeschlitten benutzen.

Die letzte, fünfte Expedition begann 1872. Ihre Hauptaufgabe bestand darin, von Spitzbergen aus mit Schlitten, vor die lappländische Rentiere gespannt waren, zum Pol vorzudringen. Dazu sollte auf einer der Sieben Inseln, der Parry-Insel, ein Basislager angelegt werden. Am 21. Juli verließen vier schwedische Schiffe Tromsø in Richtung Spitzbergen. Wegen unpassierbarer Eismassen mußten sie jedoch auf etwa 80° nördlicher Breite in der Mosselbucht im äußersten Norden von Westspitzbergen überwintern. Im folgenden Frühjahr rüstete Nordenskiöld eine Schlittengruppe aus und marschierte los, um Nordostland zu erforschen. Es gelang ihm, die Eiskappe dieser Insel erstmalig zu überqueren.

Die von den schwedischen Expeditionen auf Spitzbergen und auch auf der Bäreninsel geleistete Arbeit trug wesentlich zur Bereicherung der Vorstellungen bei, die man bisher von beiden Regionen hatte. So fanden Geologen Reste von fossilen Pflanzen aus dem Tertiär, ein Zeugnis dafür, daß hier einst ein warmes, feuchtes Klima geherrscht hatte. Die von den Wissenschaftlern entdeckten Strandterrassen sprachen davon, daß der Archipel sich in den letzten Jahrtausenden merklich gehoben hatte. Die Schweden stellten als erste die Hypothese auf, daß die Küste Spitzbergens von einem Zweig des warmen Golfstroms berührt wird. Auf der Bäreninsel entdeckten sie Steinkohlevorkommen.

Das Interesse an einer Erforschung der Natur Spitzbergens erfuhr Ende des 19. Jahrhunderts neue Belebung. Schweden, Deutschland, Österreich, England, Monaco und Rußland entsandten neue Expeditionen dorthin.

Zweimal suchte der englische Bergsteiger Martin Conway den Archipel auf und überquerte 1896 Westspitzbergen als erster von West nach Ost. Er lieferte eine ausführliche Beschreibung der Gletscher und der geophysikalischen Bedingungen im zentralen Teil der Insel. Im folgenden Jahr erforschte Conway die Nordostküste des Eisfjords und unternahm mehrere Märsche ins Innere der Insel.

Im Jahre 1898 unternahm der schwedische Geologe und Paläobotaniker A. G. Nathorst auf der »Antarktis« eine interessante Fahrt rund um den gesamten Archipel. Der erste Versuch, an dessen Ostküste entlangzufahren, mißlang allerdings wegen der dort lagernden Eismassen. Nach Forschungen im Bellsund nahm Nathorst Kurs auf König-Karl-Land, wo der Expedition erstmalig eine genaue topographische und geologische Aufnahme gelang. Von hier aus wandte sie sich nach Norden, erreichte die Weiße Insel (Kvitøya) und landete dort zweimal. Die »Antarktis« fuhr anschließend um den Nordteil des Archipels herum von Ost nach

West und schloß so den Ring um Spitzbergen. Jener Sommer war allerdings für so eine »Rundumfahrt« außergewöhnlich günstig, das Meer westlich und östlich des Archipels nicht wie sonst mit Eis verstopft.

Hiermit läßt sich auch erklären, daß eine weitere Expedition – eine deutsche – unter Leitung des Journalisten Theodor Lerner auf der »Helgoland« noch im gleichen Sommer Nathorsts Fahrt wiederholen konnte, allerdings von West nach Ost. Vorher hatte Lerner auch die Bäreninsel angelaufen. Er wollte wohl ein Großgrundbesitzer werden, denn er grenzte dort mit Pfosten und Steinen, die in den Landesfarben Deutschlands angestrichen waren, ein kleines Stück Land ab, das den Zugang zur Insel beherrschte und auf dem der neue »Besitzer« ein Schild mit der Aufschrift »Privatbesitz der deutschen Staatsbürger Theodor Lerner und Hans Rüdiger« (Rüdiger war der Kapitän des Schiffes – J. S.) aufstellte. Im folgenden Jahr landete der »Monarch« und Journalist Lerner erneut an der Küste seiner Besitzungen, doch seine Regentschaft war nur von kurzer Dauer: Von der herannahenden Dunkelheit der Polarnacht abgeschreckt, kehrte er schon zwei Monate später, im August, nach Deutschland zurück.

Mit Spitzbergen ist auch die Probefahrt der »Jermak«, des ersten großen Eisbrechers der Welt, durch arktisches Eis im Mai / Juni 1899 verknüpft; Kommandant war Vizeadmiral Makarow, der Schöpfer der »Jermak«. Einen Monat später fand eine zweite Fahrt statt: Am 14. August erreichte die »Jermak« nach 230 Meilen Fahrt durch Eis nördlich von Spitzbergen die Breite von 81° 30′.

An der Küste des Adventfjords stellte Makarow unweit vom heutigen norwegischen Flugplatz Longyear ein Spezialzeichen auf, das der Beobachtung mehrjähriger Schwankungen des Meeresspiegels diente, eine zwei Meter hohe, mit Zement verputzte Steinpyramide. Über der Meßskala stand »1899 Jermak«.

Einige bei den ersten Fahrten der »Jermak« aufgetretene Schwierigkeiten wurden von Gegnern Makarows zum Vorwand genommen, seinen Vorschlag in Zweifel zu ziehen, für das Geleit von Seeschiffen und für wissenschaftliche Arbeiten in hohen arktischen Breiten unbedingt Eisbrecher zum Einsatz zu bringen. Diese Leute wollten jeden neuen Versuch Makarows verhindern, weitere Fahrten in arktischem Eis zu unternehmen.

Nach Errichtung der Sowjetmacht geleitete die »Jermak« noch jahrzehntelang Schiffe durch den Nördlichen Seeweg und bewährte sich dabei ausgezeichnet. Doch auch ein Eisbrecher hat kein ewiges Leben. Neue, weitaus leistungsfähigere moderne Eisbrecher, darunter auch atomgetriebene, haben den berühmten »Veteranen« der russischen Eisbrecherflotte abgelöst.

Ein bedeutsames Ereignis in der Geschichte der Erforschung des Archipels war die sogenannte Spitzbergen-Gradmessung, die unmittelbar zur Jahrhundertwende von einer russisch-schwedischen Gemeinschaftsexpedition durchgeführt wurde. Auf Vorschlag der schwedischen Akademie der Wissenschaften beteiligte sich auch die Akademie der Wissenschaften Rußlands hieran. In beiden Akademien bildete man Spezialkommissionen für die Gradmessungen auf Spitzbergen. Diese Arbeit sollte dazu dienen, die Maße des Erdellipsoids zu präzisieren, d. h. die richtige Gestalt unseres Planeten zu ermitteln. Sie begann 1899 und wurde 1902 abgeschlossen.

Der Hauptstützpunkt der russischen Forscher wurde 1899 an der Südküste des Hornsunds angelegt und erhielt den Namen Konstantinowka. Die Schweden hatten sich die Treurenbergbucht* im Norden ausgesucht.

Drei Sommer und einen Winter, insgesamt 522 Tage, brauchten die Russen, um unter den unglaublich schwierigen Bedingungen die gestellte Aufgabe zu bewältigen und damit die Wissenschaft um neue wichtige Erkenntnisse über die natürlichen Besonderheiten Spitzbergens zu bereichern. Im ersten Jahr des zwanzigsten Jahrhunderts errichteten sie einen originellen astronomischen Punkt an der Küste des Adventfjords unweit des von Admiral Makarow aufgestellten Zeichens, eine Art Denkmal zu Ehren der auf Spitzbergen geleisteten Arbeit. Es hatte die Gestalt eines etwa ein Meter hohen rechtwinkligen Parallelflachs; auf einer Kupferplatte stand in französischer Sprache »Astronomischer Punkt. Russische Gruppe der schwedisch-russischen Expedition zur Messung des

---

* Später in Sorgfjord umbenannt (A. d. R.)

Meridianbogens auf Spitzbergen. 1900«. Alle Versuche unserer Expedition, Überreste dieses Astropunktes sowie des Zeichens der »Jermak« zu finden, blieben leider erfolglos. Es gibt heute nur noch Fotos davon, vor achtzig Jahren aufgenommen und in einigen Büchern veröffentlicht, die das hier Gesagte bestätigen. Im Jahre 1901 konzentrierte sich die Arbeit der russischen Expedition auf das zentrale Vereisungsgebiet von Westspitzbergen. Damals herrschte an der Küste des Archipels eine komplizierte Eissituation, deshalb wurden die Schiffe von der »Jermak« bis zur Landestelle begleitet. Vier Versuche mußte der Eisbrecher unternehmen, ehe er das Eis im Storfjord bezwingen und die Geodätengruppe auf dem Randeis der Ginevrabucht am Ende des gewaltigen Negrigletschers absetzen konnte. Gemeinsam mit Pomoren aus Mesen bewältigten die Wissenschaftler den langen, kräftezehrenden Marsch über Berge und Gletscher, die noch nie eines Menschen Fuß betreten hatte. Sie erreichten schließlich den Tschernyschowberg und errichteten auf dessen Gipfel eine Steinpyramide.

Alle Versuche der Schweden, zur Newtonspitze vorzudringen, um auf deren Gipfel einen trigonometrischen Punkt zu bauen, waren gescheitert. Schließlich löste eine russische Gruppe die schwierige Aufgabe: den Nord- und den Südteil des Triangulationsnetzes von Spitzbergen zu einem einzigen System zu verbinden. Sie bezwang als erste den höchsten Gipfel des Archipels und errichtete hier einen trigonometrischen Punkt.

Infolge der ungünstigen Eisverhältnisse konnten die Schweden ihre Arbeit bei der Triangulierung des Nordostteils von Spitzbergen erst im Sommer 1902 vollenden. An der russisch-schwedischen Expedition waren insgesamt zehn Schiffe und mehrere hundert Mann beteiligt, die unter ungewöhnlich harten Bedingungen arbeiten mußten, doch gab es keine Verluste an Menschenleben. Hauptresultat der Arbeit war die Messung eines Meridianbogens von 4° 11' gleich rund 460 Kilometer Länge. Von der geleisteten Arbeit zeugt die Tatsache, daß bei der Vermessung der mehr als sechs Kilometer langen Basis der mittlere Fehler nicht mehr als 7,2 Millimeter betrug.

Diese russisch-schwedische Expedition hat anschaulich bewiesen, wie fruchtbar internationale wissenschaftliche Zusammenarbeit ist. Die Veröffentlichung ihrer Ergebnisse begann in Rußland bereits 1902, beendet wurde sie jedoch erst unter der Sowjetmacht. Die Akademie der Wissenschaften der UdSSR gab eine sehr gute Karte von einem Teil des Archipels heraus.

Vor Beginn des ersten Weltkrieges setzte auf Spitzbergen ein intensiver Abbau der Kohlevorkommen ein. Der Archipel wurde, da er relativ zugänglich ist, auch Ziel von Touristenreisen. Noch so manche Expeditionen – schottische, deutsche, norwegische, russische und andere – kamen hierher. An ihnen nahmen so bedeutende Forscher teil wie der Ozeanologe Prinz Albert I. von Monaco, der schottische Geologe William Bruce, von den Norwegern der Militärtopograph Isachsen, die Geologen Holtedahl und Hoel sowie Fridtjof Nansen, von den Deutschen der Geophysiker und Geograph Erich v. Drygalski, Graf Ferdinand Zeppelin, Hugo Hergesell und Kurt Wegener sowie die russischen Geologen Russanow und Samoilowitsch und viele andere.

An der Westküste des Krossfjords arbeitete 1910 eine Expedition des Grafen Zeppelin und Professor Hergesells, um die Möglichkeit des Einsatzes von Luftschiffen in der Arktis zu erkunden. 1912/13 bestand in dem dortigen deutschen Winterlager auch ein Observatorium, in dem unter Leitung von Kurt Wegener meteorologische Beobachtungen in der freien Atmosphäre mit Hilfe von Drachen und Fesselballons angestellt wurden. An der vollständigen Verwirklichung ihrer Pläne hinderte die Deutschen der Ausbruch des ersten Weltkrieges.

Der berühmte Polarforscher Fridtjof Nansen war nicht nur ein bedeutender Gelehrter auf dem Gebiet der Hydrobiologie, Ozeanographie, Geomorphologie und Zoologie, sondern auch eine herausragende Persönlichkeit des öffentlichen Lebens. Zudem galt er als guter Sportler; zwölfmal siegte er bei nationalen Skiwettbewerben und wurde schon mit siebzehn Jahren norwegischer Landesmeister im Eislauf. Er war einer der ersten Diplomaten des selbständigen Norwegen, ein begabter Schriftsteller und Künstler, nicht zuletzt ein überzeugter Humanist und großer Freund Sowjetrußlands.

Nansen wurde bekannt in aller Welt nach Abschluß seiner Grönlandexpedition 1888, auf der er als erster den riesigen Eisschild auf Schneeschuhen überquerte, sowie durch seine Fahrt auf der »Fram« (1893 bis 1896) im Arktischen Ozean. Viele Jahre hatte er auch den Wunsch, Spitzbergen kennenzulernen und die dortigen Gewässer zu erkunden, aber erst im Sommer 1912 erfüllte sich ihm dieser Traum.

Während seines Aufenthalts im Sassenfjord traf Nansen unerwartet mit dem schottischen Forschungsreisenden und Geologen William Bruce zusammen, dem er fünfzehn Jahre zuvor schon einmal auf Franz-Joseph-Land begegnet war. Bruce gehörte damals der englischen Expedition von Jackson an, mit der Nansen nach seinem langen Marsch durchs Eis aufs Festland zurückkehrte. William Bruce hat zwischen 1898 und 1920 an neun Spitzbergenexpeditionen teilgenommen und durch seine Arbeit den zahlreichen englischen geologischen Expeditionen den Weg bereitet, die ab 1924 von den Universitäten Oxford und Cambridge àusgerüstet wurden.

Im Jahre 1912 begab sich auf der kleinen »Herzog Ernst« eine weitere Expedition nach Spitzbergen. Sie stand unter Leitung des deutschen Leutnants Schröder-Stranz, der noch keinerlei Polarerfahrung besaß. Dieser junge Mann wollte im nächsten Jahr eine Fahrt auf dem Nördlichen Seeweg unternehmen und dabei die Taimyrhalbinsel umschiffen. Die ihm fehlenden Fertigkeiten eines Polarforschers wollte der ehrgeizige Offizier ausgerechnet hier auf Spitzbergen erwerben. Zu den Plänen der Expedition gehörten Schlittenfahrten über die Eiskappe von Nordostland und bestimmte wissenschaftliche Beobachtungen.

Nicht weit vom Nordwestzipfel des Nordostlandes gebot das Eis dem Motorsegelschiff Halt. Vier Expeditionsteilnehmer unter Führung von Schröder-Stranz gingen aufs Meereis einige Kilometer von der Insel entfernt von Bord; sie hatten vor, in einer Schaluppe so weit wie möglich nach Osten vorzudringen, zu landen, die Eiskappe zu überqueren und dann in westlicher Richtung über Hinlopenstraße, Sorgfjord, Wijdefjord, Woodfjord den Krossfjord zu erreichen. Hierher mußte auch ihr Schiff kommen. Außer der Schaluppe besaß die Gruppe drei Kajaks, zwei Schlitten, acht Hunde, zwei Zelte, Waffen, Skier, Schlafsäcke, wissenschaftliche Geräte und Proviant für zwei, drei Monate. Mit anderen Worten, die Gruppe war für die Arbeit im Felde vorzüglich ausgestattet und mit allem Notwendigen versehen.

Die »Herzog Ernst« nahm Kurs nach Westen und lief dabei den Sorgfjord an, um dort ein Proviantdepot für die Gruppe anzulegen, die auf Skiern unterwegs war. Wie es im hohen Norden oft vorkommt, schloß sich am 25. August plötzlich das Eis um das Schiff. Die nur auf die Sommerperiode eingerichtete Expedition mußte auf dem achtzigsten Breitenkreis in der Bucht mit dem unheilverkündenden Namen Sorgfjord überwintern.

Die geheimnisumwitterte und sinnlose Tragödie begann damit, daß der Expeditionsleiter und seine drei Gefährten nicht in dieser unheilvollen Bucht eintrafen, mehr noch, man fand nie Spuren von ihnen. Die auf dem Schiff zurückgebliebenen elf Mann verloren den Kopf, verfielen in völlige Ratlosigkeit, wußten nicht, was sie unternehmen sollten. Acht von ihnen entschlossen sich dann aber doch, nicht erst zu warten, bis ein glücklicher Umstand sie aus der Gefangenschaft des Eises befreite, sondern sie brachen Ende September zu Fuß nach Süden auf. An Bord ließen sie drei Norweger zurück – zwei Matrosen und den Koch. Man wußte, daß etwa hundert Kilometer Luftlinie entfernt das Kohlenbergwerk Longyear City lag, das seinerzeit einer amerikanischen Firma gehörte.

Unterwegs trennten sich zwei Deutsche von der Gruppe – sie gingen ihren eigenen Weg und blieben verschollen. Von den restlichen sechs Mann hatte sich einer den Fuß erfroren und konnte nicht mehr weiterlaufen. Zusammen mit dem Zeichner der Expedition mußte er an der Küste des Wijdefjords in einer Hütte zurückbleiben. Die übrigen vier setzten die festgelegte Route fort.

Da keine Hilfe von Süden her kam, beschlossen die zwei in der Hütte zurückgebliebenen Leute nach sieben Wochen, zum Schiff zurückzukehren. Unter großen Mühen fanden sie am 1. Dezember die »Herzog Ernst«. Hier mußte dem Kranken der Fuß amputiert werden. Inzwischen hatte sich die Vierergruppe, als sie auf eine noch nicht zugefrorene Bucht stieß, gespalten: Drei Mann wollten auf das Schiff zurückkehren, während der vierte – der Kapitän Alfred Ritscher selber – die ursprüngliche Entscheidung nicht änderte. Ihm als einzigem gelang es, auf geradezu unglaublich anmutende Weise mitten in tiefster Polarnacht am 27. Dezember den Adventfjord und die rettende Bergarbeitersiedlung zu erreichen. Dem Kapitän waren Zehen erfroren, sie mußten amputiert werden. Von den drei Leuten, die aufs Schiff zurückkehren wollten, langten nur zwei an, einer war unterwegs umgekommen.

Im Februar 1913 starb an Bord der »Herzog Ernst« der Koch. Daraufhin verließen die vier Norweger Ende März die Überwinterungsstelle und marschierten zum Adventfjord, wo sich die Grube befand. Auf dem Schiff verblieben also nur noch jene beiden Deutschen, die sieben Wochen am Wijdefjord verbracht hatten und die schließlich Ende April von einer norwegischen Rettungsexpedition aufgefunden wurden. Demnach waren von der ursprünglich fünfzehn Mann zählenden Expedition nur noch sechs am Leben; von den zehn Deutschen, die zu Trainingszwecken nach Spitzbergen gefahren waren, kehrten nur die zwei eben Genannten und der Kapitän in die Heimat zurück.

Eine sehr markante Erscheinung in der Geschichte der Erforschung Spitzbergens war der Wissenschaftler und Revolutionär Wladimir Russanow, 1875 in der Gouvernementshauptstadt Orjol geboren. Von Jugend an hatte er sich für revolutionäre Ideen begeistert; wegen seiner Teilnahme an Studentenunruhen wurde er von der naturwissenschaftlichen Fakultät der Universität Kiew verwiesen und nach Orjol abgeschoben. Dort kam er in Einzelhaft.

Im Gefängnis bildete Russanow sich selbst weiter, las viel, und sein besonderes Interesse galt Fridtjof Nansens »In Nacht und Eis«, das wahrscheinlich sehr dazu beitrug, den künftigen Poljarnik für die Erforschung der Arktis zu begeistern.

Im Mai 1901 wurde Russanow in den Norden des Gouvernements Wologda verbannt, wo sich ihm die großartige Möglichkeit bot, das noch kaum erforschte Petschoragebiet zu erkunden. Nach Ende der Verbannungszeit 1903 erhielt er Aufenthaltsverbot für alle großen Städte Rußlands, so daß er nicht mehr weiterstudieren konnte. Nur mit Mühe erwirkte er die Erlaubnis, ins Ausland reisen zu dürfen, um seine Ausbildung dort fortzusetzen.

Von 1903 bis 1907 studierte Russanow an der Pariser Sorbonne Geologie. Der glänzende Abschluß des theoretischen Kurses gab ihm das Recht, eine Dissertationsarbeit zu verteidigen. Dafür wollte er das Material in seiner Heimat sammeln, und zwar auf Nowaja Semlja, das geologisch seinerzeit so gut wie unerforscht war. Zwischen 1907 bis 1911 nutzte er jede Saison für die Arbeit im Felde. Auf beschwerlichen Fußmärschen erkundete er den geologischen Aufbau der Doppelinsel, sammelte eine Vielzahl von Gesteinsproben, überquerte in Höhe des 74. Breitenkreises erstmals die Nordinsel und umfuhr auf einem kleinen Schoner ganz Nowaja Semlja. All dies brachte dem Wissenschaftler den verdienten Erfolg und machte ihn bekannt.

1912 ernannte die russische Regierung den namhaften, einst in Ungnade gefallenen Polarforscher und Geologen zum Leiter einer staatlichen Expedition nach Spitzbergen, das seinerzeit eine Art »Niemandsland« war; dort sollten die natürlichen Reichtümer erforscht und Steinkohlevorkommen zum Nutzen Rußlands erkundet werden.

In Norwegen erwirbt Russanow die »Herkules«, ein kleines Fangschiff mit Segel- und Motorantrieb, sehr seegängig und für Fahrten durch Eis eingerichtet, mit einer Wasserverdrängung von 64 Tonnen. Vierzehn Mann ist die Expedition stark. Kapitän auf der »Herkules« wird der Ozeanograph Kutschin, jung, aber bereits erfahren, er hat schon 1910/11 an Amundsens Antarktisexpedition mit der »Fram« teilgenommen. Zu den Wissenschaftlern gehört auch der junge Bergingenieur Rudolf Samoilowitsch, der nach der Oktoberrevolution ein bekannter sowjetischer Gelehrter werden sollte, der Zoologe Zenon Swatosz und die französische Geologin und Ärztin Juliette Jean – Russanows Braut.

Am 9. Juli 1912 verließ die »Herkules« die Kolabucht in Richtung Spitzbergen, am siebenten Tag ging die Expedition im Bellsund an Land. Anfangs untersuchte Russanow die Mitte und den Süden von Westspitzbergen, anschließend durchquerte er ihren zentralen Teil. Danach trat er in Begleitung zweier Matrosen einen langen, unwahrscheinlich strapaziösen Fußmarsch vom Bellsund an die Ostküste zum Storfjord an. Auf einem Gletscher stürzte Russanow in eine der zahlreichen unter morschen Schneebrücken verborgenen Spalten und wäre fast ums Leben gekommen. Wie durch ein Wunder gelang es ihm, sich an einen Vorsprung der

94

viele Meter tiefen Spalte zu klammern, und mit Hilfe der findigen Matrosen konnte er aus dem Eisgrab herausklettern.

Vom Bellsund aus nahm die »Herkules« Kurs nach Norden. Innerhalb kurzer Zeit erforschten die Geologen die Küsten der Vorlandstraße, des Kongsfjords, des Krossfjords und Eisfjords. Russanow suchte auch den Grönfjord auf, an dessen Ostküste (unweit der heutigen Grube Barentsburg) die Norweger eine Funk- und eine Walfangstation hatten.

Anfang August schloß die Expedition ihre sechswöchige planmäßige Arbeit ab. In dieser kurzen Zeit hatte sie auf Märschen über tausend Kilometer zurückgelegt. Achtundzwanzig mit Namen von Russanow-Leuten versehene Pfosten sicherten Rußland das Recht, auf diesen Claims Kohle abzubauen. Vier ergiebige Kohlevorkommen hatte man gefunden. Eines davon, zwischen Colesbucht und Adventfjord gelegen, erhielt den Namen Grumant, es gehört heute dem sowjetischen Trust »Arktikugol«. Die Expedition sammelte umfangreiches und wertvolles geologisches und paläontologisches Material, führte auch wichtige meteorologische, ozeanographische, botanische und zoologische Forschungen durch.

Nach Beendigung des offiziellen Programms der Expedition hielt Russanow es für erforderlich, mit einem nach Norwegen fahrenden Dampfer Samoilowitsch, Swatosz und den erkrankten Bootsmann Popow samt einem Teil der Sammlungen und einer Karte, auf der die abgesteckten Claims verzeichnet waren, nach Hause zu schicken. An Bord der »Herkules«, die daraufhin Spitzbergen verließ, verblieben noch elf Mann. Seitdem hat niemand mehr sie gesehen.

Wo mag die »Herkules« geblieben sein? Wann und an welcher Stelle des Nördlichen Eismeeres hat sich diese weitere Polartragödie abgespielt? Warum hat Russanow den offiziellen Plan nach Beendigung der Forschungsarbeit auf Spitzbergen geändert?

Wie sich später herausstellte, fuhr Russanow nicht nach Süden, also der Heimat entgegen, wo man ihn schon vor November erwartete, sondern er hatte beschlossen, den Nördlichen Seeweg von West nach Ost zu passieren, und sich dafür rechtzeitig mit Proviant und Ausrüstung für mehr als ein Jahr bevorratet. Damit wird auch klar, weshalb der Forscher den Schlußteil seines Expeditionsplanes »Spitzbergen als Ausgangspunkt für künftige Unternehmen« betitelt hatte, in dem geschrieben stand: »Besäße ich ein Schiff vom obenerwähnten Typ, würde ich die Erforschung Spitzbergens als kleine erste Probe betrachten. Mit solch einem Schiff läßt sich feststellen, welche Probleme der Große Nördliche Seeweg nach Sibirien und durch die Sibirische See aus dem Atlantischen in den Stillen Ozean aufwirft und wie man zu deren Lösung gelangt.« Einer der Pioniere des Nördlichen Seewegs hat also vor Jahrzehnten vorausgesehen, wie diese für Rußland so außerordentlich wichtige Magistrale funktionieren wird, auf der ganze Karawanen von Schiffen von West nach Ost und in umgekehrter Richtung verkehren werden. Russanow vermerkte auch, daß auf diesem Seeweg Eisbrecher, Eisaufklärung und meteorologische Stationen erforderlich sein würden.

Die letzte Nachricht der Expedition datiert vom 18. August 1912: »Süden Spitzbergens, Hopeninsel. Sind von Eis umgeben, befassen uns mit Hydrographie. Vom Sturm abgetrieben bis südlich von Matotschkin Schar *. Fahre zum Nordwestende von Nowaja Semlja, von dort nach Osten. Wenn Schiff verlorengeht,** nehme ich Kurs auf die meiner Route am nächsten liegende Ujedinenije-Insel, die Neusibirischen Inseln und die Wrangelinsel. Proviant für ein Jahr. Alle gesund.« Aus dem Text dieses Telegrammes, das von Matotschkin Schar aus abging zur gelegentlichen Weiterbeförderung nach dem Festland, ist ersichtlich, daß Russanow seine Idee verwirklichen wollte – auf dem Nördlichen Seeweg die Durchfahrt von West nach Ost zu erzwingen. Diesmal aber gingen seine Träume und Pläne nicht in Erfüllung. Die für die Bewältigung einer so schwierigen Aufgabe nicht entsprechend ausgerüstete »Herkules« verschwand in der Eiswüste der Arktis, höchstwahrscheinlich geschah dies in der Karasee.

Spuren der »Herkules« entdeckte man völlig unerwartet erst zweiundzwanzig Jahre später, als sowjetische Hydrographen bei ihrer Arbeit auf einer kleinen Insel unweit der Westküste der Taimyrhalbinsel einen Pfosten mit der Aufschrift »Herkules 1913«

---

* Meeresstraße, die die Nordinsel und die Südinsel von Nowaja Semlja voneinander trennt
** An dieser Stelle ist wahrscheinlich das Wort »nicht« ausgelassen, so daß es sinngemäß höchstwahrscheinlich heißen muß »Wenn Schiff nicht verlorengeht«

sowie Trümmer eines Schlittens fanden. Nach zwei weiteren Jahren machten Hydrographen auf einer zu den Minin-Schären gehörenden Insel nahe der westlichen Taimyrhalbinsel einen neuen Fund – Gegenstände von der »Herkules« und ein Blatt Papier mit Notizen von Russanows Hand.

Das Geheimnis um den Untergang der Russanow-Leute versuchten in letzter Zeit Teilnehmer der wissenschaftlich-sportlichen Polarexpedition der Zeitung »Komsomolskaja prawda« zu lüften. Sie vermochten bereits gewisse Spuren der verschollenen Expedition zu entdecken und machten sehr interessante Funde. 1977 stellten diese Enthusiasten auf den Minin-Schären ein Denkmal auf. Dessen Bronzeplatte weist ein Basrelief – die »Herkules« – auf und die Inschrift »Dem Polarforscher Russanow, Kapitän Kutschin, der Besatzung der ‚Herkules‘. Die Nachfahren werden sie nicht vergessen.«

In der Zeit zwischen den beiden Weltkriegen nahm die Arktisforschung bisher nie gekannte Ausmaße an, und auch Spitzbergen blieb davon nicht unberührt.

Am 8. Juli 1923 unternahm der Schweizer Pilot Mittelholzer erstmalig einen längeren Flug über Spitzbergen. Mit seinem »Eisvogel«, einem Wasserflugzeug der Firma Junkers, startete er auf dem Adventfjord bei Longyear. Sieben Stunden später landete die Maschine wohlbehalten auf dem Grönfjord in der Nähe der norwegischen Walfangstation auf Kap Finneset. Der »Eisvogel« überflog Berge, Buchten und Gletscher des Archipels und erreichte 80° nördlicher Breite. Mittelholzer machte dabei eine ganze Reihe von Luftbildaufnahmen. So konnte der Verlauf der Küste Spitzbergens auf der Karte korrigiert werden. Insgesamt legte das Flugzeug etwa tausend Kilometer zurück.

Aus der Vogelperspektive bot sich ein herrliches, majestätisches Bild. Wohin man auch blicke, schrieb später der begeisterte Mittelholzer, überall sehe man Gletscherströme, von schroffen Gebirgsketten eingefaßt, die zum dunkelblauen Meer hin abfallen. Im Norden ein violettes Meer spitzer Berggipfel, die sich von dem goldgelben Horizont schroff abheben. Am Himmel kein einziges Wölkchen. Im Süden eine Schneewüste und darüber eine gleißende italienische Sonne, die in endloser Ferne dahinzieht...

Im folgenden Jahr trifft eine geologische Expedition der Universität Oxford in Spitzbergen ein. Sie verfügt über ein Wasserflugzeug, das Luftaufnahmen machen soll. Der erste Flug fand im Juli 1924 vom Grönfjord aus statt, die nächsten Flüge erfolgten, schon im August, vom Sorgfjord, das heißt vom äußersten Norden Westspitzbergens aus.

Im Jahre 1924 wird eine »Internationale Studiengesellschaft zur Erforschung der Arktis mit dem Luftschiff« (später kurz »Aeroarctic« genannt) ins Leben gerufen, an deren Spitze Fridtjof Nansen steht. Erneut zieht Spitzbergen die Blicke der Poljarniki in Europa und Amerika auf sich. Von Spitzbergen starteten 1925, 1926 und 1928 die Luftexpeditionen von Amundsen, Byrd und Nobile zum Nordpol, hier endete Wilkins' Flug von Alaska aus, aber davon wird später noch die Rede sein.

Die verschiedensten Forscher führten episodisch weiterhin bestimmte Forschungsarbeiten auf dem Archipel und in seinen Gewässern durch. In den zwanziger und dreißiger Jahren arbeitete hier die »Perseus«, das erste in der UdSSR speziell für wissenschaftliche Arbeit unter polaren Bedingungen ausgerüstete Schiff.

1925 ging an der Küste Westspitzbergens ein geologischer Erkundungstrupp der Gesellschaft »Russki Grumant« von der »Perseus« an Land. Die von Sergej Obrutschew geführten Geologen forschten hauptsächlich im Gebiet des Storfjords, der riesigen fjordähnlichen Meeresstraße zwischen Westspitzbergen, der Barentsinsel und der Edgeinsel. Auf einem ihrer Märsche entdeckten sie einen der von Russanow aufgestellten Pfosten, der hier schon seit dreizehn Jahren stand. Ein zweites Mal leitete Obrutschew im Sommer 1927 eine Spitzbergenexpedition. An den Besuch der »Perseus« auf dem Archipel erinnert heute der Perseusgletscher.

Eine von dem bekannten sowjetischen Ozeanographen Nikolai Subow geleitete wissenschaftliche Expedition fuhr 1930 auf einem kleinen Segel-Motorboot an der Ostküste Spitzbergens entlang, erreichte 81° 20′ nördlicher Breite und setzte dann ihre Fahrt nach Franz-Joseph-Land fort, ohne auf Eis zu stoßen. Vier Jahre später leitete Professor Subow eine Expedition auf der »Perseus« in die Grönlandsee. Man umfuhr Spitzbergen im Norden, passierte die Hinlopenstraße, die Nordostland von Westspitzbergen trennt, und kehrte in die Barentsee zurück.

Am 1. August 1932 begann das Zweite Internationale Polarjahr, das bis zum 31. August 1933 dauerte. Seine Hauptaufgabe bestand in einer allseitigen systematischen Erforschung der Arktis. Eine führende Stellung bei dieser Arbeit nahm die Sowjetunion ein, die mehrere Polarstationen und -observatorien auf Inseln und vorgeschobenen Punkten der sowjetischen Arktisküste errichtet hatte. Eine davon, auf der zu Franz-Joseph-Land gehörenden Rudolfinsel, war die am weitesten nördlich gelegene Station der Erde. Auf Spitzbergen arbeiteten sowjetische Wissenschaftler im Zweiten Internationalen Polarjahr nicht, wohl aber das Meteorologische Institut Polens, und zwar auf der Bäreninsel. Eine kleine Expedition des Magnetologen Centkiewicz (er ist heute ein bekannter Schriftsteller) befaßte sich mit meteorologischen und geophysikalischen Beobachtungen. Im Sommer 1934 begab sich eine polnische Expedition unter Stefan Bernadsikewicz nach Westspitzbergen und erledigte dort umfangreiche geologische, fotogrammetrische, botanische und andere Forschungen sowie Triangulationen.

Der junge polnische Geologe Sedlezki, der schon an den beiden vorausgegangenen Expeditionen zum Archipel teilgenommen hatte, unternahm 1936 zusammen mit zwei Kameraden einen außergewöhnlich komplizierten und anstrengenden Fußmarsch von der Südspitze zur Nordspitze der langgestreckten Insel Westspitzbergen, der zur Hälfte über tückische Gletscher verlief. Bis zum zweiten Weltkrieg haben polnische Wissenschaftler der Westküste von Westspitzbergen die Besonderheiten des Aufbaus und die Prozesse untersucht, die zur Bildung verschiedener Gletschertypen führen.

Um die von Partei und Regierung der Sowjetunion gestellte wichtige Aufgabe zu lösen, den Nördlichen Seeweg zu einer normal funktionierenden Wasserstraße zu machen, mußten nicht nur die Trasse selber, sondern auch die an sie angrenzenden riesigen Seegebiete erkundet werden. Zu diesem Zweck wurde 1935 die erste in hohe Breiten führende sowjetische Expedition auf dem Eisbrecher »Sadko« ausgerüstet. Das Kommando führte der

Polarforscher Uschakow, die wissenschaftliche Arbeit leitete Professor Subow. Den Kern der Expedition bildeten Wissenschaftler und Fachleute, die schon Arktiserfahrung besaßen. Sie erwartete ein Arbeitsprogramm, wie es in dieser Breite bislang noch keine Polarexpedition zu erfüllen gehabt hatte – die Erforschung des ausgedehnten Gebietes zwischen Spitzbergen und Sewernaja Semlja.

Am 12. Juli lief die »Sadko« aus Murmansk aus, am fünften Tag tauchten die Spitzen verschneiter Berge auf. Man fertigte das erste hydrologische Profil zwischen Spitzbergen und Grönland an, dann fuhr das Schiff zum Eisfjord, wo die Bergarbeiter von Barentsburg die Expedition aufs herzlichste begrüßten. Von dort nahm die »Sadko« Nordkurs. Am Nordwestende des Archipels entdeckten die Wissenschaftler eine Erhöhung des Meeresbodens – den Rand der »Nansenschwelle«. Dank der Eisaufklärung aus der Luft konnte das Schiff dann Kap Leigh Smith im äußersten Nordosten Spitzbergens erreichen und weiter in Richtung Weiße Insel (Kvitøya) vordringen. Hier versuchte der Pilot Babuschkin mehrere Male mit seiner Maschine das legendäre Gillesland zu finden, das nordöstlich von Spitzbergen liegen sollte; er flog bis zum 82. Breitenkreis, sichtete aber keinerlei Land. Nach Abschluß dieser Etappe fuhr die »Sadko« an der Ostküste des Archipels südwärts und steuerte dann Nowaja Semlja an.

Das Norwegische Polarinstitut Oslo (damals hieß es noch »Norwegisches Amt zur Erforschung Svalbards und des Nördlichen Eismeeres) nahm 1936 und 1938 erstmals auf Spitzbergen aerofotogrammetrische Arbeiten vor, die viele neue Erkenntnisse über die Natur der zahlreichen Inseln brachten. Die Kartographen des Norwegischen Polarinstituts erarbeiteten auf Grund dieser Aufnahme eine Reihe großmaßstäbiger Karten von Spitzbergen.

Der zweite Weltkrieg unterbrach die Erforschung des Archipels, doch nach seinem Ende geriet dieses natürliche Laboratorium der Arktis erneut ins Blickfeld der Wissenschaftler vieler Länder, und damit begann die jüngste Etappe in der Geschichte des Landes der spitzen Berge und der Gletscher.

So arbeitete 1955 hier eine Expedition des Arktischen Forschungsinstituts auf dem Eisbrecher »Litke«, einem Veteranen bei der Erschließung des Nördlichen Seeweges, der auf einer seiner Fahrten nördlich von Spitzbergen bis 83° 21′ nördlicher Breite vordringen konnte. Das war Rekord. Im folgenden Jahr nahmen an einer Expedition des Arktisinstituts auf dem Dieselelektroschiff »Ob« neben sowjetischen auch namhafte skandinavische Wissenschaftler teil. Nach Beendigung des umfangreichen Forschungsprogramms lief das Schiff auf Bitten der Schweden Spitzbergen an, damit auf Nordostland Erkundungen durchgeführt werden konnten. Hier sollte nämlich 1957 im Rahmen des Internationalen Geophysikalischen Jahres eine schwedische Polarexpedition arbeiten.

An einem stillen, sonnigen Septembertag setzte ein Hubschrauber im zentralen Teil des Westgletschers (Vestfonna) in sechshundert Meter Höhe eine Gruppe Wissenschaftler ab – den Expeditionsleiter Balakschin, den Leningrader Aspiranten Petrow und drei Skandinavier. Nur zwei Tage standen ihnen für ihre Gletscherbeobachtungen zur Verfügung, danach sollte der Hubschrauber sie wieder auf das Schiff zurückbringen. Doch die Arktis hat ihre eigene Rechnungsführung und es geschah etwas, das niemand voraussehen konnte.

Es war kein Flugwetter mehr. Vergebens bemühte sich der Hubschrauberkommandant, in dem weißlichen Nebel das kleine Grüppchen zu finden, jedesmal mußte er unverrichteterdinge zur »Ob« zurückfliegen. Sein letzter Flug wäre ihm beinahe zum Verhängnis geworden: Die Mi 4 vereiste stark, verlor allmählich an Höhe und mußte eiligst auf dem Gletscher landen. Kaum berührten die Räder das Eis, da kippte der Hubschrauber auch schon und rutschte langsam in eine Falle – eine mit Wasser gefüllte, von einer dünnen Eis- und Schneeschicht verborgene Vertiefung. In diesem kritischen Augenblick konnte ein Mann durch ein eingeschlagenes Kabinenfenster nach draußen gelangen, die hinteren Klappen des Hubschraubers öffnen und seine Kameraden retten. Es gelang auch, das Notfunkgerät aus dem Wasser zu bergen und sofort eine Alarmmeldung an die »Ob« durchzugeben.

Inzwischen waren auf dem Gletscher die Lebensmittel- und Brennstoffvorräte ausgegangen, und ausgerechnet jetzt sank die Temperatur auf minus 12 bis 14 Grad ab. Die Poljarniki ließen jedoch den Kopf nicht gleich hängen, setzten vielmehr ihre regelmäßigen meteorologischen und glaziologischen Beobachtungen fort. Die Rettungsarbeiten gingen weiter: Drei sowjetische Flugzeuge suchten ständig die Region um das Lager ab. Auf Franz-Joseph-Land stellte man in der Nagurskibucht schleunigst eine Start- und Landebahn her, von der eine Li 2 aufsteigen sollte. Den erforderlichen Schnee schob man in entfernten Schluchten und Senken mit Schaufeln zusammen und schaffte ihn dann mit Autos heran. Inzwischen war der Gouverneur von Svalbard auf einem Schoner von Longyear um Westspitzbergen herum zur Küste von Nordostland gefahren. Nachdem man den Norwegern die Koordinaten des Lagers auf dem Gletscher mitgeteilt hatte, machten sie sich auf Skiern und mit einem Hundegespann zur Vestfonna auf. Lange irrten sie in undurchdringlichem Nebel umher, konnten aber in der grenzenlosen Eiswüste das Zelt nicht finden. Da schickte die schwedische Regierung ein Flugboot nach Spitzbergen.

Die auf der Vestfonna sitzenden Männer wußten von all dem nichts, aber die Flugzeuge hörten sie recht gut. Deren Geräusche ersetzten ihnen gewissermaßen die Funkverbindung und hielten in ihnen die Hoffnung wach, daß die Rettung nahe war. Zwei Wochen waren vergangen, als sie am Morgen des 21. September 1956 erneut Motorengeräusch vernahmen. Durch ein Wolkenfenster entdeckte der Pilot das Zelt und warf eine Tasche ab mit einer Notiz, daß in der Nagurskibucht ein zweites Flugzeug starten und versuchen werde, auf dem Gletscher zu landen, man solle schleunigst eine Start- und Landebahn vorbereiten. Wie zum Possen rückte der Nebel in dieser Zeit bald heran, bald verzog er sich wieder, und der Pilot mußte ständig über dem Lager kreisen. Endlich tauchte das langersehnte zweite, mit Kufen ausgerüstete Flugzeug auf. Trotz der schwierigen Verhältnisse setzte es auf der Gletscherkuppel geschickt auf. Bald schon befanden sich die geretteten Forscher auf dem sowjetischen Flugplatz auf Franz-Joseph-Land in Sicherheit.

Der Zeitraum von 1957 bis 1959 ist als Internationales Geophysikalisches Jahr in die Geschichte der Wissenschaft eingegangen. In seinem Programm war vorgesehen, daß auf Spitzbergen Forscher aus Schweden, Norwegen, Polen und Finnland arbeiten sollten. Am Murchisonfjord im Nordwesten von Nordostland und am Hornsund im Süden des Archipels wurden zwei große Stützpunkte für Expeditionen geschaffen. Im Norden, in Höhe des achtzigsten Breitenkreises, ließen sich schwedische Glaziologen nieder, geleitet von Professor Schütt, während im Süden eine polnische Expedition unter Professor Sedlezki arbeitete. Dort, wo sich im Vorjahr die sowjetischen und skandinavischen Wissenschaftler aufgehalten hatten, richteten die Schweden die glaziologische Station »Ahlmann« ein, benannt zu Ehren ihres berühmten Landsmanns, des Präsidenten der Internationalen Geographischen Union, der schon vor einem Vierteljahrhundert auf dem Vestfonna geforscht hatte. Übrigens wurde im Mai 1981 in der gleichen Region der Gletscherkuppe auch unsere Expedition abgesetzt; hier nahmen wir erstmalig thermische Tiefbohrungen vor.

Die planmäßige Erforschung des geologischen Aufbaus von Spitzbergen nahmen sowjetische Wissenschaftler 1962 in Angriff. Geologische Routen verlaufen an Küsten und Flußufern entlang, auf steilen Berghängen und in Gipfelregionen, in Erosionsschluchten und an anderen Stellen des Archipels, wo man den Aufbau der Erdrinde beobachten kann. Schritt für Schritt untersuchen die Geologen die Gesteinsausstriche, legen dabei in der kurzen Feldsaison ohne Weg und Steg Hunderte von Kilometern zurück. Vor Einbruch der Polarnacht kehren sie dann in ihre Basis nach Barentsburg zurück, schicken die Gesteinsproben nach Leningrad, wo sie sorgfältig geprüft werden. Auf Grund dieses Materials wird eine geologische Karte erarbeitet, mit deren Hilfe man die Vorräte an Bodenschätzen auf dem Archipel beurteilen kann. Geologische Forschungen werden hier alljährlich auch von Dutzenden ausländischen Expeditionen angestellt.

Die erste sowjetische Glaziologenexpedition machte sich 1965 an die Erforschung der Gletscher Spitzbergens. Über ihre Arbeit und die anderer Glaziologen soll hier berichtet werden, das aber ist undenkbar, ohne daß man von der Geschichte und Natur Spitzbergens, seinen Bergwerken und Siedlungen erzählt.

Land des brennenden Steins

Den Geologen verdanken wir unsere Kenntnis von Spitzbergens reichen Vorkommen an hochwertiger Steinkohle. In Jahrmillionen hat die Natur darin einen riesigen Vorrat an Sonnenwärme längst vergangener Zeiten gespeichert. Norwegische Fachleute schätzen die hiesigen Kohlevorkommen auf etwa acht Milliarden Tonnen. Das Hauptrevier befindet sich im zentralen Teil von Westspitzbergen, hier liegen auch heute alle in Betrieb befindlichen sowjetischen und norwegischen Gruben. Die abbauwürdigsten Vorkommen stammen aus dem Tertiär.

In Pyramiden fördern die Bergleute aber Kohle, die bereits im Karbon, also vor mehr als zweihundert Millionen Jahren, entstanden ist. Hier hat man in der Flözen versteinerte Pflanzen gefunden, unter anderem baumartige Farne. Im Unterschied zu Pyramiden findet man in Barentsburg, Longyear und Sveagruva die versteinerten Stämme von Bäumen, die vor nur ein paar Dutzend Millionen Jahren dort wuchsen.

In der ersten Hälfte des Tertiärs rauschte das Meer dort, wo heute auf dem Archipel zahlreiche spitze, von Gletschern und Schneekappen gekrönte Berge aufragen, hier lagerte es Sedimentschichten von mehreren hundert Metern Mächtigkeit ab. Später erfolgte eine Hebung des festen Landes, dessen Aussehen sich von dem heutigen allerdings grundlegend unterschied, herrschten doch damals Grüntöne vor, von üppigen Laubwäldern hervorgerufen, in denen neben Eiche, Ahorn, Esche und Buche aber auch wärmeliebendere Bäume wuchsen: Magnolie, Sumpfzypresse, Platane und die riesige Sequoie. Die Reste dieser Vegetation zeugen davon, daß das Klima zu jener Zeit wesentlich wärmer und feuchter gewesen sein muß als heute.

Vor etwa drei Millionen Jahren erfuhr das Klima der nördlichen Halbkugel einschneidende Veränderungen. Luft- und Wassertemperaturen sanken merklich ab, der Wald wich der Tundra mit ihren zwergwüchsigen Pflanzen, Moosen und Flechten. Besonders weit breitete sich die Vergletscherung vor mehreren hunderttausend Jahren aus. Damals bildeten sich Eisschilde riesigen

Ausmaßes, die bis in die gemäßigten Breiten Eurasiens und Nordamerikas vordrangen. Auch große Teile von Spitzbergen waren von Eis überzogen. Im Laufe der Jahrtausende wichen sie bald zurück, bald rückten sie erneut vor.

Daß es auf Spitzbergen Kohle gibt, die stellenweise sogar zutage ausstreicht, erfuhr man erstmalig schon zu Beginn des 17. Jahrhunderts. 1610 landete nämlich der englische Walfänger John Pool an der Südküste der Kingsbay (Kongsfjord) und stieß hier ganz zufällig auf Kohle, die ein Bach an die Küste geschwemmt hatte. Der findige Seemann nutzte sie gleich an Ort und Stelle zum Trankochen. Der industrielle Abbau der hiesigen Kohlevorkommen setzte jedoch erst dreihundert Jahre später ein.

Den ersten Versuch unternahmen an der Wende zum 20. Jahrhundert die Norweger. Sie riefen zwei Aktiengesellschaften für Kohleabbau ins Leben:»Trondheim–Spitzbergen« und»Bergen–Spitzbergen«. Aus Geldmangel mußte die Trondheimer Gesellschaft schon 1904 ihre Parzelle an der Westseite des Adventfjords an den amerikanischen Unternehmer John Longyear verkaufen, der in Boston eine Arktische Kohlegesellschaft gründete, eine Gruppe von Arbeitern anwarb und sie nach Spitzbergen schaffte. 1906 war hier der Ausbau von Bergwerk und Siedlung beendet, die beide nach dem Besitzer benannt wurden: Longyear City. An einem hohen Steilhang wurde der erste große Schacht in Betrieb genommen, der industriemäßige Abbau von Kohle begann. Unter den ersten Bergleuten befanden sich Norweger, Engländer, Schweden und Finnen, die teilweise nicht die geringste Ahnung von der Arbeit in einer Grube hatten.

Die nach Europa exportierte Kohle rief dort eine echte Sensation hervor. Erneut überschwemmten, wie schon im 18. Jahrhundert, alle möglichen Expeditionen den fernen Archipel, organisiert von verschiedenen Gesellschaften oder auch von Privatpersonen. Sie alle hatten nur den einen Zweck – die Inbesitznahme von Landparzellen und deren Markierung.

Fridtjof Nansen, der im Sommer 1912 hier weilte, erwähnt in seinem Buch über Spitzbergen, wie norwegische Bergleute, die für die amerikanische Gesellschaft Kohle förderten und mit den Zuständen im Schacht unzufrieden waren, zu streiken begannen. An der Kohlepier von Longyear City lag gerade ein Charterschiff, das eiligst beladen werden sollte. Der »nördlichste Streik der Welt« endete recht ungewöhnlich: Die amerikanischen Grubenbesitzer beförderten auf ebendiesem Schiff statt Kohle die streikenden Arbeiter nach Europa.

Acht Jahre lang beutete John Longyear seine Grube aus, dann verkaufte er sie gewinnbringend weiter an die »Store Norske Spitzbergen Kull Comp. A/S«, die sie heute noch besitzt. Die neuen Herren übersetzten das Wort City aus dem Englischen ins Norwegische, und so wurde aus Longyear *City* Longyear*byen*, oft aber sagt man einfach Longyear.

Der norwegische Unternehmer Christian Anker rammte 1909 an der Ostküste des Grönfjords (er hieß damals noch Green Harbour, »Grüner Hafen«) seinen Markierungspfahl in den Boden. Auf dem daran angenagelten Brett stand geschrieben, daß er hier Kohle gefunden habe und so seine Eigentumsrechte auf diese Parzelle nahe der Bucht geltend mache. Übrigens ging Ankers Aktiengesellschaft »Zukunft« trotz ihres verheißungsvollen Namens bald pleite, und die Parzelle erwarben russische Unternehmer, danach wieder norwegische und Ende des ersten Weltkriegs holländische. Die Landsleute von Willem Barents benannten die Grube nach diesem großen Entdecker.

Auf der flachen, sanft zur Südküste des Kongsfjords (oder der Kingsbay, wie man ihn damals nannte) hin abfallenden Ebene begannen 1909 die Norweger auf der Suche nach Kohle mit der geologischen Erkundung. 1917 nahm die Kingsbay-Kohle-Gesellschaft den Ausbau der nahe dem 79. Breitenkreis gelegenen nördlichsten Kohlengrube der Welt in Angriff und benannte diese nach dem kleinen, aber sehr malerischen Fischerstädtchen Ålesund, das etwa sechzehn Grad südlicher als das spitzbergensche Ny Ålesund liegt. 46 Jahre blieb diese Grube in Betrieb, bis die norwegische Regierung sich 1963 gezwungen sah, sie zu schließen, da öfter Stollen einstürzten und Methangasexplosionen erfolgten, die zahlreiche Unglücksfälle hervorriefen.

Ny Ålesund gegenüber liegt eine relativ kleine gebirgige Halbinsel, die nach dem schwedischen Geologen und Chemiker Christian

Blomstrand benannt ist. Dieser war es, der 1861 dort einige Kohlenflöze entdeckte, als er die Südküste der Bucht untersuchte. Über der Halbinsel ragt ein Berg auf, der aus siebenfarbigem Marmor besteht. Anfang des 20. Jahrhunderts gründeten Engländer eine Aktiengesellschaft, die diesen abbauen sollte, und an der Küste der Marmorbucht entstand eine kleine Siedlung mit dem hochtönenden Namen »London«. Da aber das hübsche Gestein stark von Spalten durchzogen war, ging die Gesellschaft sehr schnell wieder pleite. Als ich unlängst diesen ehemaligen Marmorbruch aufsuchte, sah ich noch umgekippte Loren, eine verrostete Lokomobile, aufgeweichten Sprengstoff, Winden am Rand des Abbaus und andere Ausrüstung, die von den Engländern 1906 hierher geschafft worden war.

Außer Unternehmern aus den USA, Norwegen und England interessierten sich für die Kohle Spitzbergens Anfang unseres Jahrhunderts auch noch andere Länder. So riefen die Schweden 1910 eine eigene Aktiengesellschaft ins Leben, die sie »Eisfjord-Bellsund« nannten. Anfang des ersten Weltkrieges sicherten sie sich eine Parzelle in der Braganzabucht an der Nordseite des inneren Van-Mijen-Fjords. Hier befindet sich ein sehr ergiebiges Kohlevorkommen, dessen Flöze in siebzig bis achtzig Meter Höhe ausstreichen. 1917 eröffneten die Schweden hier die Sveagruva (»Schwedengrube«) und begannen mit der Kohleförderung.

Zu Beginn unseres Jahrhunderts benötigte der Norden Rußlands dringend Kohle, daraus erklärt sich das Interesse, das auch russische Unternehmer in jener Zeit an Spitzbergen hatten. Eine erste Expedition – sie trug privaten Charakter – wurde 1911 mit Billigung der Regierung unternommen, endete aber mit einem Mißerfolg: Das Segelschiff »Jacques Cartier« geriet vor der Küste Norwegens in einen heftigen Sturm und wurde auf die Felsen geschleudert. Zu den Teilnehmern dieser mißglückten Expedition gehörte übrigens auch der damals dreißigjährige Bergingenieur Rudolf Samoilowitsch, der spätere erste Direktor des Wissenschaftlichen Instituts für die Erforschung des Nordens (später umbenannt in Arktisinstitut). Es war dies seine erste Arktisfahrt. Von jener Zeit an hat er sich bis an sein Lebensende fast jedes Jahr in hohen Breiten aufgehalten.

Eine Gruppe Petersburger und Archangelsker Unternehmer gründete Ende 1912 eine Genossenschaft namens »Grumant« – Handelshaus A. G. Agafelow & Co. Personen, die ihr beitraten, bestätigte die Bergbehörde die Eigentumsrechte an den seinerzeit von Russanow – über ihn wurde schon berichtet – entdeckten Kohlevorkommen. Dieses staatliche Unterstützung genießende Privatunternehmen sollte die Kohle fördern und absetzen. 1913 begab sich eine von der Genossenschaft »Grumant« ausgerüstete und von Samoilowitsch geleitete neue russische Geologenexpedition nach Spitzbergen, errichtete auf dem Steilufer der Colesbucht ein Haus und hißte die russische Flagge. Diese große Hütte hat sich übrigens bis heute erhalten, sie birgt jetzt das Russanow-Museum. Die von Samoilowitsch angestellten Untersuchungen bewiesen ein weiteres Mal, daß die hiesigen Vorkommen industrielle Bedeutung hatten.

Die Hälfte der während der Erkundungsarbeit geförderten Kohle (rund 80 t) nahm man noch im gleichen Herbst mit in die Hauptstadt. Im Hafen von Petersburg kam es in diesem Zusammenhang zu einem komischen Zwischenfall: Die Behörden verlangten, daß für die Einfuhr der Kohle aus dem Ausland Zoll zu zahlen sei. Vergebens bemühten sich die Seeleute, ihnen begreiflich zu machen, daß es sich um russische Kohle handele, nur eben auf Spitzbergen, in der Arktis gefördert. Man verlangte die Vorweisung eines Dokuments, dem zufolge man diese unglückselige Kohle in einem russischen Hafen geladen habe. Natürlich konnte es ein solches Dokument gar nicht geben aus dem einfachen Grund: Der Archipel gehörte ja niemandem. Schließlich entschieden sich die Behörden für einen Kompromiß – man möge eine polizeiliche Bescheinigung vorlegen, daß alles rechtens zugegangen sei. Aber auch dies war nicht möglich, weil es auf Spitzbergen ja gar keine Polizei gab. Dies löste bei der Hafenbehörde eine völlige Verwirrung aus, und letztlich erklärte sie, »so etwas gebe es auf der Welt nicht und könne es auch gar nicht geben«!

Die in Rußlands Hauptstadt angestellten Analysen bestätigten, daß die Steinkohle von Spitzbergen qualitätsmäßig den besten Sorten »schwarzen Goldes« vom Festland in keiner Weise nachsteht. In den folgenden zwei Jahren setzte die Genossenschaft

»Grumant« ihre Erkundung der Kohlevorkommen auf dem Archipel fort; die Arbeiter überwinterten in der Colesbucht.

Agafelow und seine Teilhaber traten ihr Unternehmen auf Grumant 1918 an einen russischen Geschäftsmann, einen Ingenieur, ab mit der Bedingung, daß die Genossenschaft ein Drittel der Aktien der künftigen Aktiengesellschaft erhalte. Im folgenden Jahr nahm eine Gruppe russischer Unternehmer (ein Teil von ihnen war nach England emigriert) die Kohleförderung in der Colesbucht auf. 1920 äußerten der englische Großkapitalist Stamp und seine Teilhaber den Wunsch, sich am Abbau des Vorkommens auf Grumant zu beteiligen, und so wurde 1923 eine gemischte Anglo-Russische Gesellschaft (Anglo-Russian Grumant) gebildet. Die Kohleförderung erhöhte sich zwar, blieb aber mit nur neuntausend Tonnen jährlich doch verschwindend gering.

Nach dem ersten Weltkrieg und dem Bürgerkrieg brauchte der Norden der Sowjetunion, insbesondere die Industrie und die Flotte in Archangelsk und Murmansk, dringend Kohle. Es war jene Zeit, in der Lenin die Kohle als »Brot der Industrie« bezeichnete. 1923 erwarb der sowjetische staatliche Trust »Seweroles« daher einen Teil der Aktien der Anglo-Russischen Grumant-Gesellschaft, und bald erreichte die Kohleförderung zwanzigtausend Tonnen im Jahr, doch auch das war noch zu wenig. Die Förderung in Grumant mußte wesentlich gesteigert werden, auch galt es neue Kohlenreviere zu erschließen.

1927 wurde der Trust »Seweroles« Eigentümer der Parzelle »Pyramiden« unmittelbar am Ende des Eisfjords. Schon im folgenden Jahr begab sich die erste sowjetische geologische Expedition nach Spitzbergen, geleitet von Professor Ipatow. Sie sollte den Zustand der Grube Grumant überprüfen und bestimmen, ob es zweckmäßig sei, dieses Vorkommen für die Sowjetunion zu erwerben.

Den Teilnehmern der Expedition bot sich ein wenig erfreuliches Bild. Grumant hatte weder eine Pier noch einen bequemen Hafen. Etwa fünfundzwanzig Meter über der Bucht lag eine kleine Terrasse, die steil zur Bucht abfiel und auf den übrigen drei Seiten von Steilhängen eingeschlossen war. Hier lag die winzige Siedlung mit dem anspruchsvollen Namen Grumant

City. Diese »City« bestand aus einem eingeschossigen Haus, einem Blechschuppen mit einem Dieselaggregat und zwei winzigen Hüttchen. Dennoch hielt man es für zweckmäßig, der Gesellschaft »Anglo-Russian Grumant« die restlichen Aktien abzukaufen. So wurde 1931 die Grube Grumant alleiniges Eigentum der Sowjetunion. Der Oktober des gleichen Jahres brachte ein weiteres wichtiges Ereignis – »Arktikugol« wurde gegründet, ein staatlicher Trust zur Förderung und zum Absatz von Kohle und anderen Bodenschätzen auf den Inseln und an der Küste des Nördlichen Eismeeres. Und diesen Trust beauftragte die Regierung der Sowjetunion mit der Kohleförderung auf Spitzbergen. 1932 erwarb »Arktikugol« auch die Grube Barentsburg, die vorher einer niederländischen Gesellschaft gehört hatte. Die Holländer hatten gehofft, hier Kohle bis ins 21. Jahrhundert fördern zu können, doch die Ende der zwanziger Jahre herrschende Weltwirtschaftskrise zwang sie, die Grube zunächst zu schließen und dann zu verkaufen. Und gleichzeitig übernahm »Arktikugol« von den Holländern noch ein weiteres Fördergebiet – »Boheman-Tundra» – an der Nordküste des Eisfjords. Damit war der sowjetische Kohletrust 1932 Eigentümer von 27 Parzellen mit einer Gesamtfläche von 251 Quadratkilometern.

Im gleichen Jahr trafen in Barentsburg die erwähnten beiden sowjetischen Schiffe ein und brachten über dreihundert Fachleute, die hier sogleich an die Wiederherstellung des 1926 stillgelegten Bergwerks gingen. Nach nur wenigen Monaten hatte Barentsburg sich völlig verändert. Die Grube war vom Eis befreit, Gleise waren verlegt, die verschütteten Strecken neu befestigt, ein Hochspannungsnetz wurde installiert. Tausende Kubikmeter Beton hatte man für die Anschlußgleise zu den Kränen und zum Mundloch des Stollens vergossen, eine Kantine gebaut und ein Wohnheim für die Bergleute, die Montage des Verladekrans energisch vorangetrieben. Am 7. November 1932, dem 15. Jahrestag der Oktoberrevolution, konnten die sowjetischen Bergarbeiter die Grube in Betrieb nehmen.

Zu einer stabilen Kohleförderung brauchte Barentsburg aber dringend zusätzliche Arbeitskräfte, Anlagen und Material. Deshalb entsandte die Sowjetunion am 21. Dezember 1932 von Murmansk aus die beiden Eisbrecher »Malygin« und »Georgi Sedow« nach Spitzbergen, die eine große Gruppe Bergleute sowie die benötigte Technik, Material, Ersatzteile, Fleisch und Gemüse bringen sollten. Am 24. Dezember glaubten sie sich schon am Ziel, da hinderten heftiger Sturm und Schneetreiben vier Tage lang die Eisbrecher daran, in den Eisfjord einzufahren. Damals gab es auf Kap Linné und auf der kleinen Insel Festningen noch keine Leuchttürme. Auch Sterne waren nicht sichtbar, so daß man den Standort nicht bestimmen konnte. Nach langem Zögern beschloß der Kapitän der »Malygin«, der den Eisfjord bisher nur vom Sommer her kannte, doch nach Barentsburg zu fahren. Er nahm Funkverbindung mit der Grube auf und bat, man möge Leute ausschicken, die an der Einfahrt in den Eisfjord und den Grönfjord Feuer anzünden sollten. Man antwortete, der Grönfjord sei mit Treibeis verstopft, man könne nicht auf das andere Ufer übersetzen.

Nach einiger Zeit bemerkten die Seeleute Feuer, die man für die Lichter der Grubenpier hielt. Man konnte ja nicht wissen, daß die Barentsburger doch auf das gegenüberliegende Ufer des Grönfjords gelangt waren und nicht weit von der Einfahrt Feuer entzündet hatten. Der Kapitän, der mit so einer »Falle« nicht rechnete, steuerte die »Malygin« mit kleiner Fahrt auf die Feuer zu, aber sehr rasch geriet der Dampfer auf Grund. Zwar kam er bald wieder frei, doch drang in die zweite Schotte und in den Maschinenraum Wasser ein. Der Kapitän mußte das Schiff erneut auf Grund setzen, und die »Malygin« saß nun ein zweites Mal, diesmal aber für lange, auf den Felsbänken fest. Um eine Explosion zu vermeiden, löschte man die Feuer unter den Kesseln. In aller Ruhe brachte man die Passagiere in Schaluppen an Bord der »Sedow«.

Am 9. Januar 1933 meldete TASS: »In letzter Minute! Eisbrecher ‚Lenin‘ mit ‚Ruslan‘ im Schlepp aus Murmansk nach Spitzbergen ausgelaufen.« Der Hafenschlepper »Ruslan« war an sich für Fahrten auf hoher See nicht geeignet, doch nur dieser leichte kleine Dampfer konnte sich der »Malygin« nähern und sie retten, ohne fürchten zu müssen, selbst auf Grund zu laufen.

Nach fünf Tagen liefen die Schiffe in den Eisfjord ein. Zwei

Wochen lang dauerte der Kampf zur Rettung der »Malygin«, doch Kräfte und Mittel reichten nicht aus. Die Arbeit mußte eingestellt, das beschädigte und gehobene Schiff am alten Platz wieder auf Grund gesetzt werden. Die »Lenin« und die »Ruslan« blieben in Spitzbergen, die Expeditionsleitung aber kehrte nach Murmansk zurück. Dort wurde beschlossen: »Arbeit fortsetzen. Die ‚Malygin‘ muß gehoben werden.« Die Regierung ordnete an, mit der »Sedow« eine neue Rettungsexpedition auf den Archipel zu senden. Ihr gehörten Taucher, Maschinisten, Takeler und die Schiffsbesatzung an – insgesamt fünfzig Mann.

Der Grönfjord war durch kompaktes Eis verschlossen. Hinter dem Eisbrecher »Lenin« lief die »Sedow« Barentsburg an. Folgendermaßen beschreibt der bekannte Schriftsteller Sokolow-Mikitow, der an der Expedition teilnahm, jenen Augenblick: »Auf den ersten Blick kam einem die von brodelndem Leben erfüllte kleine Siedlung inmitten der weißen öden Berge und der unberührten Schneemassen recht ungewöhnlich vor. Auf dem hohen, mit einem Schneeschleier verhüllten Ufer zählten wir an die drei Dutzend aus der Ferne wie Spielzeug anmutende Häuschen mit spitzen Dächern. Auf dem blendenden Weiß des Schnees zeichnete sich jede Einzelheit deutlich ab. Von ferne konnte man erkennen, wie die Leute zur Anlegestelle strömten. Wie schwarze Pünktchen kamen sie von dem schneebedeckten Hochufer heruntergerollt, rannten übers Eis dem sich nähernden Schiff entgegen. Auf dem weißen Schneetuch rund um das Städtchen lag als grauer Anflug vom Winde fortgewehter Kohlenstaub. Die Siedlung wirkte wie ein Ameisenhaufen, auf dem aufgescheuchte Ameisen in alle Richtungen hasteten... Dicht gedrängt standen die Menschen am Ufer, um die ‚Sedow‘ zu begrüßen. Auf den vom Wind geblähten roten Stoffbahnen der Spruchbänder über der Menge waren Grußworte zu lesen... Schon während des Anlegemanövers hörte man ungeduldige Rufe vom Ufer: ‚Habt ihr Briefe mit?‘ – ‚Ja, haben wir!‘ – ‚Wir haben schon ewig keine Zeitung mehr gelesen, habt ihr Zeitungen mit?‘ – ‚Ja, auch Zeitungen!‘

Die ‚Sedow‘ löscht ihre Ladung, wir aber gehen an Land und steigen, von der Menschenmenge umringt, auf einem glatten Trampelpfad durch den Schnee bergan.«

Am gleichen Tag noch begab sich die Rettungsmannschaft auf der »Ruslan« zur »Malygin«. Die lag auf der linken Seite inmitten von Schnee und Eis. Schnee und Eis waren auch in das Schiffsinnere gedrungen, hatten Messe, Kombüse und Korridore verstopft. Allmählich kam wieder Leben in den toten Dampfer, der eigentliche Kampf um seine Rettung begann.

Elf Tage lang lebten und arbeiteten die Männer unter unmenschlichen Bedingungen, schliefen in vereisten Kojen, von deren abtauender Decke kalte Tropfen herabfielen, begnügten sie sich mit gekürzten Brotrationen. Weder der grimmige Frost noch die nicht nachlassenden Winde konnten die heldenhafte Arbeit des Bergungstrupps aufhalten.

Die Presse des Auslands glaubte nicht an einen Erfolg des Unternehmens und prophezeite ein Mißlingen des »neuen bolschewistischen Abenteuers«. Doch unsere Landsleute siegten: Am 24. März wurde die »Malygin« gehoben, die »Ruslan« schleppte sie von dem Felsen weg, und anschließend bugsierte die »Lenin« das gerettete Schiff nach Barentsburg. Ein unglaublicher Rekord war aufgestellt, noch nie war ein Schiff unter so schwierigen Umständen und dabei so rasch gehoben worden.

Der Bergungsexpedition stand jetzt eine neue schwere Aufgabe bevor: die »Malygin« der unlängst geschaffenen Hauptverwaltung für den Nördlichen Seeweg zu unterstellen. Dazu mußte in erster Linie ihre bei der Havarie verlorene Seetüchtigkeit wiederhergestellt werden. Zunächst flickte man das Leck im Schiffskörper, anschließend richtete man diesen auf...

Am 2. April wurde in der Messe des Eisbrechers »Lenin« eine einzige Frage diskutiert – kann die havarierte »Malygin« selbständig, ohne Eisbrecherhilfe, den Ozean überqueren? Aus Moskau war nämlich Anweisung ergangen, die »Lenin« solle sich nach Archangelsk begeben, um einen im Eis der Nördlichen Dwina eingekeilten Dampfer herauszuholen. So verließ am folgenden Morgen der Eisbrecher Barentsburg, und neun Tage später verabschiedete das gesamte Bergwerk auch die »Malygin«. Spät in der Nacht legte das Schiff ab, in seinem Kielwasser folgte ihm die kleine »Ruslan«. Hier schon begann ein harter Kampf mit dem Eis. Kaum hatten die Schiffe das offene Meer erreicht, da brach ein fürchterlicher

Sturm los. Beim Schlingern drang viel Wasser in die Laderäume ein, die verschmutzten Pumpen aber funktionierten nicht. Da faßte der Kapitän den vernünftigen Entschluß, unverzüglich nach Barentsburg zurückzukehren. Kaum waren sie aber in den Eisfjord eingefahren, ließ der Dampfdruck in den Kesseln der »Malygin« nach, die Maschine mußte gestoppt werden. Die kleine »Ruslan« nahm das havarierte Schiff ins Schlepp.

»Der Hinkende führt den Lahmen«, scherzte jemand auf der »Malygin«. Als das Schlingern nachließ, sammelte sich wieder Dampf in den Kesseln. Der Expeditionsleiter schickte einen Funkspruch nach Moskau mit der Bitte, den Eisbrecher »Krassin« zu schicken, der gerade erst von Nowaja Semlja zurückgekehrt war. Die »Malygin« besaß nämlich keine Funkstation. Für die Überführung wurde ein Eisbrecher benötigt, auch die »Ruslan« brauchte ja einen verläßlichen Geleitschutz.

Am Abend des 21. April tauchten die beiden riesigen Schornsteine der »Krassin« auf, die das halbmeterdicke Eis des Grönfjords mit Leichtigkeit zertrümmerte, sich rasch Barentsburg näherte und neben der »Malygin« festmachte.

Auf der »Malygin« wurden eine Funkstation installiert, die Dampfpumpe repariert, zusätzliche Versteifungen in den Laderäumen angebracht und sorgfältig alle Lecks verstopft. Nach einem neuen Plan sollte das Schiff nunmehr selbständig nach Murmansk fahren, die »Ruslan« aber in Begleitung der »Krassin«.

Unmittelbar vor dem Auslaufen traf unerwartet ein Funkspruch vom Direktor der norwegischen Grube Longyearbyen ein, worin dieser dringend bat, man möge ihnen einen Eisbrecher schicken, der das Eis im Adventfjord aufbrechen sollte. Schon zweieinhalb Stunden später lief die »Krassin« in den Adventfjord ein.

Nach getaner Arbeit bunkerte der Eisbrecher Kohle. Sämtliche Bewohner der norwegischen Siedlung kamen an Bord, denn der Name dieses berühmten sowjetischen Schiffs war nach den tragischen Ereignissen im Zusammenhang mit der Suche nach der verschollenen Nobile-Expedition hier gut bekannt. Von der »Malygin« ging ein Funkspruch ein, der mitteilte, man sei ins offene Meer ausgelaufen und bitte, ihr zu folgen. Gegen ein Uhr nachts verließ die »Krassin« Longyearbyen. Das Wetter verschlechterte sich zusehends – heftiger Schneefall, starker Wind, ein Schneesturm kündigte sich an. Mit Mühe erreichte man den Grönfjord, da entschied der Kapitän, das Schiff nicht zu gefährden und Wetterbesserung abzuwarten. Und diese Entscheidung war richtig. Allerdings hatte sich damit der Plan, gemeinsam mit der »Ruslan« zu fahren, schon beim Verlassen Spitzbergens zerschlagen.

Als die »Malygin« und die »Ruslan« aus dem Eisfjord ausliefen, verloren sie sich aus den Augen. Und ein Unglück kommt selten allein – auf der »Malygin« riß die Antenne, die Funkverbindung war unterbrochen. Am Morgen des 25. April erreichte auch die »Krassin« das offene Meer. Kurz zuvor hatte ihr Funker noch eine Mitteilung von der »Ruslan« empfangen, die besagte, das Schiff sei in Seenot geraten. »Kein Dampf in den Kesseln, Maschine steht, kämpfen gegen Vereisung und Krängung, bitten um Hilfe...« Augenzeugen haben erzählt, daß die »Krassin« sich in dem aufgewühlten tosenden Ozean buchstäblich in wenigen Augenblicken in einen riesigen Eisblock mit hohen schwarzen Schornsteinen verwandelt habe. Da kann man sich vorstellen, was in diesen Minuten mit der winzigen »Ruslan« geschehen sein mochte!

Der völlig vereiste kleine Dampfer konnte seinen Standort nicht genau bestimmen, da die Sonne nicht zu sehen war. Der im Funkspruch genannte Punkt lag ... an der Küste! Windstärke 10 und Schneestürme erschwerten der »Krassin« die Suche nach dem in Seenot geratenen Schiff ganz ungemein, das sich übrigens, wie sich später herausstellte, zu dieser Zeit nur etliche Dutzend Meilen südlicher befand.

Aus Funksprüchen konnte man entnehmen, wie bedrohlich die Lage war, in der Schiff und Besatzung sich befanden. »Wasser in den Maschinenraum eingedrungen, Kessel überflutet, schöpfen mit Eimern.« ... »Sehen keine Leuchtkugeln. Werden uns nicht mehr lange über Wasser halten. Senden letzten Gruß« ... »Maschine steht, haben nur noch Notaggregat. Nutzen Geber, solange Lichtmaschine noch arbeitet. Von eurer Findigkeit hängt Rettung der 22 Mann Besatzung ab. ,Ruslan'« ... »An Frau Kljujewa, Solombala, Lewatschow-Straße 68. Erzieh mir den Jungen gut... Konnte dir nicht mehr vom Leben geben, verzeih. Dein Wassja«...

Und noch ein Funkspruch, an den Kapitän der »Krassin« und an den der »Malygin« gerichtet: »Unsere letzten Minuten sind angebrochen. Gruß an das ganze Arbeitskollektiv. Den Leuten der ‚Malygin‘ unseren letzten Gruß«...

Nach wie vor vermochte die Besatzung der »Krassin« in der finsteren Hölle des aufgewühlten Meeres nichts zu erkennen; immer schlechter waren die Funkzeichen des sinkenden Schiffes zu hören. Nach Mitternacht fing man nur noch drei Wörter auf: »Lassen Boote hinunter...« Danach schwieg der Äther. An die Möglichkeit, bei einem derartigen Wetter sich in Booten retten zu können, glaubte kaum einer. Doch sechs Tage später bemerkte man von einem norwegischen Fangschiff aus, das auf der Heimfahrt von Grönland ganz zufällig in die Gewässer um Spitzbergen geriet, eines der beiden von der »Ruslan« ausgesetzten Rettungsboote. Dadurch konnten drei Leute der Besatzung gerettet werden (die anderen neun Mann, die mit ihnen in dem Rettungsboot gesessen hatten, waren unterwegs erfroren). Über das Schicksal des zweiten Rettungsbootes ist nichts bekannt geworden, die Leute, die sich darin befunden hatten, sind wahrscheinlich umgekommen. Die Norweger schafften die Schiffbrüchigen nach Tromsø, wo bei zwei von ihnen erfrorene Füße und Finger amputiert werden mußten.

Die Rettung der »Malygin« war also teuer erkauft worden: Im Kampf gegen die rauhen Elemente der Arktis waren der Hafenschlepper »Ruslan«, der bei der Bergung der »Malygin« so treue Dienste geleistet hatte, und mit ihm neunzehn Mann der Besatzung untergegangen.

Die havarierte »Malygin« erreichte nach schwerer Fahrt durch stürmisches Meer am 27. April glücklich Murmansk. Die Heldentat des Bergungstrupps und die Tragödie der »Ruslan« sind für immer in die Geschichte der Polarschiffahrt eingegangen.

Barentsburg, jetzt sowjetische Kohlengrube, erhöhte rasch das Produktionstempo. In der Siedlung wurde lebhaft gebaut. Ausgezeichnetes Baumaterial ergab der im Kraftwerk anfallende Schlamm, den man mit Zement und Kohlengrus mischte. Die aus diesem Gemisch gepreßten Ziegel verwandte man für den Bau einer neuen

Kantine, von Wohnhäusern und Speichern. 1935 bewohnten bereits 1200 Menschen die Bergarbeitersiedlung.

Im folgenden Jahr war zweierlei für Barentsburg bedeutsam: In der Kohleförderung überholte es mit Abstand alle übrigen Gruben auf dem Archipel, und die erste Grundschule wurde in der Siedlung eröffnet. 1936 war von sechzig Kindern, die hier überwinterten, die Hälfte bereits auf Spitzbergen geboren.

Die sowjetischen Gruben Barentsburg und Grumant gewannen für die Kohleversorgung des Nordens der Sowjetunion und der Arktisflotte in der Vorkriegszeit entscheidende Bedeutung. Damals entfielen auf diese bei den Gruben 400 000 Tonnen Kohle jährlich bei einer Gesamtförderung von 600 000 bis 650 000 Tonnen auf dem Archipel.

Anfang 1940 beendete die kleine »Georgi Sedow« ihre 27 Monate währende berühmte transarktische Eisdrift. Schon im Oktober 1937 war das Schiff in der Nähe der Neusibirischen Inseln vom Eis eingeschlossen worden. Mit der Meeresströmung gelangte die »Sedow« im Arktischen Ozean bis in das Gebiet des Nordpols. Die von den Teilnehmern der ungewöhnlichen Drift angestellten Beobachtungen bereicherten die Wissenschaft um neue wertvolle Erkenntnisse über die Natur dieses riesigen, noch wenig erforschten Gebiets der Erde.

Im Dezember 1939 war das Flaggschiff der sowjetischen Eisbrecherflotte, die »Stalin«, nach Spitzbergen ausgelaufen, sie sollte der »Sedow« zu Hilfe kommen. Chef dieser Rettungsexpedition war der berühmte Iwan Papanin, der bereits die Driftstation »Nordpol 1« geleitet hatte. Bald trafen die beiden sowjetischen Schiffe im arktischen Eis aufeinander, und damit fand am 13. Januar 1940 die Drift der »Sedow«, die 812 Tage gedauert hatte, ihren Abschluß. Am 21. Januar lief der Eisbrecher die Pier von Barentsburg an, um Kohle an Bord zu nehmen.

In Europa war inzwischen der zweite Weltkrieg entbrannt, dessen Widerhall immer deutlicher auch in der Arktis zu hören war. Deshalb fuhren die »Stalin« und die »Sedow« mit gelöschten Positionslichtern und verhängten Bullaugen von Barentsburg nach Murmansk. Am 22. Juni 1941 gelangte dann die Kunde vom wortbrüchigen Überfall Hitlerdeutschlands auf die Sowjetunion durch den Äther auch zu den sowjetischen Kohlengruben auf Spitzbergen.

In jenen bedrohlichen Junitagen riß die Verbindung mit dem Festland ab. Meldungen über die Geschehnisse an der Front erhielten die Funker von der Polarstation auf Franz-Joseph-Land. Häufig überflogen faschistische Flugzeuge die sowjetischen Gruben, doch die Kohleförderung in Barentsburg und Grumant wurde nicht eingestellt. Die von der Heimat abgeschnittenen zweitausend Poljarniki von »Arktikugol« versahen weiterhin ihre harte Arbeit und bereiteten sich gleichzeitig zur Verteidigung vor. Alle Frauen und Kinder schaffte man in die entlegenste Grube Pyramiden, die zu jener Zeit gerade erst angelegt wurde. Man bildete Gruppen für die Verteidigung, versah sie mit Sprengstoff und selbstgefertigten Granaten. Jeder Poljarnik erhielt eine eiserne Ration für zwei Wochen. Zur Einfahrt in den Eisfjord schickte man zwei Funker, die der Grube zu melden hatten, wenn sich Schiffe näherten.

Sowohl Barentsburg als auch Grumant boten in militärischer Hinsicht gute Zielscheiben für die Faschisten, waren sie doch völlig wehrlos. Jeden Augenblick konnte der Feind auf der Insel erscheinen. Deshalb beschloß man, einen Teil der vorhandenen Lebensmittel in die Gruben zu schaffen und dort zu verstecken. Sollte ein feindlicher Landetrupp auftauchen, wollte man das Mundloch des Stollens, gelagerte Kohle, Verladeeinrichtungen und anderes in die Luft sprengen, die gesamte Bevölkerung sollte sich in die Berge zurückziehen. Die umliegenden Pässe und die wichtigsten Objekte der Gruben wurden von Posten bewacht.

Ende Juli bemerkte man von Barentsburg aus, daß Kriegsschiffe in den Eisfjord einfuhren. Eines bog in den Grönfjord ein, die übrigen setzten ihre Fahrt in Richtung Grumant und Longyear fort. In Barentsburg händigte ein dort eingetroffener englischer Offizier dem sowjetischen Konsul auf Spitzbergen einen Brief des Botschafters der UdSSR in Großbritannien, Maiski, aus. Wenige Stunden später verließen die Engländer Barentsburg wieder unter den Klängen eines Abschiedsmarsches, den das Werkorchester spielte.

Anfang August traf ein Funkspruch ein, aus dem hervorging, daß für die allernächste Zeit die Evakuierung der sowjetischen Poljarniki in einen sowjetischen Arktishafen vorgesehen war. Etwa drei Tage später flog ein sowjetisches Aufklärungsflugzeug über die Gruben hinweg, und wenige Stunden danach näherten sich englische Zerstörer der Küste des Eisfjords, die einen riesigen Dampfer mit drei Schornsteinen begleiteten – das Passagierlinienschiff »Queen of Canada«. Das Geschwader fuhr in den Grönfjord ein, wo der Dampfer mit seinem großen Tiefgang auf Reede ankerte, die Zerstörer aber die Pier von Barentsburg anliefen. Ein Vertreter der sowjetischen Botschaft in Großbritannien traf mit ihnen ein. Damit die Einschiffung möglichst schnell vonstatten ging, durften die Leute nur die nötigsten persönlichen Dinge mitnehmen. Anschließend holte das Geschwader auch die Bewohner von Grumant und Pyramiden ab. Die zwei Funker, die nicht rechtzeitig von Kap Starostin nach Barentsburg zurückgekehrt waren, ließ man auf der Insel zurück, sie wurden bei der zweiten Fahrt zusammen mit den Norwegern nach London evakuiert.

Vor der Räumung der sowjetischen Gruben wurde die im Winter 1940/41 geförderte Kohle in Brand gesetzt, damit sie nicht dem Feind in die Hände fiel, falls er Spitzbergen besetzen sollte. Die Siedlungen indessen und die dort befindlichen Vorräte an Lebensmitteln und Industriewaren blieben unangetastet, sie kamen später der norwegischen Garnison sehr gelegen, als die sich in Barentsburg einquartierte.

Nach Übernahme der Sowjetbürger nahmen die Schiffe Kurs auf Archangelsk. Bei der Bäreninsel versuchten die Faschisten, den Konvoi zu durchbrechen, um das Passagierschiff mit den vielen hundert Zivilisten, unter ihnen viele Frauen und Kinder, zu versenken. Nach heftigem Kampf gelang es, den feindlichen Angriff zurückzuschlagen und ein faschistisches U-Boot zu vernichten. Wenige Tage später betraten die Poljarniki heimatlichen Boden. Von Archangelsk aus begaben sich viele Bergleute direkt an die Front, die übrigen in Bergwerke in östlichen Landesteilen, wo man qualifizierte Kader für die Kohleförderung brauchte.

Anfang September wurden auf gleiche Weise auch die auf Spitzbergen lebenden Norweger von Engländern evakuiert; man brachte sie nach England, da Norwegen besetzt war.

Die Kontrolle über den Archipel ging nun vorübergehend an die Faschisten über. Diese legten auf der Bäreninsel einen kleinen Flugplatz an, von dem aus sie Angriffe auf Handelsschiffe flogen, die Kriegsmaterial und Lebensmittel aus England und den USA über Island nach den sowjetischen Häfen Murmansk und Archangelsk brachten. Um diesen barbarischen Überfällen zu entgehen, bemühten sich viele Geleitzüge und einzelne Schiffe, ihre Route möglichst fern von den Küsten Skandinaviens mit ihren faschistischen Stützpunkten zu wählen. Dabei gerieten sie zuweilen weit nach Norden ins Gebiet der Bäreninsel und sogar in Nähe von Spitzbergen.

Mit der Hopeninsel, die relativ nahe der Südspitze von Westspitzbergen und der Edgeinsel liegt, ist eine jener Tragödien verknüpft, die sich während des zweiten Weltkrieges in der Arktis ereignet haben. An einem Novembermorgen des Jahres 1942 wurde das große Handelsschiff »Dekabrist« (Wasserverdrängung 18 000 Tonnen), das in der Norwegischen See ohne Geleitschutz unterwegs war, von drei deutschen Torpedoflugzeugen und sieben Sturzkampfbombern angegriffen. Die »Dekabrist« erhielt ein Leck und krängte rasch nach Backbord. Der Kapitän mußte Befehl geben, das sinkende Schiff zu verlassen, und bald stießen vier Schaluppen mit achtzig Seeleuten von der Schiffswand ab. Am 15. November landeten zwei davon (die beiden anderen waren bei einem Sturm gesunken) auf der kleinen Hopeninsel. Bei einem Erkundungsgang fanden Matrosen hier ein kleines norwegisches Haus, ein Faß Benzin und einen Sack Mehl.

Die lange Polarnacht brach an. Kälte und Krankheiten verschonten nur vier Besatzungsmitglieder der »Dekabrist«: den Kapitän, den Feldscher (eine Frau) und zwei Matrosen. Der unermüdliche Kapitän bereitete sich schon im März 1943 auf die lange Fahrt nach Murmansk vor und versah dazu die Schaluppe mit einem Mast, einem Steuer und anderen Vorrichtungen. Auszulaufen gelang den Leuten aber nicht: Ein faschistisches Unterseeboot steuerte die Insel an und nahm die vier »Robinsone« gefangen. Drei von ihnen (der vierte starb noch auf dem Boot an

Skorbut) wurden nach Tromsø geschafft und von dort in ein Konzentrationslager im Nordosten Norwegens verschleppt, wo sie bei Kriegsende von der Sowjetarmee befreit wurden.

Am dreißigsten Jahrestag des Sieges über Hitlerdeutschland, 1975, liefen zwei sowjetische Schiffe die Hopeninsel an. Die »Indigirka« brachte eine Delegation der Reederei Murmansk dorthin, der kleine Schlepper »Kommunar« eine Delegation sowjetischer Bergleute aus Barentsburg und den sowjetischen Konsul auf Spitzbergen. Diese Expedition errichtete hier ein Denkmal für die 77 umgekommenen sowjetischen Seeleute der »Dekabrist«.

Im Laufe des Krieges rüsteten die Deutschen etliche Spezialexpeditionen aus, die auf dem Archipel Funk- und Wetterstationen errichten sollten. Personal und Ausrüstung dafür wurden mit U-Booten herangeschafft. Außerdem legten sie an der Küste und in den küstennahen Gewässern verankerte automatische Stationen an. Auf diese Weise erhielten sie ständig Informationen über die meteorologischen Bedingungen im Gebiet Spitzbergens, die sie für die Wetterprognosen in Europa und im Nordatlantik brauchten.

Als wir Mitte der sechziger Jahre im Adventtal unweit von Longyear arbeiteten, stießen wir eines Tages auf die Trümmer eines zweimotorigen Kampfflugzeuges mit Hakenkreuz. Hier hatten die Faschisten im Kriege einen Grundflugplatz gehabt, der bis heute von den Norwegern für kleine Flugzeuge genutzt wird. Zunächst war eine kleine Abteilung von Deutschen in der Nähe des zerstörten Longyear gelandet, doch norwegische Luftlandetrupps griffen sie mehrmals aus Richtung Barentsburg an. Unweit der Endmoräne des Bogergletschers stand eine kleine Hütte, in der die Patrioten zeitweilig Unterschlupf fanden. Nach den Überfällen auf den Stützpunkt im Adventtal sahen sich die Faschisten gezwungen, ihn in ihren Flugzeugen zu verlassen, von denen eines vermutlich im Sommer 1942 beim Start zerschellte.

Im Jahre 1942 schickten Leiter der norwegischen Gesellschaft »Store Norske«, die sich in England aufhielten, eine Spezialexpedition nach Spitzbergen. Ihr gehörten Bergleute, Funker, Meteorologen und eine kleine militärische Einheit an. Ihr Hauptziel bestand darin, die Faschisten daran zu hindern, den Archipel für ihre Zwecke zu nutzen. Die Operation erhielt den Decknamen »Fridthamn«, geleitet wurde sie von Einar Sverdrup, dem technischen Direktor der »Store Norske Kullkompani«, der zum Oberstleutnant befördert worden war. Dieser energiegeladene Mann war geradezu verliebt in Spitzbergen, wo er von 1922 bis Kriegsbeginn gearbeitet hatte.

Die Expedition verließ Schottland in zwei kleinen Schiffen, die am 14. Mai 1942 in den Grönfjord einliefen und Barentsburg ansteuerten. Dabei wurden sie jedoch überraschend von vier Focke-Wulf-Jägern angegriffen, die beide Schiffe versenkten. Fünfzehn Patrioten kamen ums Leben, darunter auch Sverdrup. Die gesamte Ausrüstung und alle Lebensmittel versanken im Meer.

Nach Sverdrups Tod übernahm Leutnant Roll-Lund das Kommando. Er gab Befehl, die Verwundeten nach Barentsburg zu schaffen, das bis Herbst 1943 Hauptstützpunkt für den norwegischen Landungstrupp blieb. Hier fanden die Leute noch bewohnbare Häuser vor, Bettwäsche und von den sowjetischen Bergleuten zurückgelassene gut erhaltene Lebensmittelvorräte. Im Krankenhaus der Grube richtete man ein Lazarett ein. Man brachte die Funkstation wieder in Ordnung und ging daran, Wettermeldungen nach England zu liefern. Nach dem Kriege gaben die Norweger zu, daß »Barentsburg die Rettung für sie gewesen sei«.

Deutsche Bomber griffen Barentsburg fast zwei Monate lang an. Doch Anfang Juli traf ein englischer Kreuzer ein, der hundert norwegische Soldaten, Flakgeschütze, Funkgeräte, Bekleidung und Lebensmittel brachte. Jetzt zählte die hiesige Garnison schon hundertfünfzig Mann. Ende Juli wurden Luftlandetruppen in Longyear abgesetzt, aber die dort tätigen deutschen Meteorologen und deren Wachmannschaft konnten sich noch mit einem Wasserflugzeug davonmachen.

Anfang November 1942 lief ein weiterer Kreuzer aus England Barentsburg an, der mehrere vierzöllige Schiffsgeschütze mitbrachte. Eines wurde am Ostufer der Einfahrt in den Grönfjord aufgestellt, von wo aus die Gewässer vor dem Eisfjord gut übersehen, die Bewegungen feindlicher Schiffe ausgezeichnet beobachtet und letztere beschossen werden konnten. Am 8. September 1943 nahm dieses einsame Schiffsgeschütz den ungleichen Kampf gegen ein faschistisches Geschwader auf, denn an diesem Tage unternahmen die Schlachtschiffe »Tirpitz« und »Scharnhorst«, von zehn Zerstörern begleitet, einen Überfall auf Spitzbergen. Die gesamte Armada richtete ihr todbringendes Feuer auf Barentsburg, Grumant und Longyear. So wurden die oberirdischen Bauten der Gruben zerstört, und sie brannten aus. Der anschließend an Land gehende deutsche Trupp vernichtete dann noch das, was übriggeblieben war. Die Norweger versuchten zwar Widerstand zu leisten, doch reichten ihre Kräfte nicht aus. Die hiesige Garnison bestand nur aus vierzehn Offizieren sowie siebzig Unteroffizieren und Soldaten. Viele fielen oder gerieten in Gefangenschaft, die übrigen gingen in die Berge. Grube und Siedlung Sveagruva wurden später von einem Trupp zerstört, den ein deutsches Unterseeboot an Land abgesetzt hatte.

Im Herbst 1976 wurde ich in Barentsburg Zeuge eines unüberhörbaren Echos aus dem vergangenen Krieg. Am Hang des Holländertals entdeckten sowjetische Bergleute ein nicht krepiertes Artilleriegeschoß der »Tirpitz«. Es hatte sich in die steinige Tundra gebohrt und dreiunddreißig Jahre hier gelegen. Noch heute kann man in Barentsburgs Umgebung von Moos bewachsene Granattrichter sehen, um die die rostigen Granatsplitter liegen,– Spuren der faschistischen Überfälle auf die sowjetische Grube.

Der zweite Weltkrieg war zu Ende gegangen. Auf Anordnung der Sowjetregierung nahm der Trust »Arktikugol« Wiederaufbau und Rekonstruktion von Barentsburg und Grumant sowie den beschleunigten Ausbau der neuen Grube Pyramiden in Angriff.

Als die sowjetischen Poljarniki aus Spitzbergen evakuiert wurden, arbeiteten in Pyramiden 99 Mann. Es gab damals dort nur ein Wohnhaus und eine kleine Kantine. Unfertig blieben ein zweites Wohnhaus, eine Garage und etliche andere Bauten zurück. Sie alle verschonte der Krieg.

Im November des ersten Nachkriegsjahres lief der Dampfer »Wolga« nach Spitzbergen aus. Unter den Passagieren befand sich auch der zweiunddreißigjährige Bergmann Nikolai Gussew, dem der Trust die Leitung der Grube Pyramiden und der dortigen Bautätigkeit anvertraut hatte. Die »Bergmannskarriere« Gussews

hatte 1930 in Gorlowka (Donezbecken) begonnen, wo der Halb-
wüchsige Arbeit aufnahm. In jener Zeit war die Kohleindustrie
des jungen Sowjetlandes noch im Aufbau begriffen. Zusammen
mit ihr entwickelte sich auch Gussew, der bald das Industrietechni-
kum abschloß; der ehemalige Kumpel wurde Steiger. Eines Tages
dann schlug das Rayonkomitee des Komsomol ihm vor, nach Spitzbergen zu gehen, und, ohne sich groß zu besinnen, willigte Gussew
ein. Das war 1935! Bis Kriegsausbruch arbeitete Gussew drei
Jahre in der Grube Grumant und danach noch zwei Jahre in
Barentsburg. Seit jener fernen Zeit war das ganze Leben dieses
Veteranen der sowjetischen Kohlengruben auf Spitzbergen mit dem
Trust »Arktikugol« verbunden, in dem er fast ein halbes Jahrhundert arbeitete. In den letzten dreißig Jahren hatte er dabei
den verantwortungsvollen Posten des Hauptingenieurs inne. Es gibt
keinen Menschen, der länger als Gussew in den Gruben von
Spitzbergen arbeitete und deren Geschichte besser kannte als er.
Im Januar 1983 ist er gestorben.

Auf dem Weg nach Pyramiden bog die »Wolga« in den
Grönfjord ein, um in Barentsburg beim Ausladen von zweitausend
Kubikmeter Grubenholz von der »Kertsch« zu helfen. Nach dem
Löschen der Holzladung traf das Schiff endlich in Pyramiden ein,
wo in Ufernähe drei Schiffe im Eis eingefroren waren.

Ein ganzer Monat Schwerstarbeit rund um die Uhr war vonnö-
ten, um die zehntausend Tonnen Ladung verschiedener Art auf
Schlitten über das dünne Eis ans Ufer zu schaffen. 609 Poljarniki gingen in Pyramiden an Land; während der Löscharbeiten
wohnten die meisten noch auf den Schiffen.

Unter den ersten nach dem Kriege eingesetzten Arbeitern
von »Arktikugol« befanden sich zum größten Teil ehemalige
Frontsoldaten, die zu friedlicher Arbeit zurückgekehrt waren,
außergewöhnliche Menschen. Keiner von ihnen beklagte sich über
die schweren Arbeits- und Lebensbedingungen. In dem einzigen
Haus schliefen anfangs 120 Mann auf durchgängigen Doppelstock-
pritschen. Beheizt wurde der Raum mit einem kleinen Kanonen-
ofen, dessen Abzugsrohr durch ein Fenster führte. Häufig war
morgens das Wasser im Faß gefroren. Alte Poljarniki erinnern
sich noch gut jener bewegten Zeit, jenes Enthusiasmus ohnegleichen,

den die auf den Eisarchipel gekommenen Menschen beim Wiederaufbau der sowjetischen Gruben bewiesen. Sie haben mir auch erzählt, die Kantine beispielsweise sei so klein gewesen, daß man das Neujahr 1948 »schichtweise« feiern mußte, was aber die Festtagsfreude nicht zu trüben vermochte.

Heute kann man sich kaum noch vorstellen, wie schwierig es in jenen Jahren um die Verbindung zwischen den einzelnen Gruben bestellt war. Jetzt braucht man von Barentsburg nach Pyramiden mit dem Hubschrauber eine halbe Stunde, in den ersten Nachkriegswintern aber konnte man sich nur auf seine eigenen zwei Beine verlassen, mußte entweder zu Fuß oder auf Skiern laufen. Es gab auch noch eine »Eisstraße« direkt auf dem Billefjord, die über mehr als zwanzig Kilometer von der Skansenbucht bis Pyramiden führte. Auf ihr wurden die von Schiffen am Eisrand gelöschten Ladungen mit Pferdegespannen und Traktoren befördert. Es kam sogar vor, daß LKWs über das Meereis im Eisfjord von Pyramiden bis Grumant und Barentsburg fahren mußten.

Pyramiden bekam 1947 seine erste Straße, die in dem im Bau befindlichen Hafen begann und in die Siedlung führte. Rechts und links davon entstanden kleine eingeschossige Häuser aus Fertigteilen. Später ging man an den Bau zweigeschossiger Blockhäuser. So wuchs allmählich die Siedlung, verbesserten sich die Wohn- und Lebensbedingungen. Vervollkommnet wurde auch die Technologie des Kohleabbaus, so daß 1956 Pyramiden endgültig zu den in Betrieb befindlichen sowjetischen Kohlengruben zählte.

Gleichzeitig war auch der intensive Wiederaufbau der Gruben Grumant und Barentsburg erfolgt. Schon zwei Jahre nach Beginn der Arbeiten, 1949, wurden diese Schächte wieder in Betrieb genommen. In Grumant mußte neun Kilometer von der Grube entfernt in der Colesbucht ein Hafen mit einer Pier für Hochseeschiffe angelegt werden, hier entstand auch eine kleine Siedlung mit Kraftwerk. Auf einer elektrifizierten Schmalspurbahn beförderte man die Grumantkohle in ein Lager im Hafen. Über einen Kilometer fuhr diese Bahn durch einen Tunnel, weiter dann bis zum Hafen in einem geschlossenen Holzgang.

Alle Gruben auf Spitzbergen waren aus Ruinen wiedererstanden, und erneut nahmen die Kumpel die ganzjährige Kohleförderung auf. Die meteorologischen Stationen lieferten wie früher Meldungen über Wetter und Zustand des Meereises. Wiederaufgenommen wurden die Fahrten von Touristenschiffen unter den Flaggen verschiedener Länder. Wieder zog es viele Expeditionen nach Spitzbergen – Wissenschaftler, Sportler und Studenten.

Barentsburg und Pyramiden (Grumant wurde 1961 aus ökonomischen Erwägungen heraus geschlossen) sind heute ungewöhnlich umfangreiche und vielseitige Betriebe. Bedingt durch ihre Insellage und durch die hohe arktische Breite, sind es außerordentlich komplizierte Unternehmen, die sich von ihren »Schwesterbetrieben« auf dem Festland ganz erheblich unterscheiden und eine Art »Autonomie« besitzen.

Der Kohleabbau in Barentsburg und Pyramiden ist zwar die wichtigste, nicht aber die einzige Aufgabe von »Arktikugol«. Gruben im Polargebiet schließen auch ausgedehnte Arbeitersiedlungen, Seehäfen mit eigener Flotte und Kohleverladeeinrichtungen, verschiedene Werkstätten und Wirtschaften, Funkzentren, Kraftwerke, Transport auf Schiene und Straße und mit Hubschraubern, Baustellen, Kohle-, Holz- und Lebensmittellager, Krankenhäuser, geologische Erkundung und vieles, vieles andere ein.

Sowohl Barentsburg als auch Pyramiden werden mit Wasser versorgt, das von den umliegenden Gletschern kommt. Bekanntlich sind deren Wasservorräte recht groß, so daß Wasser, sollte man meinen, hier keine Probleme verursacht. Dem ist aber keineswegs so.

Barentsburg gegenüber ragt siebenhundert Meter hoch der Böring auf, den unsere Poljarniki »Schlafender Ritter« nennen. Wie ein Amphitheater rahmen schroffe Hänge den kleinen Gletscher gleichen Namens ein, der zum winzigen, von einem natürlichen Damm, einer Moräne, aufgestauten Stemmesee hin abfällt. An der Stelle, wo der dem See entströmende Gletscherbach in den Grönfjord mündet, gibt es eine kleine Anlegestelle. Lange Zeit, bis Anfang der siebziger Jahre, befand sich hier eine Pumpstation, die Wasser aus dem Gletscherbach in eine Barke pumpte. Noch vor kurzem fuhr mehrmals am Tage ein Kutter von Barentsburg dorthin mit einer eisernen Barke im Schlepp, die

120 Tonnen Wasser faßte. Die Grube brauchte nämlich mindestens 600 Tonnen Süßwasser am Tage. Verzögerte sich die Anlieferung, drohten die Kessel des Kraftwerks stillzustehen und die Heizungsrohre in der Siedlung einzufrieren. Im Winter bugsierten leistungsfähigere seegängige Schlepper diese Barke. Wenn das Meer jedoch fest zugefroren war, mußte der Schlepper Eisbrecherdienste leisten und die kälteste Jahreszeit über einen Eiskanal für die Schiffe offenhalten. Das war zwar umständlich und aufwendig, aber notwendig, denn vom Wasser hing die Arbeit der Grube ab.

Im Winter 1968 ereignete sich ein unvorhergesehenes Unglück: Im Kampf mit dem Eis brach dem Schlepper die Schiffsschraube. So blieb die Grube ohne ihren »Eisbrecher«, bald mußten Trink- und Brauchwasser knapp werden, denn der Vorrat reichte nur einen Monat. Es mußte dringend eine Entscheidung gefällt werden. In dieser schwierigen Zeit machte ihr Leiter, Valentin Gurejew, ein Mann von Erfahrung, den Vorschlag, direkt auf dem Eis des Fjords angewärmte Metallrohre zu verlegen. Rasch wählte man Leute aus und stellte die nötige Technik bereit.

Dieses Vorkommnis von 1968 zwang die Leitung von »Arktikugol«, sich Gedanken zu machen über den Bau einer zuverlässigen Anlage. Mitte der siebziger Jahre haben dann sowjetische Fachleute gemeinsam mit einer norwegischen Firma leichte Polyäthylenrohre vom Stemmesee zum nahen Ufer des Grönfjords und auf dessen Grunde weiter bis Barentsburg verlegt. Diese acht Kilometer lange einmalige Wasserleitung besteht aus zwei Strängen und ist mit einem Elektro- und einem Telefonkabel versehen. Jetzt wird das Wasser direkt in diese Rohre gepumpt und fließt ununterbrochen zur Grube.

Ganz in der Nähe der Grube Pyramiden endet der Høgbom-Talgletscher, von dem schon 1947 sowjetische Bergleute eine provisorische Wasserleitung in die Siedlung verlegten. Ihre Länge betrug etwa anderthalb Kilometer. Vom Beginn starker Kälte bis Mitte Mai floß jedoch kein Wasser, und die Leute mußten mit einem Traktor Eis von der Gletscherzunge heranschaffen.

Als ich in den sechziger bis achtziger Jahren auf Spitzbergen arbeitete, konnte ich mit eigenen Augen sehen, wie in den dortigen sowjetischen Gruben der technische Fortschritt vorangetrieben, wie der Bergbau vervollkommnet wurde. Im Verlauf dieser zwanzig Jahre hat man die Schächte von Barentsburg und Pyramiden mit Vortriebskombines und Erzverlademaschinen, automatischen Fließstrecken und vielen anderen technischen Neuerungen ausgerüstet. Ich war Zeuge, wie Barentsburg, aus der Asche wiedererstanden, und Pyramiden, nach dem zweiten Weltkrieg neu gebaut, zu mustergültigen Kohlengruben wurden, die nur zwölf Breitengrade vom Nordpol entfernt liegen!

Eine der nördlichsten ...

Als ich 1965 nach Barentsburg kam, fand ich Unterkunft bei Viktor Scherschnjow, dem stellvertretenden Leiter der geologischen Expedition, der mit uns zusammen eingetroffen war. Sein Stützpunkt befand sich hinter dem Konsulat, an einem der höchsten Punkte der Siedlung, von wo man den Grönfjord und den breiten Schlund des Eisfjords wie auf der Handfläche vor sich ausgebreitet liegen sah. Das kleine hübsche Haus der Leningrader Geologen wurde in der ersten Zeit auch zum Stützpunkt von uns Moskauer Glaziologen. Scherschnjow oder Antonytsch, wie alle ihn hier nannten, rückte bereitwillig zusammen und trat uns von seinem ohnehin knappen Wohnraum anderthalb Zimmer ab. Außerdem überließ er uns zur zeitweiligen Nutzung ein Spezialpolarzelt, ein Funkgerät, Rentierfelle und andere Dinge sowie Ausrüstung, die wir ganz dringend brauchten.

Man konnte Scherschnjow als alteingesessenen Spitzbergener bezeichnen: Zusammen mit seinen Kameraden von der geologischen Expedition war er schon etliche Male aus Leningrad hierher gekommen. Deshalb willigte ich mit Freuden ein, als er anbot, mir Barentsburg zu zeigen.

Als erstes begaben wir uns in die Grubenkantine, auf halbem Wege zwischen Hafen und unserem Stützpunkt. Unterwegs begann ich die Stufen zu zählen, kam aber bald damit durcheinander, die Barentsburger Treppe zählte nämlich seinerzeit insgesamt über 350 Stufen. In ihrer Länge (in ihrer Schönheit allerdings nicht!)

übertraf sie bei weitem die berühmte Potjomkin-Treppe in Odessa. Und da war auch schon die Kantine – ein langes steinernes, dunkelgrün gestrichenes Haus, bereits 1935 gebaut. Seine Fassade war uns aufgefallen, als wir auf der »Sestrorezk« Barentsburg anliefen. Das gesamte Erdgeschoß nahm die riesige Kantine ein, darüber lagen Diensträume von »Arktikugol«, Bibliotheken, Funkbüro.

»Laß uns zu Mittag essen, gleich kommen nämlich die Kumpel von der Schicht«, trieb Antonytsch mich an und ergänzte: »Hier wird das gesamte Bergwerk beköstigt, über tausend Mann. Wie du siehst, wird auf der Insel Gemeinschaftsverpflegung ganz groß geschrieben, Küchen in Wohnungen und Wohnheimen werden gar nicht benötigt.«

Eine derartige Menschenmenge – Kumpel, Bauleute, Angestellte – rund um die Uhr gut und reichhaltig beköstigen, das ist schon auf dem Festland eine sehr aufwendige Sache, unter arktischen Bedingungen jedoch noch um vieles komplizierter, verantwortungsvoller und natürlich verdienstvoller.

»Geh inzwischen mal auf den Basar und hol dir dort was«, wies mich mein »Fremdenführer« weiter an.

Ich blickte mich nach allen Seiten um, vermochte aber nichts zu entdecken, was irgendwie an einen gewöhnlichen belebten Markt erinnerte. Doch schon tauchte Antonytsch mit zwei Tellern ukrainischen Borschtsch wieder auf. Als er meine ratlose Miene sah, lachte er los: »Bist nicht informiert, wie man sieht!« Und gemeinsam begaben wir uns nun in die gegenüberliegende Ecke des Saales. Erst jetzt sah ich unweit der großen Schalter, wo warme Speisen ausgegeben wurden, verschiedene kalte Vorgerichte auf Tischen stehen. Das also war auf Spitzbergen der »Basar«. Wenn ein in der Grube Beschäftigter seine Kantine besucht, kann er sich von hier unbeschränkt alles mitnehmen, was ihm zusagt.

In einer anderen Ecke gibt es ein Büfett, ein ganz normales, wie man es überall in der Sowjetunion antrifft, nur daß der Verkauf hier nicht gegen Rubel und Kopeken erfolgt, sondern gegen Spezialtalons für die Verrechnung innerhalb der Betriebe von »Arktikugol«.

Als wir die Kantine verließen, sagte ich Antonytsch, diese Einrichtung sei ein echtes Phänomen für einen, der erstmals vom Festland nach Spitzbergen kommt.

»Wieso ein Phänomen?« wundert sich Antonytsch. »Auf solche Phänomene triffst du hier auf Schritt und Tritt. Ich meine, ein Phänomen ist etwas nur dann, wenn man es mit Superlativen bedanken kann.«

»Gilt für die Barentsburger Kantine nicht auch ein Superlativ – eine der am weitesten nördlich gelegenen Kantinen auf der Welt?« unterbreche ich den Geologen.

Mein Gesprächspartner nickt zustimmend, erläutert dann aber seine Gedanken durch Beispiele:

»Phänomene sind dann auch die Abendschule, das Krankenhaus mit modernsten Einrichtungen, Krippe und Kindergarten! Und das nördlichste Heimatmuseum der Welt!«

Ich versuche meinen Kameraden erneut zu unterbrechen, doch der fährt schon fort:

»Dienstleistungskombinat, Hotel, Kino, Gewächshaus! Schwimmbad! Und schließlich die Grube Barentsburg selbst – sie gehört zu den am weitesten nördlich gelegenen Gruben der Welt.«

Ich mußte mich geschlagen geben.

Vor dem Abendessen gingen Antonytsch und ich noch ins Kino. Das Klubhaus steht im Zentrum der Siedlung, wo sich die zwei Hauptstraßen von Barentsburg kreuzen. In seinem geräumigen Saal werden täglich, außer Montag, Spielfilme gezeigt. Hier finden auch häufig Konzerte von Laienkünstlern statt, werden Festabende veranstaltet und Abende, die unter einem bestimmten Thema stehen, Konferenzen, Vorträge, Diskussionen und Versammlungen.

Im Winter ist die Gegend um die Grube ein Tummelplatz für Skiläufer. Den einen gefallen die Hänge der umliegenden Berge, Hügel und Gletscher, andere ziehen den zugefrorenen, verschneiten Grönfjord, die Küste oder Täler vor. In dem kurzen, nicht übermäßig warmen Sommer zieht es die Sportler ins Freie. In Barentsburg werden alljährlich Inselfestivals veranstaltet;

man ermittelt dabei die besten Kollektive für künstlerisches Volksschaffen und die Sieger von Sportwettkämpfen.

Am folgenden Sonntag lud Antonytsch mich ins 1963 eröffnete Heimatmuseum ein, seinerzeit das einzige auf dem ganzen Archipel. Es ist ein Museum ganz besonderer Art, und es lohnt sich, von ihm zu berichten. Seine Existenz verdankt es einer Idee von Gurejew, einem auf Spitzbergen sehr geachteten Mann, der den Großen Vaterländischen Krieg mitgemacht hat und Veteran dieses Polar-»Kohlenpotts« ist. Direktor und Lehrer der Barentsburger Oberschule unterstützten den Grubenleiter, unter ihrer Leitung konnten freiwillige Helfer in kurzer Zeit Sammlungen unterschiedlicher Thematik zusammenstellen.

Die Exponate erzählen von der Geschichte und Geographie Spitzbergens, seiner Erschließung durch die Pomoren, von den russischen Siedlungen, die es früher hier gab, und von den Erforschern des Archipels, von der unwirtlichen Natur und der Tierwelt, von den Kohlevorkommen und von der Kohleförderung sowie von Leben und Arbeit der sowjetischen Bergleute, deren Freundschaft mit ihren norwegischen Kumpels. Die Barentsburger sind stolz auf ihr Heimatmuseum und ergänzen seine Bestände auch eifrig durch neue Funde und Ausstellungsstücke.

In der geologischen Abteilung sind reichhaltige Sammlungen von Gesteinen und Mineralen ausgestellt, die auf Spitzbergen vorkommen. Hier findet man auch Proben der hiesigen Kohle. Neben versteinerten Abdrücken von Blättern und Stücken von Stämmen versteinerter Bäume kann man den verkleinerten Gipsabdruck eines Riesenschuppentiers betrachten, das vor mehr als hundert Millionen Jahren auf Spitzbergen gelebt hat. Wer sich für die Pflanzenwelt interessiert, wird sicher von den Herbarien mit gegenwärtiger Spitzbergenflora angezogen: Zwergbirken, Zwergweiden, Sauerampfer, Barbarakraut, Mohn, einige Gräserarten und Moose.

Der Stolz des Museums aber sind zweifellos die ausgestopften Tiere, die von Barentsburger Enthusiasten präpariert worden sind. Das erste Exponat war ein Eisbär; das Tier hatte man 1962 bei der Colesbucht erlegt. Als 1963 der damalige Gouverneur von Spitzbergen Barentsburg besuchte, gestattete er den

Abschuß eines Rentieres und schenkte dem Museum zudem einen verendeten Moschusochsen. Beide Tiere wurden ebenfalls präpariert.

»Komm, ich zeige dir noch ein weiteres originelles Polarmuseum«, schlug Antonytsch vor, und wir liefen rasch die verschneiten Stufen der Holztreppe hinunter in Richtung Hafen. Hinter einer steilen Kehre war das Glasdach eines Treibhauses zu sehen.

»Das ist es, was ich dir zeigen wollte!« rief mein Fremdenführer.

Im Treibhaus war es warm und feucht. Eine junge freundliche Frau sprach uns an. Sie hatte vor einigen Jahren Fachschule für Landwirtschaft bei Moskau absolviert und damals wohl kaum geahnt, daß sie ihre Kenntnisse nicht auf dem fruchtbaren Boden Rußlands, sondern inmitten unbelebter Schneewüsten, inmitten von Eis und Fels, in einem Gemüsegarten gar nicht so weit vom Pol würde anwenden müssen.

Draußen gab es nur eine Farbe – Weiß, hier drinnen aber duftete und blühte alles. Auf winzigen Beeten wurden Gurken gezogen, deren Ranken sich nicht wie üblich auf dem Boden entlang, sondern in die Höhe reckten und mit Schnur festgebunden waren. Bald hier, bald dort schauten aus dem Blattwerk, als seien es Äpfel, die kleinen stachligen Früchte hervor. Aber es gab auch schon große, angenehm duftende Gurken. Unweit davon bemerkte ich Schnittlauch, Salat und Radieschen, in Kürze sollten auch die ersten Tomaten kommen.

Durch die Bergarbeitersiedlung oder, richtiger, das Bergarbeiterstädtchen zieht sich die Serpentine des geschlossenen hölzernen Ganges; aus dem Labyrinth der Häuser verläuft dieser in Richtung Eisfjord zu dem vier Kilometer entfernten Schacht. Unmittelbar über dem Gang ragt steil der Gunnarvarden auf; ihn bedeckt eine riesige Schneekappe, die jeden Augenblick hinabzustürzen scheint.

Im Innern des geschlossenen Ganges verläuft die elektrisch betriebene Eisenbahnstrecke, die vom Grubengebäude, dem »Bahnhof«, zur Halde führt. Das Rattern des Zuges, bestehend aus der Elektrolok mit angehängten Loren, unterbricht jäh die Stille der Siedlung. Die Kohle gerät auf eine kreisförmige Kippvorrichtung, wird in den Bunker geschüttet, von wo sie auf einem Fließband über eine Sortieranlage auf den unter freiem Himmel befindlichen Lagerplatz transportiert wird, und gelangt dann auf die Gerüstbrücke des zum Hafen gehörenden Kohlefließbandes und durch ein riesiges rüsselähnliches Rohr in dickem Strom in die Laderäume der Schiffe. In der Regel wird Spitzbergen im Winter nicht angelaufen, denn die inneren Fjorde des Archipels frieren fest zu, das Eis blockiert die Zufahrt zu den Gruben. Während dieser Zeit wächst in Bahnhofsnähe, am Hang, ein gewaltiger schwarzer Kohlenberg in die Höhe.

Wenn man den nächstliegenden Berg besteigt und sich Barentsburg von oben anschaut, fallen einem außer den akkurat ausgerichteten, stufenförmig angelegten Häuserzeilen die vielen aus Bretterkisten bestehenden Bänder auf, die die Siedlung in verschiedenen Richtungen durchziehen. Darin »eingemummt«, um nicht einzufrieren, sind die Rohrleitungen für Heizung, Kanalisation, heißes und kaltes Wasser. In der dunklen Polarnacht dienen diese vom Schnee befreiten hölzernen Bretterlagen den Barentsburgern als Gehwege. Bei starkem Wind oder bei Schneetreiben durch die Siedlung zu laufen ist nämlich gar nicht so einfach.

Gleich vom ersten Tag meines Aufenthaltes in Barentsburg an haben Bergleute, Mechaniker, das fliegende Personal von Hubschraubern und Seeleute den Wunsch geäußert, unserer Expedition irgendwie zu helfen. Ich war bemüht, die Direktion der Grube mit Kleinigkeiten nach Möglichkeit nicht zu behelligen. In vielem halfen uns Scherschnjows Freunde, die uns abends oft besuchten, um mit den vom Festland gekommenen »Neuen« zu plaudern. Sie alle – Dreher, Schlosser, Schmiede, Fahrer, Funker, Ingenieure, Mechaniker und sogar Feuerwehrleute – haben uns viele Dienste erwiesen, wie jede Polarexpedition sie braucht. Es waren gute, uneigennützige Helfer, die mir auf der Insel zu echten Freunden geworden sind.

Gleich mein erster Spaziergang durch Barentsburg hatte mich davon überzeugt, daß seine Bewohner alles haben, um normal zu leben und zu arbeiten. Von Barentsburg aus, dem Hauptstützpunkt unserer Expedition, unternahmen wir künftig alle unsere

Exkursionen zu Fuß, in der Luft und zu Wasser, und hier beendeten wir sie auch. Jedesmal bereitete uns die hiesige Grube im Frühjahr einen herzlichen Empfang, und jeden Herbst verabschiedete sie uns genau so freundlich wieder in die Heimat.

Zum Palast der Schneekönigin

Eine Woche später erschien die »Sestrorezk« erneut im Grönfjord, es war dies ihre zweite Fahrt vom Festland her. So konnte auch ich jetzt zufällig an dem festlichen Empfang dieses Schiffes teilnehmen.

Antonytsch und ich nutzten die Gelegenheit und brachten verschiedene Ausrüstungsgegenstände an Bord, die in Barentsburg hergestellt und uns von den Leningrader Geologen zeitweilig zur Verfügung gestellt worden waren. Gegen Morgen lief die »Sestrorezk« zum Bergwerk Pyramiden aus, und auch ich fuhr mit. Am nächsten Tag sollten Hubschrauber dort eintreffen, um unsere Expedition auf das vierzig Kilometer östlich von Pyramiden gelegene Lomonossow-Gletscherplateau zu bringen.

Der Eisfjord dringt keilförmig über hundert Kilometer tief bis unmittelbar ins Herz der Insel Westspitzbergen ein und verzweigt sich dort fächerartig in drei breite Arme. Im äußersten Winkel des Eisfjords, unweit vom Ende des mittleren Arms, des Billefjords, breitet sich die Siedlung Pyramiden aus, von Barentsburg fast hundert Kilometer entfernt. Gegenüber liegt die Adolfbucht, in die der mächtige Nordenskiöldgletscher in einer langen senkrechten Wand abbricht. Bucht und Gletscher sind nach Adolf Erik Nordenskiöld benannt, dem berühmten Erforscher von Spitzbergen.

Viele Passagiere verließen ihre warmen Kajüten, um den zwischen den Bergen sich hinstreckenden Eisriesen besser betrachten zu können, dessen Zunge durch unzählige tiefe Spalten aufgesplittert ist. Ein wenig weiter im Inneren erheben sich über der in den Strahlen der hellen Mittagssonne gleißenden Oberfläche des Gletschers zwei auffällige Berge – Terrier und Ferrier. Von weitem erinnern sie an Riesenschiffe aus einem Märchen, die auf dem Wege zum Eisfjord im Eise eingefroren sind. Noch weiter oben ist über der Schneefläche eine dunkle Kette von Felsen,»Echo« und»Bumerang«, gerade noch zu erkennen. Solche über die Eisoberfläche ragenden Felsen werden als Nunatakker bezeichnet; ein von den grönländischen Eskimos entlehnter Ausdruck.

Die Kommandobrücke ist das Allerheiligste auf jedem Schiff. Unbefugten – von Passagieren ganz abgesehen – ist jeder Aufenthalt dort untersagt. Verbotsschilder weisen darauf hin. Doch bei mir machte der Kapitän der»Sestrorezk« offensichtlich eine Ausnahme, er lud mich ein, auf das»verbotene« Territorium zu kommen.

Dutzende Reisen hatte der erfahrene Seemann bereits nach Spitzbergen gemacht; er konnte so einiges über diesen Erdenwinkel berichten, und ich hörte ihm aufmerksam zu. Von Zeit zu Zeit griff er zum Fernglas, schaute kurz voraus und gab dem Rudergänger seine Befehle:»Kurs halten, nicht steuerbord abweichen!«,»Recht so!«,»Einen halben Strich backbord!«

Dann kam ich an die Reihe mit Erzählen.

»Dorthin wollen Sie also morgen?« fragte der»Erste« nochmals und wies auf den Nordenskiöldgletscher, an dem wir eben vorbeifuhren.

Ich erklärte den Seeleuten, daß wir das Lomonossow-Gletscherplateau und den von ihm nach Westen abströmenden 25 Kilometer langen Nordenskiöldgletscher zum Hauptgegenstand unserer Forschungen gemacht hätten und auf der Höhe des Plateaus unsere erste glazialklimatische Station errichten wollten, um den Haushalt der Gletscher in diesem Gebiet zu untersuchen.

Da sprach mich plötzlich der Kapitän nochmals an und stellte mir die etwas sonderbare Frage:

»Haben Sie einmal Andersens Märchen von der Schneekönigin gelesen?«

Ich nickte. Wer hätte dieses hübsche Märchen wohl nicht gelesen!

»Dann überlegen Sie doch einmal, was sagte das Rentier der tapferen kleinen Gerda über den Sitz der Schneekönigin?« fuhr der Kapitän fort.

Als er an meiner verdutzten Miene merkte, daß ich es nicht mehr wußte, lächelte er und meinte seelenruhig:

»Sie als Glaziologe werden schon noch früh genug erfahren, daß ,der ständige Sitz der Schneekönigin sich nach dem Nordpol zu auf der Insel Spitzbergen befindet'!« Hier machte der Kapitän eine bedeutsame Pause und fuhr dann fort:»Ich hoffe, Sie haben nunmehr begriffen, daß das Schicksal Ihre Expedition mitten ins Zentrum des Reiches der bösen Schneekönigin verschlägt.«

In der Tat, der Anblick, den die »Behausung« der hochmütigen, aber schönen Königin bot, die da inmitten eines riesigen Schneesaales auf einem Eisthron saß, war wirklich beeindruckend. Die Wände der Gemächer waren aus treibendem Schnee und Fenster und Türen aus schneidenden Winden. Doch ungeachtet der lebensfeindlichen Eiswüste ringsum verblüfften einen sie durch ihre ungewöhnliche Pracht.

Die Worte des Kapitäns kamen der Wahrheit schon recht nahe. Ich sah in Gedanken sogleich unsere tiefe Firngrube auf dem Lomonossow-Gletscherplateau vor mir, mich selbst darin »sitzen« und die Schichten der »Torte« aus Schnee und Eis studieren, glaubte den ringsum heulenden orkanartigen Wind und den Schneesturm zu hören, meinte die durch Mark und Bein dringende klirrende Kälte zu spüren und die Schneekönigin zu sehen, wie sie plötzlich aus einer Gletscherspalte auftauchte.

Der Kapitän unterbrach meinen Gedankengang:»Lassen Sie sich nicht von dem trügerischen Zauber der arglistigen Schönen verführen. Denken Sie daran, daß das Herz des Knaben Kay von einem kleinen Eissplitter getroffen wurde. Ich rate Ihnen – falls Sie der Königin begegnen –, benutzen Sie eine Lötlampe.«

»Würden wir das tun, dann könnten wir plötzlich unsere Arbeit verlieren!« versuchte ich auf den Ton meines Gönners einzugehen.

»Warum denn das?« wunderte sich der Kapitän.

»Nun, gäbe es keine Schneekönigin, gäbe es auch keine Glaziologie, der wir in Treu und Glauben dienen und die uns deshalb auch gnädig gesinnt ist...«

Inzwischen hat sich die »Sestrorezk« vorsichtig dem Ufer der Mimerbucht genähert. Auf der hölzernen Pier herrscht lebhaftes Treiben: aufgeregte Menschen, die zu unserem Empfang gekommen

sind, ein Blasorchester, lärmende Begrüßungen. Alles genau wie in Barentsburg, genau so bewegend. Auf einem großen Spruchband im Hafen lesen wir:»Willkommen in Pyramiden!«
Autos fahren seitlich an unser Schiff heran. Die neu eingetroffenen Poljarniki begeben sich in das etwas mehr als einen Kilometer entfernte Zentrum der Siedlung. Unserer Expedition stellt man schnell einen Kipper zur Verfügung, wir beladen ihn mit der Barentsburger Ausrüstung und fahren zum Stadion, das hier gleichzeitig als Hubschrauberlandeplatz dient. Hinter den Fußballtoren türmen sich Haufen mit verschiedenstem Inventar der künftigen Station, das eine Woche zuvor die Gruppe Troizki nach Pyramiden gebracht hatte. Michaljow und Lawruschin bringen mich zum äußersten Ende der Siedlung, wo sie in einem Bergarbeiterwohnheim vorübergehend Unterkunft gefunden haben.

Pyramiden unterscheidet sich stark von seinem älteren »Bruder« Barentsburg. Das Bergwerk liegt auf einer ausgedehnten ebenen Fläche im Mimestal, zwischen der Mimerbucht und dem Fuß eines an die tausend Meter hohen imposanten Berges. Den spitzen Gipfel krönen acht Meter hohe Kalksteinstufen, deren Schichten so gelagert sind, daß sie dem Berg Pyramidenform verleihen. Nicht Bildhauer, nicht Architekten haben dieses Denkmal geschaffen, sondern die Natur selbst, die anstelle von Meißel und Hammer hier Frost und Wind walten ließ. Die klassische Form des Berges, besonders sein oberer Teil, erinnerte Professor Nordenskiöld lebhaft an eine Pyramide; deshalb gab er ihm 1874 auch diesen Namen.

Die Grube befindet sich etwa in der Mitte dieses Berges, und die Kohlenflöze lagern nicht unterhalb des Meeresspiegels wie in Barentsburg, sondern in einer Höhe von zweihundert bis fünfhundert Metern. Deshalb wird auch die Kohle von Pyramiden nicht aufwärts zutage gefördert, sondern im Gegenteil abwärts! Und es gibt noch andere Unterschiede. So ist es im Sommer in Pyramiden wärmer – wenn auch nur ein klein wenig –, im Winter dagegen etwas kälter als in Barentsburg. Diese Erscheinung hängt mit dem stärker kontinentalen Klima des inneren Eisfjords zusammen, der vom Meer doch etwas weiter weg ist. Außerdem liegt Barentsburg etwas südlicher und näher zur Grönlandsee hin, wo sich der Einfluß vom Spitzbergenarm des mächtigen Golf-stroms stärker bemerkbar macht.

Meine Kollegen bereiten rasch ein einfaches Abendbrot, danach beginnt gleich eine Art glaziologische Planrunde: Wir erörtern eingehend die für uns so wichtige Beförderung der Expedition auf das Lomonossowplateau. Die stürmische Beratung zieht sich die ganze Nacht hin.

Wir sehen von hier aus unser Ziel – den zentralen vereisten Teil der Insel, Olav-V.-Land genannt, und seinen höchsten Teil, die Lomonosovfonna, also das Lomonossow-Gletscherplateau. In Gedanken sind wir schon dort.

In meiner Abwesenheit haben sich die Gesichter der Glaziologen mit einem unnatürlichen Bronzerot – Sonnenbrand – überzogen. Während ich mich in Barentsburg aufhielt, hatten die übrigen Teilnehmer der Expedition auf dem Nordenskiöldgletscher schon ausgedehnte Erkundungsmärsche unternommen. Ein paar Tage fast pausenlose Arbeit an der frischen Luft und auf der blendend weißen Oberfläche des Gletschers, dazu noch unter den Strahlen der ständig am Himmel stehenden Sonne hatten das Ihre getan. Da hat man den Beweis – die Wissenschaft fordert eben Opfer.

Aus den Erzählungen der Kollegen erfahre ich, was alles sie inzwischen geschafft haben.

Am Tage nach der Ankunft der Glaziologen in Pyramiden konnten die Bewohner der Siedlung ein ungewohntes Bild sehen: Da zogen fünf vom Festland herübergekommene Männer einen schwerbeladenen, selbstgebauten Schlitten über das am Meeresufer festgefrorene Eis, das Randeis. Auf ihm lag das in eine Plane gewickelte Marschgepäck: Zelte, Schlafsäcke, Skier, ein Bohrsatz, Geräte, Lebensmittel.

Sie kamen nur sehr langsam vorwärts – höchstens einen Kilometer in der Stunde. Die Schlittenkufen, aus breiten Jagdskiern hergestellt, sanken alle Augenblicke ein oder blieben im nassen Schnee und in tiefen Pfützen auf der Oberfläche des Meereises stecken. Nur mit größter Mühe erreichten sie das gegenüberliegende Ufer des Eisfjords. Unmittelbar vor dem Gletscher gab es ein neues Hindernis: Rundhöcker. Die einst bis hierher reichende Gletscherzunge hatte das ausstreichende Gestein zu Höckern geglättet und abgeschliffen.

Den ersten Halt machten die Männer am Fuß eines dieser Höcker. Vor Müdigkeit ließen sich alle kurzerhand auf die kalten Steine fallen, die Beine auf die Rucksäcke gestreckt. Doch bald ist ein kleines Zelt aufgestellt, munter knistert ein Feuer aus trockenem Treibholz. Vom Meer angetriebenes »Brennholz« liegt in unbegrenzter Menge am Strand umher. Auf dem Feuer wird ein Essen bereitet, wie es schmackhafter und sättigender, so kommt es den Leuten wenigstens vor, nicht sein kann.

Am Morgen machen sich die Männer erneut auf den Weg. Das Zelt wird nicht abgebaut, denn hier soll ein provisorischer Stützpunkt entstehen. Natürlich wäre es nicht schlecht, könnte man hier einen Glaziologen als Koch zurücklassen, aber das geht jetzt nicht: Jeder Mann wird dringend gebraucht, der Gletscher will nicht auf seine Forscher warten, er schmilzt schon ab, also muß man schnellstens mit den Untersuchungen beginnen.

Endlich findet die Gruppe einen Zugang zum Gletscher über eine Seitenmoräne, eine Anhäufung von Gesteinstrümmern, die der Gletscher mitgeschleppt hat. Noch am späten Abend beginnt die Arbeit im Felde, die ersten vier Meter hohen Schneepegel werden aufgestellt, die ersten Messungen des Oberflächenniveaus des mit festem Harsch bedeckten Gletschers in die Journale eingetragen. Später sollen uns all diese Beobachtungen helfen, zu ermitteln, wieviel Schnee sich den vergangenen Winter über angesammelt hat, wieviel davon während des kurzen Sommers abgeschmolzen ist, ob der Gletscher stark »abnimmt« oder aber vielleicht »zunimmt« und schließlich, mit welcher Geschwindigkeit er ins Meer hinabgleitet.

Bevor die »Körpertemperatur« des glaziologischen »Patienten« gemessen, seine »Anatomie« geklärt werden kann, muß der Handbohrer betätigt werden. Diese mühselige Arbeit dauert Stunden, ist kräftezehrend, muß pausenlos vonstatten gehen, da sonst die Bohrstangen am Eis festfrieren, und dann sind sie verloren. Die Bohrlöcher aber müssen sowohl 10 als auch 25 Meter tief sein.

Allmählich belebte sich die bis dahin unberührte Oberfläche

des Gletschers: Die Bergskier hatten ihre Spuren hinterlassen, eine nach der anderen waren die Schneepegel »davongelaufen«, immer höher und höher. Gegen Morgen konnte man auf große Entfernung ebenmäßige Schneehaufen erkennen; sie waren neben den angelegten Firngruben entstanden, in denen Glaziologen den Aufbau der Schneedecke studieren. Zum ersten Male werden auf dem Nordenskiöldgletscher Mächtigkeit und Dichte des Schnees gemessen.

Unterwegs waren die Steilstufen der Eisbrüche zu überwinden gewesen, von tiefen Spalten in einzelne Blöcke zerstückelt, die bald an Pyramiden, bald an Säulen oder auch an ebenmäßige Platten erinnerten. Diese sehr schwer zugänglichen und gefährlichen Stellen des Gletschers konnten nur unter Anspannung aller physischen und nervlichen Kräfte bezwungen werden. Die Natur schien hier wie absichtlich riesige Bruchspalten geschaffen zu haben, die Dutzende Meter tief in den Nordenskiöldgletscher hineinreichten. Über einige spannten sich Schneebrücken, die aber, da es bereits zu tauen begonnen hatte, die Glaziologen nicht mehr trugen. Wollte man nicht »wegtauchen«, mußte man sich schon besonders vorsichtig bewegen. Wer als erster ging, stocherte ständig im Schnee; ein starkes Kunstfaserseil, das ihn mit den übrigen Männern verband, diente als Sicherung. Einige Abgründe hatten in den letzten Tagen schon ihre drohenden Rachen aufgerissen, aus denen eine unheimliche Kälte heraufkroch. In solchen Augenblicken kam bei jedem unwillkürlich der Wunsch auf, diese »blaue Hölle« möglichst schnell hinter sich zu bringen.

Am fünften Tage kehrten die erschöpften Glaziologen nach Pyramiden zurück. Die letzte Nacht hatten sie noch hart auf dem Gletscher gearbeitet – sie wollten ja die Ankunft der »Sestrorezk« nicht verpassen. Die abgemagerten, sonnenverbrannten Teilnehmer des Marsches waren aber zufrieden: Die Erforschung der Gletscher hatte nun begonnen.

An den ersten zwei Tagen meines Aufenthalts in Pyramiden herrschte gutes Wetter, dennoch konnte die Expedition nicht zum Gletscher fliegen: Das Lomonossowplateau war ständig in Wolkenschwaden gehüllt. Wir wurden nervös, konnten wir doch nichts anderes unternehmen. Am dritten Morgen donnerten über die Dächer der Siedlung dann endlich die Hubschrauber, aber ihr Auftauchen machte uns stutzig.

»Na, was ist, ihr Eisforscher, wollt ihr denn ewig hier in der Kohlengrube sitzen, oder fliegen wir nun zum Gletscher?« Auf diese etwas ungewöhnliche Weise begrüßte uns Wassjukow, der Kommandant der Hubschraubergruppe.

Ich wollte ihm erklären, es zöge uns ja auch selbst dorthin, auf der Eisscheide des Plateaus aber sei das Wetter für uns nicht geeignet, wir könnten so vielleicht nicht am vorgesehenen Punkt abgesetzt werden und das dürfe keinesfalls geschehen.

»Ihr Panikmacher! Ich fliege hier schon zwei Jahre«, Wassjukow ließ sich nicht beirren, »und kann euch versichern, das Wetter ist Klasse. Bis wir euer Eis erreichen, ist alles okay! Wir sind eben auf Spitzbergen und nicht an der SKK.«

»Und was ist diese SKK?« fragte jemand.

Der Hüne von Pilot blickte auf den Frager herab und knurrte dann:

»Südküste der Krim. Geographen hätten das ohne große Erklärungen erraten müssen.«

Wassjukow hielt weitere Worte für reine Zeitverschwendung und donnerte in gewohntem Befehlston, der keine Widerrede zuließ: »In zehn Minuten fliege ich auf Erkundung. Nur drei nehme ich mit: zwei von euch und diesen Filmfritzen aus Moskau. Der geht mir vielleicht auf die Nerven, er behauptet, er müsse unbedingt die Gletscher und das Absetzen der Glaziologen filmen.«

Der Kommandant holte aus der großen Tasche seiner Pilotenkombination ein Etui und bot jedem Zigaretten an. Nach einigen Zügen hellte sich sein Gesicht auf, er legte mir die Hand auf die Schulter und meinte freundschaftlich:

»Nun, laß den Kopf nicht hängen, Chef, wir finden schon eine dir passende Stelle. Es kommt alles ins Lot! Kannst noch hundert Kilo Last zulegen. Aber nicht mehr, hörst du, sonst schaffe ich es nicht.«

Wir flogen den ganzen langen Nordenskiöldgletscher ab: von seinem Ende – der Gletscherfront – bis zu seinem Ursprung. Unter uns glitten wie in einem Film riesige, vom Ufer der Bucht losgerissene Randeisfelder, vom Gletscher geschaffene Moränenhügel und -wälle, unzählige von oben ganz harmlos aussehende Spalten und die dünnen Fäden von Bächen und Flüßchen dahin. Links und rechts konnte man steile Berge, große und kleine Nunatakker erkennen. Hinter uns blaute der herrliche breite Eisfjord, jenseits davon aber ragte der abgestufte Gipfel des Pyramidenberges empor, bedeckt von einem dünnen runden Wölkchen, das von weitem wie ein Sombrero aussah.

Plötzlich tauchte voraus ein kleiner schwarzer Punkt auf und vergrößerte sich schnell, als schwömme er auf uns zu. Der Hubschrauber beschrieb eine scharfe Kurve, und erst jetzt konnte ich durch das Fenster den kleinen, auf dem vorigen Flug hierher beförderten Haufen Gepäck erkennen sowie unseren wie wild gestikulierenden Wolodja Korjakin. Er wollte uns wohl mitteilen, es langweile ihn, hier allein zu sitzen. Um sich die Zeit zu vertreiben, hatte Wolodja mit den Füßen in schwungvollen Buchstaben eine Botschaft in den Schnee »geschrieben«: »Gruß von der Schneekönigin! Im Auftrag Ihrer glaziologischen Majestät, Wl. Korjakin.«

Unseren Hubschrauber steuert Fursow, ein kraftstrotzender, fröhlicher, umgänglicher Bursche mit rundem Gesicht, der uns Glaziologen ein guter Freund geworden ist. Er zieht eine Schleife über Korjakin, bleibt über ihm hängen und läßt in der Wolke von aufgewirbeltem Schnee Gepäck, »Botschaft« und deren Urheber verschwinden.

Der Bordmechaniker springt hinaus und dirigiert unter dem Heulen des starken Hubschraubermotors die Landung, genauer gesagt: die »Gletscherung«. Sanft setzt der Hubschrauber auf, der Motorlärm verstummt. Augenblicklich bricht eine solch unerwartete und ungewohnte Stille über uns herein, daß einem sogar die Ohren leicht schmerzen.

Wassjukow hatte recht behalten: Das Wetter oben auf dem Plateau war in der kurzen Zeit besser geworden. Anfangs hatte die Sonne den Schleier der tiefhängenden Wolke kaum durchdrungen, allmählich aber löste sich die riesige »Mattglasscheibe« des Nebels auf, der die ersehnte gelbe Sonnenscheibe vor uns verbarg, und bald tauchte wie auf einem Farbfoto das ersehnte Blau des Himmels auf, aus dem goldene Strahlen hervorschossen. Wir mußten schleunigst Sonnenbrillen aufsetzen, damit uns die Schneeblindheit nicht kampfunfähig machte. In kaum fünfzehn Minuten hatte der Himmel den grauen Wolkenschleier abgeworfen, und nur ganz fern, am äußersten Horizont, beleckte noch Nebel den Rand des Gletscherplateaus.

In der Sonne glitzerten feinste silbrige Schneekristalle, von den Meteorologen recht exakt als Eisnadeln bezeichnet. Sie sind so winzig, daß man sie gar nicht sofort bemerkt. Im Unterschied zu den Schneeflocken fallen die Nadeln nicht nieder, sondern schweben oder schwimmen gewissermaßen. Über der Oberfläche des Plateaus begann die Luft zu zittern, als freue sie sich über das Erscheinen der Sonne. Die Umgebung bot dadurch einen ungewohnten Anblick – ähnlich dem Flimmern des Bildes bei einem schlecht eingestellten Fernsehgerät.

Viele Kilometer im Umkreis erstreckte sich die leblose Schneewüste des Gletscherplateaus. Eine gigantische Arbeit mußte die Schneekönigin hier geleistet haben, um ihre Gemächer unter einer dicken weißen Decke so sicher zu verbergen. Wohin man auch schaute – ringsum Schnee, nichts als Schnee.

Einige Kilometer von hier neigte der dunkelbraune Nunatak Terrier hochmütig seinen riesigen sanft abfallenden »Buckel«. Rechts davon sah man unten das schmale Band des Eisfjords, dahinter hoben sich deutlich ferne spitzgipflige Bergketten ab, deren pittoresk scharfe Konturen von dem intensiv blauen Himmel einen regelrecht verblüfften. Weit im Norden lugte die Schneekappe des höchsten Gipfels auf dem ganzen Archipel, der Newtonspitze, hervor, und im Osten dunkelten unter zottigen Wolkenmützen hinter dem von uns aus nicht sichtbaren breiten Ginevrasund die verschwommenen Konturen der viertgrößten Insel Spitzbergens, die nach Barents benannt ist...

Fünf Flüge waren erforderlich, um die Ausrüstung für die Station von der Küste aufs Lomonossowplateau zu befördern. Mit Hilfe dieser »Luftbrücke« gelang es, unser gesamtes Lager innerhalb von zwei Stunden auf eine Höhe von ungefähr 1100 Metern über dem Meeresspiegel zu transportieren. Beim letzten Flug brachten die Piloten die ganze Gruppe der Kameraleute und den sechsten Teilnehmer unserer Expedition, den Geologen Lawruschin, von Pyramiden mit.

»Nimm die paar Sächelchen hier!« rief mir Fursow fröhlich zu. »Wir haben sie aus Pyramiden für euch mitgenommen!« Und wir holten aus dem Hubschrauber einen Tisch, Hocker, einen Stuhl, Säcke mit Kohle, Brennholz zum Anheizen und sogar eine Leiter.

Schon am nächsten Tag fanden Fursows Geschenke in unserem bescheidenen Alltagsleben und bei der Arbeit Verwendung. Mehr als einmal haben wir später noch des fürsorglichen Hubschrauberkommandanten gedacht.

Die Flieger waren das erste Mal auf dem Gletscher. Ein paar interessierten sich lebhaft für die Geschwindigkeit, mit der er sich bewegt, andere erkundigten sich ganz nüchtern nach Gletscherspalten. Wir konnten sie beruhigen: Auf der Eisscheide, also an der Stelle, von der aus der Gletscher nach entgegengesetzten Seiten hin abströmt, sei die Geschwindigkeit äußerst gering, und die Breite möglicher Spalten überschreite kaum einen halben Meter.

Wassjukow weist den Funker an, dem Stützpunkt in Barentsburg zu melden, die Operation Glaziologentransport sei beendet. Wie bei im Felde arbeitenden Glaziologen üblich, veranstalten wir, bevor wir unsere Helfer entlassen, rascher Hand einen »Abschiedsschmaus«. Um den mitgebrachten Tisch versammelt sich ein stattlicher Trupp, etwa zwanzig Mann.

Der schon etwas ältere, aber immer noch jugendlich und aktiv wirkende Kameramann und Regisseur Gortschilin rennt ständig hin und her: Er wartet auf einen geeigneten Moment, um noch eine weitere Szene für seinen neuen Dokumentarfilm über die Natur und das Leben der Menschen auf dem polaren Archipel »in den Kasten zu kriegen«. Doch da unterbricht er plötzlich die Aufnahme, läuft auf dem Trampelpfad zu Fursows Hubschrauber, kehrt wenig später zum Tisch zurück und zieht eine ungewöhnlich lange grüne Gurke unter seiner Jacke hervor.

»Hatte sie ganz vergessen, man hat sie uns heute im Barentsburger Gewächshaus geschenkt. Ich bitte euch aber dringend,

Winter in Longyearbyen

(Oben) Im Adventstal fördern auch die Norweger Steinkohle, die dann in Longyearbyen verschifft wird

Der kleine Bogergletscher unweit von Longyearbyen wurde von sowjetischen Glaziologen eingehend untersucht

Mit einer Seilbahn wird die Kohle vom Adventstal zur Verladepier transportiert

Selbst in der rauhen Tundra des arktischen Archipels gedeihen neben Moosen, Flechten und Gräsern auch manche Blumen

Solche alten Holzkreuze erinnern an die Zeit, in der die von der
Küste Nordrußlands stammenden Pomoren auf Spitzbergen –
Grumant, wie sie es nannten – überwinterten und vor allem
Tierfang betrieben

Bei der Einrichtung und Versorgung der glaziologischen Stationen
werden Hubschrauber eingesetzt

Ein großer Teil der Inseln Spitzbergens ist von Eiskappen und
Gletschern bedeckt, die oft in mächtigen Steilwänden abbrechen

Der Anlegemast von Ny Ålesund, an dem einst Amundsens »Norge«
und Nobiles »Italia« vor ihrem Start zum Pol festgemacht hatten

Mit den Bergleuten überwintern auch deren Familien;
Kindergarten in der Grubensiedlung Pyramiden

In Pyramiden wird die abgebaute Kohle nicht »nach oben«,
sondern »nach unten« befördert – die Flöze streichen hoch oben
am Berghang aus

Blick von Pyramidenberg auf die Siedlung, die am Billefjord liegt

Mitglieder der DDR-Expedition von 1962 bei der Arbeit
auf den Gletschern um den Kongsfjord (Kingsbay)

In der Gletscherwelt um den Kongsfjord; Glaziologen müssen auch Bergsteiger sein!

(Oben) Einem erstarrten See gleich füllt das Hochlandeis die Täler

Am Murchisonfjord auf Nordostland befindet sich ein norwegischer Stützpunkt, den 1981 auch die sowjetischen Glaziologen benutzten

Ein windstiller Tag in der Kingsbay, in deren mit Eisschollen
besäten Wasser sich die Berge widerspiegeln

Der norwegische Stützpunkt am Murchisonfjord. Von hier aus ließen sich die sowjetischen Glaziologen mit Hubschraubern auf die Vestfonna bringen

Freunde, macht euch über das Gürkchen erst her, wenn ich das Kommando gebe. Ein so schönes Stilleben – das schreit direkt danach, gefilmt zu werden!«

Die Männer der Luftfahrt, der Wissenschaft und des Films wußten Gortschilins »Opfer« zum Ruhme sowjetischer Filmkunst durchaus zu würdigen und warteten mit Anstand diese wichtige Dokumentaraufnahme eines polaren Stillebens ab. Unterdessen hatte der diensthabende Funker die Anweisung erhalten, der Start vom Gletscher sei zu beschleunigen.

»So gut man bei euch Glaziologen auch aufgenommen wird als Gast, bei unseren Frauen in Barentsburg ist's doch besser!« ertönte Wassjukows Baßstimme. »Habt Dank für eure Gastfreundschaft hier auf dem Gletscher, und für euch, wie man so sagt: Hals- und Beinbruch! Wenn etwas sein sollte – ein Funkspruch, und wir kommen.«

Wie auf Kommando heulten die Motoren auf, und ein Hubschrauber nach dem anderen löste sich leicht vom Gletscher. Nach zwei Abschiedsrunden entfernten sie sich in Richtung Eisfjord. Einige Zeit noch war ihr Brummen zu hören, dann trat absolute Stille ein.

Nun war, zumindest vorübergehend, die Ader durchschnitten, der Faden abgerissen, der unsere Expedition mit den sowjetischen Bergwerken verband. Jetzt konnten wir nur mit Hilfe unseres kleinen transportablen Funkapparats Kontakt mit Pyramiden unterhalten.

»Na, Freunde, da wollen wir mal anfangen, uns einzurichten«, schlug ich vor, »noch ist das Wetter unser Verbündeter.«

Jedem war klar, daß wir uns, bevor ein Schneesturm losbrach, beeilen mußten, um ein Dach über den Kopf zu bekommen. Unser »Häuschen« lagerte noch in einem langen dunklen Sack auf dem Schnee. Als das wunderschöne braune Zelt, das in seiner Form an eine Tschuktschen-Jaranga erinnert, dann auf dem weißen Gletscher stand und neben ihm noch ein gewöhnliches khakifarbenes Zelt errichtet worden war, brach bereits der Morgen an – allerdings nur der Uhr nach, denn die Nacht war im wahrsten Sinne des Wortes unbemerkt verstrichen. Wir hatten den Gletscher ja zu einer Zeit bezogen, die für Forschungen im

Felde am günstigsten ist, nämlich dann, wenn die Sonne täglich 24 Stunden am Himmel steht. Ihre Wärme allerdings spürte man nicht: Die Lufttemperatur blieb nach wie vor winterlich niedrig, sie betrug ungefähr minus 10 Grad. Auch das launische Schneefegen ließ nicht lange auf sich warten; es suchte uns bereits gegen Abend des zweiten Tages heim und wehte alles zu, was ihm im Wege lag.

Beim Aufbau des Lagers hatten wir zwar Hunger bekommen, ans Schlafen aber dachte irgendwie keiner. Köche brauchten nicht bestimmt zu werden, es fanden sich Freiwillige. Schon eine Stunde später hörte man aus dem zweiten Zelt, unserem »Proviantzelt«, wie wir es nannten, das anheimelnde Summen der Primuskocher, es duftete nach den verschiedensten Speisen, und keine zwei Stunden waren vergangen, da verkündete einer der Köche:

»Es ist serviert!«

Unser Tisch paßte nicht ins Zelt, wir ersetzten ihn durch Lastkisten, an denen nun unsere ganze »Glaziologenfamilie« Platz nahm. Gleich nach dem reichhaltigen Frühstück, das uns sowohl das gestern ausgelassene Abendessen als auch das heutige Mittagessen ersetzte, verkrochen wir uns bis über den Kopf in unseren kalten Schlafsäcken. Kein Wunder, daß wir wie die Murmeltiere den ganzen Tag und noch einen Teil der Nacht verschliefen.

Keiner wollte dann aus den warmen Schlafsäcken auf den Gletscher-»Fußboden« des Zeltes hinauskriechen. Daher losten wir, der Verlierer hatte unser Öfchen zu heizen. Schon zehn Minuten später wurde es einem im Schlafsack ungemütlich.

Mit Anbruch der Nacht (während des Polartages ein sehr relativer Begriff) machten wir uns dann gemeinsam an die Arbeit –an den Aufbau einer zeitweiligen wissenschaftlichen Station. Es waren dies glückliche Stunden im Leben unserer Expedition.

Die Station wird eröffnet

Gleich neben den Zelten lagerten Kisten, Säcke, Fässer, Kanister, Skier, Schlitten, Bohrer, Fluchtstäbe, Gestänge, die Wetterhütte, eine Winde und andere Expeditionsausrüstung im Schnee. Unsere Lebensmittel deponierten wir im »Proviantzelt«, unserem natürlichen Kühlschrank. Da für uns fünf das Wohnzelt zu eng war, zogen Troizki und Korjakin in den »Kühlschrank« um.

Am frühen Morgen des 24. Juni 1965 suchte sich Slawa Markin auf einer ebenen Schneefläche eine geeignete Stelle aus und baute dort seine verschiedenen meteorologischen Geräte auf, und er tat das so, als putze er eine Neujahrstanne für seine Kinder an. Es wurde einem direkt wohler ums Herz, als unweit vom Zeltlager die ersten Apparaturen zu sehen waren – das Aktinometer, die Masten zur Messung von Temperatur und Feuchte in verschiedenen Höhen, Niederschlagsmesser, Heliograph. Auf selbstgezimmerten Füßen stand in zwei Meter Höhe die Wetterhütte.

Ich schaue in Markins gerötetes Gesicht; er ist aufgeregt, und das kann man verstehen: Jetzt kann er endlich Temperatur und Feuchtigkeit der Luft, atmosphärischen Druck, Stärke und Richtung des Windes ermitteln. Erfahren wird er auch die Stärke der Sonneneinstrahlung auf die Oberfläche des Gletscherplateaus.

Wolodja Michaljow hat inzwischen begonnen, von Hand ein thermometrisches Bohrloch niederzubringen. Mit Hilfe der Kameraden setzt er nach und nach eine Stange an die andere. 24 Stunden später kann er dann im Bohrloch die uns bis jetzt unbekannte Temperatur der oberen oder, wie die Glaziologen sagen, der aktiven Schicht des Gletschers ermitteln.

Jedes Jahr fallen Trillionen von Tonnen Schnee aus der Atmosphäre auf die Oberfläche unseres Planeten. Alljährlich breitet sich auf der nördlichen Halbkugel eine saisonbedingte Schneedecke aus, die die riesige Fläche von fast achtzig Millionen Quadratkilometern einnimmt; auf der südlichen Halbkugel ist die Fläche nur halb so groß.

Schnee entsteht in Wolken, also dort, wo die relative Luftfeuchtigkeit hundert Prozent erreicht. Es gibt unzählige Arten von Schneeflocken; je höher die Lufttemperatur ist, desto größer sind sie. Bei Temperaturen um null Grad kann man gewöhnlich große Flocken beobachten, die durch Zusammenfrieren kleiner entstehen. Die winzigsten Flocken entstehen bei niedrigen Temperaturen.

Da haben sich also nun Kristalle aus der Atmosphäre auf der Oberfläche des Gletschers abgelagert und dort eine Schneedecke gebildet, deren Dichte und Aufbau deutlich von der Lufttemperatur beeinflußt werden. Höhere Temperaturen begünstigen ein Zusammenbacken der Schneepartikeln und damit die Bildung einer äußerst kompakten Masse. Wind kann den Schnee aufwirbeln und in der bodennahen Schicht verlagern, wobei er ihn in winzigste Partikeln verwandelt, die ihre frühere feine Sternchenform eingebüßt haben. Je stärker der Wind ist, desto mehr Schnee reißt er von der Oberfläche los und desto mehr verdichtet er ihn. Doch die Schneepartikeln können nicht endlos wandern: Entweder werden sie fest aneinandergepreßt und bilden eine feste Schneewehe, oder sie verdunsten schließlich. Innerhalb weniger Stunden kann ein Sturm sehr harte Schneegrate – Sastrugi – schaffen, die keines Menschen Fuß mehr zu zerstampfen vermag.

Ist der Winter vorbei, versuchen die Strahlen der Frühlingssonne den in der kalten Jahreszeit angesammelten Schnee zu schmelzen. Aber der beginnt nur dann zu tauen, wenn die Luft ihn auf null Grad erwärmen kann. Da für das Schmelzen eine sehr große Wärmemenge nötig ist, erwärmt sich die Luft in schneereichen Gebieten der Erdkugel langsamer, und ihre Temperatur bleibt noch lange relativ niedrig. Das ist auch der Grund, weshalb in der Antarktis und in hohen Breiten der Arktis, aber auch auf hohen Bergen unseres Planeten nicht der gesamte in einer Saison gefallene Schnee schmilzt. Bricht der nächste Winter an, lagert sich auf den sommerlichen Resten des vorjährigen Schnees eine neue Schicht ab, ein Jahr später dann eine weitere und so fort. Auf diese Weise häufen sich allmählich gewaltige Massen mehrjährigen Schnees an und werden zusammengepreßt. Aus diesen Schichten bilden sich dann Firn und mit der Zeit Eis. Wenn dieses eine gewisse Stärke erreicht hat, gerät es, durch die Schwerkraft bedingt, in ganz langsame Bewegung, und sobald es in eine wärmere Zone gelangt, schmilzt die Eismasse. Dieses ganze komplizierte natürliche Stromsystem, das sich da aus Schnee, Firn und Eis gebildet hat, bezeichnet man als Gletscher. Damit dieser ein normales Leben führen kann, müssen mehr feste atmosphärische Niederschläge fallen, als durch Schmelzen und Verdunsten verlorengehen. Sind also Gletscher einmal entstanden, dann sind sie auch ununterbrochen in Bewegung. Im Vergleich zu der Geschwindigkeit, mit der der Wind weht oder ein Fluß strömt, ist die eines Gletschers allerdings winzig klein. Infolge ihrer Bewegung sind die Gletscher geologisch aktiv; es erfolgen eine Erosion ihres Bettes, ein Transport und eine Ablagerung von Gesteinstrümmern. Sie verändern das Klima in einer Richtung, die ihrer Entwicklung förderlich ist. Das Eis innerhalb der Gletscher »lebt« ungewöhnlich lange: Ein und dieselbe Partikel kann Hunderte, ja Tausende von Jahren existieren, ehe sie schließlich schmilzt oder verdunstet.

Während Michaljow zu klären versucht, auf welche Weise der auf der Gletscheroberfläche sich ansammelnde Schnee in Eis verwandelt wird, gehört es zu meinen Aufgaben, die Schneedecke im ersten Jahr ihres »Lebens« zu untersuchen: Wieviel Niederschläge sind auf den Gletscher gefallen, welche strukturellen, physikalischen und anderen Besonderheiten sind in den Profilen der in der letzten Saison entstandenen Schneedecke zu beobachten? Genau wie bei Markin besteht auch bei mir die erste Arbeit darin, daß ich mir hier eine Stelle zum Schneemessen aussuche. Ich bohre dort zehn Löcher für meine Speziallatten und werde nun mit ihrer Hilfe tagtäglich untersuchen, wie sich das Oberflächenniveau des Gletschers »benimmt«. Jeder Morgen beginnt bei mir jetzt damit, daß ich zu diesem Versuchsfeld laufe, um alle Meßlatten abzugehen und ihre über den Gletscher ragende Länge zu messen. Wenn diese abnimmt, bedeutet das, die Dicke der Schneedecke nimmt zu, und umgekehrt. Zu Sommerende werde ich dann die Menge des auf der Plateauoberfläche verbliebenen Schnees berechnen, und erst dann kann ich schlußfolgern, wie intensiv der Gletscher genährt wird. Orkane und Schneestürme können bei versäumten Beobachtungen nicht als Entschuldigung geltend gemacht werden.

Mit einem kleinen Tagebuch, Bleistift, einem Satz verschiedenster Spaten, einem Gerät zum Ermitteln von Gewicht und Dichte des Schnees, Zollstock und Lupe versehen, mache ich mich daran, meine erste Firngrube anzulegen, und zwar dort, wo das noch niemand getan hat, wo überhaupt unbekannt ist, wieviel Schnee hier lagert. Wie viele Kubikmeter mögen das hier, im Zentrum des Nährgebiets eines großen Eisstromnetzes, wohl sein? Um das herauszufinden, muß ich bis zu der alten Oberfläche gelangen, die der Gletscher im vorjährigen Sommer hatte, muß mich also durch die ganze Schneeschicht »durcharbeiten«, die hier im vergangenen Winter abgelagert worden ist und deshalb Saisondecke genannt wird. Je nachdem, in welcher Region sich der Gletscher befindet (den geographischen, orographischen und klimatischen Besonderheiten), kann die Mächtigkeit des Saisonschnees sehr unterschiedlich sein – von einigen Zentimetern bis zu mehreren Metern. Wie tief werden wir nun graben müssen? Logischerweise müßten es etliche Dutzend Zentimeter sein. Aber selbst wenn es mehrere Meter sein sollten, gegraben muß werden, das gehört nun einmal zu unserer Arbeit!

Rasch türmen sich kleine weiße Hügel zu beiden Seiten der Firngrube. Es macht Spaß, in solchem Schnee zu arbeiten, der mäßig fest ist und noch kaum Schmelzwasser enthält. Nach etwa einer halben Stunde habe ich eine Tiefe von über zwei Metern erreicht. Ich »ertaste« das gesuchte Niveau, über dem sich der Saisonschnee abgelagert hat, und bitte Michaljow, es zu kontrollieren. Unsere Ansichten stimmen völlig überein.

Eine unkomplizierte Rechnung ermöglicht es, die Höhe der Niederschläge zu bestimmen, die in der letzten Saison auf das Lomonossow-Gletscherplateau gefallen sind. Nach der Umrechnung auf Wasser kommt nicht wenig heraus: 1200 Millimeter. In der gleichen Zeit betrug am Ufer des tausend Meter tiefer gelegenen Eisfjords die Niederschlagsmenge nur ein Drittel davon. Daraus ergibt sich, daß der Nordenskiöldgletscher zwischen seinem

Ende am Eisfjord und dem Lomonossowplateau im Durchschnitt achtzig bis hundert Millimeter mehr Niederschlag je hundert Meter Anstieg erhält. Diese allen Geographen bekannte Vergrößerung der Niederschlagsmenge hängt damit zusammen, daß mit zunehmender Höhe die Lufttemperatur sinkt und dadurch mehr Niederschläge fallen.*

Alle fünf Tage werde ich nun ins Innere der Schneeschicht »hineinschauen«, um zu beobachten, ob sich im Aufbau der oberen Schnee- und Firnlagen etwas verändert.

Damit hat also die Station, der wir auf der ersten Sitzung unseres »wissenschaftlichen Rates« den Namen »Lomonossow-Gletscherplateau« geben, mit der Erfüllung ihres glazialklimatischen Arbeitsprogramms begonnen.

Am dritten Tag unternahmen Troizki, Korjakin und Michaljow einen ersten Marsch zum Schneemessen. Ihre Route verlief am Südosthang des Plateaus in Richtung auf den großen Negrigletscher, der zur Ostküste der Insel hinabströmt. Meine Kameraden zogen somit in eine Gletscherregion, wo sie sich auf keine topographischen Karten stützen konnten – sie war ein echter »weißer Fleck«.

Die Schneevermesser kamen nur elf Kilometer weit, dann versperrte ein Eisbruch, ein chaotisches Labyrinth unüberwindlicher Spalten, ihnen den Weg. Obwohl sie die Ostküste der Insel nicht erreichen konnten, gab das gesammelte Material doch viel her. Östlich der Eisscheide des Lomonossowplateaus stellten sie eine auffällige Zunahme der Schneeanhäufung fest, was darauf deutete, daß hier Winde vorherrschen, die Feuchtigkeit zum Ostrand der Insel Westspitzbergen bringen.

Jeder neue Tag brachte unserer Expedition interessante, gewichtige Entdeckungen. Entsprechend unseren Kräften und Möglichkeiten richteten wir auch unser bescheidenes Leben hier ein. Unser Kuppelzelt war im Vergleich zu einem gewöhnlichen Zelt ein kleiner »Palast«. Ein Haus aber, das man nicht heizen kann, ist kein Haus. Deshalb hatte ich noch in Barentsburg aus einem

---

* Das ist nicht überall so. Im extrem trockenen Klima Antarktikas z. B. nimmt der Niederschlag mit zunehmender Höhe und Küstenentfernung ab (A. d. R.)

eisernen 100-Liter-Faß einen transportablen Ofen anfertigen lassen. Dieses wahre Prachtstück von Ofen lieferte uns jetzt die nötige Wärme, auf ihm kochten wir das Essen, er ermöglichte es uns, durchnäßte Kleidung und Schuhe zu trocknen, und schließlich war durch ihn auch das Trink- und Brauchwasserproblem gelöst. Das ging ganz einfach: Man legte ein Stück Eis in einen Eimer, der neben dem heißen Ofen stand, wartete, bis es geschmolzen war, und konnte dann trinken, soviel man wollte. Zweimal am Tag legten wir Eis nach. Ich glaube, es läßt sich auf gefrorenem Süßwasser doch leichter leben als im glutheißen Flugsand der Sahara!

Unser mitgebrachtes kleines Transistorradio funktionierte zu unserem großen Bedauern auf Spitzbergen nicht. Es war nur für Empfang auf Mittel- und Langwelle eingerichtet, aber dort schwieg es sich die ganze Zeit beharrlich aus. Als einzige Hoffnung blieb uns die Funkstation, die auf Kurzwelle arbeitete. Wir mußten allerdings lange kurbeln, ehe wir die ferne Stimme Moskaus in unserem Zelt hörten – ein freudiges Ereignis für uns. Das pausenlose Piepen von Morsezeichen, uns unverständliche Sendungen in fremden Sprachen, irgendwelche Funkferngespräche und ohrenbetäubender Jazz durchdrang plötzlich die vertraute Stimme des langjährigen Sprechers von Radio Moskau, der gerade meldete, in Moskau sei es heute heiß. Um die Batterie des Funkgeräts zu schonen, legten wir eine tägliche Radiostunde fest, in der wir die Nachrichten und sogar Musiksendungen und Reportagen von Fußballspielen hörten.

Nur eine Woche verbrachten wir alle gemeinsam auf der Station. In dieser Zeit gelang es Troizki, Korjakin und Michaljow, das vorgesehene Forschungsprogramm auf dem Plateau zu realisieren. Jetzt stand ihnen nun ein neuer Marsch bevor: zunächst auf dem Nordenskiöldgletscher zum Ufer des Eisfjords absteigen und dann die Spuren alter Vereisung auf der Insel untersuchen. Nach Beendigung dieser Arbeit sollten unsere Kameraden zur Station zurückkehren, um auf weiteren Märschen über das Lomonossow-Gletscherplateau Beobachtungen anzustellen und mir bei der Vertiefung der Firngrube zu helfen.

Schon sank der von Michaljow gebaute Schlitten tief im Schnee ein, und das auf dem leichten Gefährt zu befördernde Gepäck nahm immer größeren Umfang an.

»Hör mal, Wolodja«, wandte sich Markin an Korjakin. »Bringt ihr denn eure Fuhre überhaupt fort? Eine ganz schöne Masse.«

»Ihr braucht uns bloß zu helfen, den Schlitten bis zum nächsten Paß zu ziehen, dann gleitet er von allein bergab, man muß nur aufpassen, daß er nicht davonsaust.«

So werden wir alle fünf also vorübergehend so etwas wie Treidler auf dem Gletscher, spannen uns vor den Schlitten, dessen Ladung an die dreihundert Kilogramm wiegen mag. Wir versuchen auf Skiern zu laufen, aber daraus wird nichts: Die Zugstränge halten uns wie Anker an Ort und Stelle fest. Der tiefe, mit Schmelzwasser gesättigte Schnee hemmt stark, immer wieder sinken wir bis zu den Knien ein, und vor dem Schlitten bildet sich ein richtiger Schneewall, den wir wohl oder übel mitschleppen müssen. Zum Glück haben wir Rückenwind.

»Bald muß es abwärts gehen«, beruhigte uns Troizki, der diese Strecke schon einmal gelaufen war.

Und tatsächlich begann gleich darauf ein steiler Abstieg, wir spürten sofort eine gewisse Erleichterung. Doch nach ganz kurzer Zeit verschlechterte sich das Wetter. Der stark aufgefrischte Wind riß den dünnen Harsch ab und blies den vor kurzem gefallenen lockeren Schnee darunter aus. Unmittelbar zu unseren Füßen fegte der Schnee in Tausenden von feinen weißen, sich schlängelnden Fäden dahin, und dazu gesellte sich auch noch ein Schneesturm, der alle Sicht behinderte, einem den Atem benahm und einen fast umwarf...

Hier ganz in der Nähe muß der Nordenskiöldgletscher seinen Anfang nehmen. Wir mobilisieren alle Kräfte und kommen langsam voran. Rechts bleibt eine Kette niedriger Felsen von langgestreckter sichelförmiger Gestalt zurück – der Bumerang. Direkt vor uns erkennen wir jetzt den Gipfel des Nunatak Echo, hier irgendwo soll die Gruppe Troizki ihr erstes Zwischenlager aufschlagen, um von da aus ihre Märsche anzutreten. Wir zerren den Schlitten bis zum nahen Hang des Nunatak, doch hier weht der Schnee. unsere Ladung langsam zu. Bei diesem Wetter hier das kleine Marschzelt aufstellen ist nicht ratsam, deshalb entschließen wir uns, zur Station zurückzukehren und dort das Ende des Orkans abzuwarten.

Auf dem Rückweg folgen wir unseren kaum noch sichtbaren Spuren. Nach zwei Stunden zeigt sich in der Ferne ein ganz kleiner schwarzer Punkt, ein zweiter, dritter – es sind unsere Antennenmaste. Die Station! Sogleich bessert sich bei allen die Stimmung, und unwillkürlich beschleunigen wir das Tempo. Welche Freude, unser Lager mit dem im Sturm flatternden roten Wimpel wiederzusehen. Dabei haben wir höchstens fünfzehn Kilometer zurückgelegt, aber uns ist, als seien es hundert gewesen! Als erstes jetzt den Ofen heizen, Kaffee kochen. Die Wärme, die sich schnell unter der niedrigen Kuppel des Zeltes ausbreitet, und der starke schwarze Kaffee, den wir gierig schlürfen, regen uns müde Leute zum Plaudern an. Michaljow und ich sprechen darüber, wie wir eben noch den schweren Schlitten schleppen mußten, doch Korjakin fällt uns gleich ins Wort:

»War doch alles nur ein Kinderspiel, Jungs! Auf Nowaja Semlja bin ich mal wirklich in eine heikle Lage geraten, wie ich sie ein zweites Mal nicht erleben möchte. Mein Lebtag vergesse ich das nicht wieder.«

»Na Wolodja, da erzähle mal, solange das Essen noch nicht fertig ist«, schlug Troizki vor, »wirst sehen, wie rasch die Zeit vergeht.«

Korjakin holte bedächtig ein Päckchen Zigaretten hervor, zündete sich eine an und begann seine Geschichte:

»Es war, wie mir jetzt gerade einfällt, im November 1957, gleich nach den Oktoberfeierlichkeiten. Ich hauste damals ganz allein auf dem Schokalskigletscher, in einem selbstgebauten Häuschen, das auf Kufen stand und von einem Traktor von Russkaja Gawan, wo sich unsere Küstenstation befand, dorthin geschleppt worden war. Wir hatten das Häuschen ‚Anachoret‘ getauft, nach dem griechischen Wort für Einsiedler. Schlechtes Wetter hatte mich gehindert, meine geodätische Arbeit zu beenden, ich mußte auf der faulen Haut liegen. Am zehnten Tag trafen unerwartet drei unserer Glaziologen bei mir ein, die von der Höhe des Gletscherschildes zum Stützpunkt in Russkaja Gawan zurückwollten.

Und wie zum Possen wurde gleich darauf das Wetter schön – gute Sicht, man sah die nahen Berghänge, Sterne glänzten am dunklen Nachthimmel, über uns flammte das Nordlicht in den unterschiedlichsten Farben. Diese höchst seltene Gelegenheit, die mir die Natur selbst darbot, mußte ich unverzüglich nutzen, und so zog ich mit einem der gerade Eingetroffenen, einem jungen Laboranten, zum nahegelegenen Gletscherbruch, der ein Jahr später nach dem Glaziologen Oleg Jablonski benannt wurde, einem unserer Expeditionskameraden, der in der Nähe des ‚Anachoret' auf tragische Weise ums Leben gekommen ist.

Der eine von uns beiden schwitzte, weil er von Zielpunkt zu Zielpunkt laufen mußte, während der andere, der am Theodoliten arbeitete, vor Kälte zitterte. Die auf dem Gletscher stehenden Fluchtstäbe in der Dunkelheit anzuzielen war unmöglich, also mußten wir eine Lampe benutzen. Anderthalb Stunden mochten vergangen sein, als ausgerechnet jetzt Schneefegen einsetzte, und dazu kam ein weiteres Mißgeschick – die Birne der Taschenlampe brannte durch. Das Schneefegen wuchs sich zu einem Schneesturm aus: Die berüchtigte Borá von Nowaja Semlja brach los, ein kalter heftiger Wind, der eine Geschwindigkeit bis 150 Kilometer pro Stunde erreicht. Schon konnten wir unsere Spuren nicht mehr sehen und somit auch nicht mehr den Rückweg in unser rettendes Häuschen finden. Das war sozusagen der Auftakt für unsere schlimmen Abenteuer auf dem Gletscher.

An die zwei Stunden irrten wir umher. Aber dann sahen wir ein, daß es völlig sinnlos, ja gefährlich war, weiter nach unserem ‚Anachoret' zu suchen, und beschlossen, auf dem Gletscher zum Meer hin abzusteigen. Einen anderen Ausweg aus unserer Situation gab es nicht, allerdings stand uns ein langer, schwerer Marsch bevor.

Manchmal blickten für kurze Augenblicke Sterne durch den Schneeschleier. Aber ihr wißt, daß man sich in hohen Breiten besser nicht nach dem Polarstern richtet, er steht ja fast im Zenit. Doch zu unserem Glück wurden von Zeit zu Zeit auch andere helle Sterne sichtbar, nach denen wir uns orientierten. Wir kontrollierten uns dabei an Hand der Uhr. Wo wir uns befanden, konnten wir nur erraten.

Manchmal verdichteten sich die niedrig ziehenden Wolken so sehr, daß sie unsere einzige Wegweiser in der Schneefinsternis, die Sterne, verdeckten. In solchen Augenblicken wurde uns ganz unheimlich zumute. Daß wir einmal einen in riesige Spalten zerrissenen Gletscherbruch überquerten, merkten wir bloß an dem Gefälle und an den Schneeansammlungen am Fuße des Bruchs. Bis heute kann ich nicht recht fassen, wie es uns überhaupt gelungen ist, diese so gefährlichen Stellen zu überwinden. Aller Wahrscheinlichkeit nach sind wir direkt über die von Schnee»brücken« überspannten Spalten gelaufen, ohne diese überhaupt zu bemerken.

Ringsum war die höllisch tosende, heulende und pfeifende Schneemasse in Bewegung, als donnere eine Lawine herab. Vom Wind glühten uns Wangen, Stirn, Nase und Hals, und die Augen waren uns verklebt. Auf Wimpern und Brauen sowie in den Nasenlöchern bildete sich dünnes Eis, das kleinste Verziehen des Gesichts bereitete unerträgliche Schmerzen. Es war, als ob nicht gewöhnlicher Schnee, sondern von einer Drehbank wegspritzende glühende Eisenspäne unser Gesicht träfen. Unser Atem ging schwer. Manchmal warfen besonders heftige Windstöße uns zu Boden, und wir fielen auf die harten Kanten der Schneerippel. Der Kampf mit den Elementen kostete uns alle Kräfte, wir waren völlig erschöpft und dachten nur noch an eins – daß wir uns nur ja nicht völlig verirren.

Als wir schließlich, fast am Ende unserer Kräfte, vom Gletscher herunterkamen, tauchte links unerwartet die nur schwach sichtbare, verschwommene Silhouette einer Moräne auf. Vor Freude pochte uns das Herz, doch sie verflog sehr bald – ich erkannte, daß wir ausstreichendes Gestein für eine Moräne gehalten hatten. Gebückt liefen wir weiter – aufwärts, abwärts und wieder aufwärts. Immer von neuem stürzten wir auf den harten Firnflecken hin, die vom Wind wie poliert und spiegelglatt waren. Einige Zeit lang flammte ein diffuses Polarlicht auf, das wie Feuerschein aussah. Unsere ermüdeten Augen hielten ein paarmal das Licht von Sternen für die Lichter der Polarstation Russkaja Gawan. Plötzlich zeigten sich im Osten zwei schwache helle Punkte, die mich an den Lichtschein hinter einer einen Spalt offenen Tür einer Erdhütte erinnerten. Es waren natürlich schon Halluzinationen, die vielen Stunden nervlicher Anspannung machten sich bemerkbar. Wir waren bis zum äußersten erschöpft, wußten aber eins mit Bestimmtheit: Um zu überleben, muß man kämpfen, muß man sich bewegen, und sei es kriechend, auf jeden Fall aber vorwärts, nur vorwärts. Und wir hätten uns doch so gern hingesetzt, ein wenig geruht. Aber uns war klar, aufstehen würden wir dann nicht mehr...

Wieder orientierten wir uns an den kaum erkennbaren Sternen, stützten einander, schleppten uns irgendwelche steinige Abhänge hinauf, nach Norden – zur ersehnten Küste, wo man an jedem Punkt klären konnte, wo man sich befindet.

Plötzlich stellten wir fest, daß wir unmittelbar am Rand einer Steilwand standen. Unten sprießten Felsen heraus mit messerscharfen Kanten, leicht mit frischem Schnee überpudert. Vor uns erstreckte sich eine ebene Fläche, die sich zu einer Bucht hin senkte. Links erkannte ich die Silhouette des Jermolajewberges, und einen Augenblick später glommen die fernen Lichter der Polarstation auf. Jetzt wurde uns klar, daß wir auf dem Kamm der Wessjolyje-Berge standen. Ein schlimmer Abstieg wartete auf uns, aber als das so lange herbeigesehnte Feuer des Leuchtturms aufblinkte, glaubten wir endgültig an unsere Rettung und fielen einander in die Arme.

Jetzt galt es, die letzte Prüfung zu bestehen: Wir purzelten Steilhänge hinab, schlitterten über vereiste Schneeflecken, stießen in der Dunkelheit gegen spitze Steine, die wie Stacheldraht unsere Kleidung zerfetzten. Bis zum heutigen Tag kann ich nicht begreifen, wie mein Kleintheodolit diesen Abstieg heil überstanden hat. Unten am Fuß der Berge wehte der Wind merklich schwächer. Über ihren Gipfeln aber, wo wir kurz vorher noch gestanden hatten, stieg eine imposante Schneefontäne empor, deren zahlreiche riesige weiße Strahlen Hunderte von Metern weit sprangen.

Bis zum Stützpunkt blieben uns noch vier Kilometer, doch gerade diese sollten für uns beinahe die schwersten werden. Mit letzter Willensanspannung zwangen wir uns, einen Fuß vor den anderen zu setzen, und langsam kamen wir dem Ziel näher. Am frühen Morgen, in unserem Stützpunkt Russkaja Gawan schliefen alle noch – auch mein Zimmernachbar Jewgeni Singer –, betraten wir die Außentreppe des Wohngebäudes...

Das also ist die Geschichte, Leute, die mir vor acht Jahren während meiner ersten Überwinterung in der Arktis passierte«, beendete Korjakin seine Erzählung.

»Hier auf Spitzbergen herrscht natürlich nicht so ein Klima wie auf Nowaja Semlja, hier ist es milder, und es lebt sich hier auch leichter«, meinte Markin.

»Milder oder nicht, leichter oder nicht, Kreuze gibt es hier auch ohne uns genug!« konnte ich nicht umhin einzuwerfen. »Die Arktis ist überall die gleiche: rauh, und sie läßt nicht mit sich spaßen.«

Der bedächtige Troizki nahm den Gesprächsfaden wieder auf: »Das stimmt. Es gibt da in Georgien ein treffendes Sprichwort – ,Krieche nicht in Löcher, in die du mit dem Kopf nicht hinein-paßt.' So ist es...«

Am anderen Tag besserte sich das Wetter auf dem Lomonossow-plateau, und unsere Kameraden verließen die Station, um die unterbrochene Arbeit fortzuführen. Markin und ich blieben allein hier zurück.

Bald war das Plateau in dicken Nebel gehüllt, dann kam starker Schneefall auf, der den nächsten Schneesturm nur be-günstigte. Es fehlte nur noch der Wind, und der ließ nicht lange auf sich warten.

Wie gewöhnlich begann es mit dem Rascheln des Schneefegens. Nach kurzer Zeit schon stob der von der Oberfläche losgerisse-ne Schnee in Richtung Eisfjord. Als die Windgeschwindigkeit dreißig Meter in der Sekunde überschritt, wirbelte alles durch-einander in einem tosenden Ozean von Schnee. Die abgerissenen Drähte der Antenne und der Verspannungen wurden in wenigen Minuten unter frischen Schneewehen begraben.

Unser Zelt hielt jedoch allen Härteprüfungen stand. Manch-mal sah es zwar so aus, als wolle es im nächsten Augenblick uns Mieter im Stich lassen und sich davonmachen. Seine dünnen Wände blähten sich, strebten nach oben, die halbbogenförmigen hölzernen Stützen, die der Zelthülle Halt gaben, knarrten und ächzten. Mehr als einmal schienen die eisernen Ofenrohre sich losreißen zu wollen, doch zuverlässig mit Draht an speziellen Halterungen befestigt, klapperten sie nur wild gegen Ofen und »Dach«.

Der Wind peitschte ununterbrochen Milliarden von Schneeflocken, die mit ungeheurer Geschwindigkeit durch die Luft wirbelten, gegen die Leinwand. Es klang, als schlüge der Schneesturm Nägel ins Zelt. Allerfeinster Schneestaub schaffte es sogar, wie durch nicht sichtbare Spalten ins Zeltinnere zu dringen. Neben dem Stofftürchen türmten sich bald kleine feste Schneepyramiden, die an Zuckerhüte erinnerten. Um ihr weiteres Wachstum zu unterbinden, mußten wir zu einem erprobten Verfahren greifen: das ganze Türchen rundum zu »verschmieren«, und zwar mit ... Schnee.

Der Schneesturm verhalf uns zu einer weiteren Arbeit: Wir mußten beide bis zur Spitze zugewehten Zelte ausgraben und den Zugang frei machen. Von der durchhängenden Kuppel des Wohnzeltes waren mehrmals am Tage die schweren, fast steinharten Schneefladen abzutragen, die jeden Moment die dünne Zeltdecke durchdrücken konnten. Hatten wir diese Tätigkeit beendet, kehrten wir zu unserer normalen Arbeit zurück: Einer ging, die Beobachtungen zu absolvieren, der andere spielte in dieser Zeit Koch und Heizer. Zum Trocknen der ständig feuchten Kleidung und Schuhe brauchten wir ununterbrochen Wärme, und die lieferte uns die Spitzbergener Kohle.

Zum Glück kennt die Natur ja keine Eintönigkeit, dem langen wütenden Schneesturm, der wie zum Hohn den kalendarischen Sommer zum Winter gemacht hatte, folgten einige wunderschöne Tage. Der Wind legte sich, die langen Schleppen der Schneewehen um die Zelte und auf dem Meßfeld erstarrten. Die dunklen, vom Schnee schweren Wolken verzogen sich, und wir genossen wieder einen klaren, über und über blauen Himmel. Wir schafften es sogar, ein bißchen Sonnenwärme zu empfinden. Nach den fast ununterbrochen wütenden Schneestürmen und dem Fehlen jeder Sicht erlebt man einen solchen schroffen Wetterumschwung irgendwie besonders intensiv. Die Luft um uns wurde wunderbar rein und unwahrscheinlich klar – sogar sehr,

sehr ferne Gipfel, mit bloßem Auge sonst gewöhnlich kaum sichtbar, hoben sich jetzt deutlich, beinahe plastisch vom Himmel ab.

Der Juli ist der wärmste Monat auf Spitzbergen, aber selbst in dieser angenehmsten und mildesten Jahreszeit lag die mittlere Monatstemperatur der Luft auf unserer Station unter Null. Den Juli werden wir auch wegen seiner vielen Nebeltage nicht vergessen. 23 Tage »schwebten« wir in dicken Wolken, die auf dem Plateau lagerten. Oftmals verringerte sich die Sicht so sehr, daß ich von dem vom Zelt nur einige Dutzend Meter entfernt liegenden Meßfeld aus unsere Behausung nicht mehr sah. Wenn sich jedoch zu dem Nebel noch Schneesturm gesellte, konnte man das Zelt auch aus nächster Nähe nicht mehr erkennen und es leicht verfehlen. Um das zu vermeiden, »pflanzten« wir um das Zelt ein »Wäldchen« aus Fluchtstäben und verbanden diese untereinander durch ein Seil. Für einen Glaziologen, der bei schlechtem Wetter auf einem Gletscher arbeiten muß, ist selbst der kleinste als Erkennungszeichen dienende Stock hundertmal wertvoller als der höchste Baum in einem Wald...

Mitte Juli vermeldete ein Funkspruch aus Pyramiden, dort am Ufer des Billefjords sei »ein Wetter wie in Sotschi: 15 Grad Wärme«. Zur gleichen Zeit war es bei uns zehn Grad kälter. Doch selbst die 5 Grad Wärme, die maximale Lufttemperatur, die wir an diesem Tag auf der Station registrierten, empfanden wir geradezu als Hitze!

Unternehmen »Firngrube«

Täglich nehme ich mit der Funkstation des Bergwerks Pyramiden Verbindung auf, und jedesmal geben wir uns alle Mühe, ein wenn auch noch so kurzes normales Gespräch zu führen, da wir einander fast nicht hören. Man muß den Sender von einer Betriebswelle auf die andere »jagen« und die nerventötende Abstimmung vornehmen: »Eins, zwei, drei, vier ... zehn, neun ... eins!«
»Holunder! Holunder! Hier Holunder eins! Wie hören Sie mich? Ich gebe die Abstimmung, eins, zwei, drei ... Holunder, ich

gehe auf Empfang!« krächze ich mit heiserer Stimme sicher zum zehnten Mal ins Mikrophon.

Am dritten oder vierten Tag gab es überhaupt kein Durchkommen mehr, und unsere fällige Sprechfunkverbindung riß ab. Da schaltete der Funker von Pyramiden ein stärkeres Sendegerät ein und schlug mir vor zu morsen: das sei immer besser zu hören als die menschliche Stimme. Ich schaltete also wohl oder übel den Sender auf Telegraf um und tippte meine Punkte und Striche. Bald bestätigte Pyramiden, daß der Empfang zufriedenstellend sei. Ich sah, die Sache lief, gab meine Meldung durch und erhielt meine »Quittung«. Danach empfing ich dann auch selbst einige dienstliche und persönliche Telegramme aus Moskau und Barentsburg.

Nach dieser Funkverbindung verspürte ich noch lange Zeit eine ungewöhnliche Erregung in mir, und das nicht nur, weil ich mit dem Morsealphabet arbeiten konnte. Ich mußte unwillkürlich an meine bewegten Jugendjahre denken, die ich als Funker auf einer Polarstation und auf einem Eisbrecher gearbeitet hatte.

Nach bestandenem Abschlußexamen in Kursen für Leute, die im Polargebiet arbeiten wollten, schickte man mich zusammen mit zwei Kameraden von der Funkergruppe, Shenja Lanzow und Kolja Jegorow, auf eine Polarstation in die Ambartschikbucht. Obwohl Krieg war – Frühjahr 1944 –, wurden wir feierlich verabschiedet. Wir Absolventen – Funker, Meteorologen, Mechaniker – füllten einen ganzen Waggon.

Etwa zwei Monate später erreichte unser Dampfer die Mündung der Kolyma und warf auf der fernen Reede Anker. Auf einem dortigen Schlepper gelangten wir schließlich nach Ambartschik und fanden uns kurz danach in der kleinen, aber behaglichen Messe der Polarstation wieder. Dort saßen um diese Zeit mehrere Personen. Verwundert starrten sie die drei unbekannten Burschen an, die da Vaters Uniformjacke und -bluse anhatten und von denen man nicht wußte, woher sie gekommen waren. Der hünenhafte Lanzow rief fröhlich:

»Gruß den Poljarniki Ambartschiks von den Einwohnern unserer Hauptstadt Moskau!«

Sogleich überschütteten sie uns alle mit Fragen:

»Aus Moskau also seid ihr?! Na was macht es denn, unser liebes Moskau? Los, Jungs, nun erzählt mal, was es so für Neuigkeiten gibt, von uns ist schon ewig keiner mehr auf dem ,Festland' gewesen, vor dem Krieg das letzte Mal, Überwinterer läßt man nicht raus aus der Arktis.«

In diesem Augenblick erklärte Pawel Soldatow, Leiter der Station und alter erfahrener Poljarnik, kategorisch:

»Na was ist denn das für eine Unterhaltung, Freunde, so ohne Brot und Salz zur Begrüßung!«

Man setzte uns auf die besten Plätze, trug warmes Essen auf. Zum ersten Mal in unserem Leben aßen wir Rentierfleisch, aßen eine Menge davon. Sogleich wurde uns richtig warm, es war gemütlich wie zu Hause.

»Na, Jungs, da erholt euch erst mal von der langen Reise, guckt euch richtig um hier, und in zwei Tagen ran an die Arbeit. Da bringen wir euch bei, was ein Funker so zu können hat!« meinte der Oberfunker der Station, Konstantin Kurko, freundschaftlich zu uns. Diesen Kurko kannte man nach dem Krieg in der ganzen Arktis; er hatte auf der driftenden Station »Nordpol 2« gearbeitet, an vielen Expeditionen und Flügen in hohen Breiten teilgenommen.

Von den vierzehn Mitarbeitern der »Polarka« (so nennt man im hohen Norden die Polarstationen), mit denen zusammen wir in Zukunft leben, arbeiten und überwintern sollten, waren wir die jüngsten. Als wir von Moskau abfuhren, sagte man uns halb bissig, halb mitleidig: »Nach Ambartschik schickt man dich? Mann, Ambartschik – das ist das Letzte, das Ende der Welt, außer Felsen und kahler Tundra nichts, ein elendes Nest mit zweieinhalb Häusern, drei Schuppen, zwei Zelten und einem alten verfallenen Speicher*, nach dem dein Ambartschik benannt ist.

In der Tat findet man auf der Karte vom nördlichen Teil der Sowjetunion so manchen seltsamen Namen, wie »Kap des

---

* russ. »ambar« (A. d. R.)

mit Feuer Getauften« oder »Bucht der Falschmeldungen» oder, auch dieses berüchtigte Ambartschik*... Es heißt, es habe seinen ungewöhnlichen Namen schon 1909 bekommen, und zwar von dem bekannten russischen Hydrographen und Polarforscher Georgi Sedow, der 1914 bei dem Versuch, den Nordpol auf Schlitten zu erreichen, ums Leben kam. Damals soll an der rauhen menschenleeren Küste des Arktischen Ozeans, dort, wo die Kolyma mündet, eine einsame Hütte gestanden haben. »Sieht wie ein kleiner Speicher aus!« habe Sedow ausgerufen und diese namenlose Örtlichkeit auf der Karte vermerkt. Anfangs gab es nur eine Ambartschikbucht. Als seinerzeit, Anfang der dreißiger Jahre, die Gebiete am Oberlauf der Kolyma unter der Sowjetmacht erschlossen wurden, entstanden auch Siedlung und Hafen Ambartschik. Das Ende der Welt? Das stimmt zwar, und dennoch ist dieser nicht gerade sehr wohnliche Ort bewohnbar gemacht worden.

Als wir dorthin unterwegs waren, stellten wir uns ein einsames, bis hoch zum Dach verschneites Stationshäuschen vor, irgendwo an einem Felsen klebend, um das hungrige Eisbären streifen, um sich an einem diensttuenden Meteorologen oder einem draußen umhergehenden Funker gütlich zu tun. Von Zeit zu Zeit eine Gewehrsalve, die das Schweigen der Polarnacht zerreißt – erfahrene Poljarniki jagen den Raubtieren ihr Opfer wieder ab...

Wir sahen hier aber keine Eisbären und fühlten uns nicht einsam.

Einige Kilometer von Ambartschik entfernt lag die kleine Tschuktschensiedlung Medweshka. Ein ganz alter Einwohner erzählte mir, die einzigen Lebewesen seien hier einstmals in der Tat Eisbären gewesen, die sich gerade diese Stelle als eine Art »Kinderstube» ausgesucht hätten. Ich aber fand dort diese kleine Tschuktschensiedlung mit einer Internatsgrundschule, gastfreundliche Rentierzüchter und Jäger, deren Frauen und Kinder vor. Ich lernte in Medweshka auch einen der ganz bescheiden wirkenden Enthusiasten des hohen Nordens kennen, Anton Sul-

---

* »Kleiner Speicher« (A. d. R.)

shenko, den einzigen Lehrer der Internatsschule, freundete mich mit ihm an.

Eines aber irritierte uns, weil wir so etwas gar nicht gewöhnt waren: Wohin man blickte, nur Tundra, nichts als Tundra... Weit und breit kein Baum, kein Strauch. An fernen Wald erinnerten nur die Massen von Treibholz, die sich am Ufer auftürmten, von der Strömung der mächtigen Kolyma hierher transportiert.

Am Tag nach unserer Ankunft teilte man uns den diensthabenden Funkern zu. Anfangs drängelten wir uns förmlich um die Morsetasten, und als unser erfahrener Mentor Sokolkin mir zum ersten Mal den Funkersessel überließ, damit ich selbständig mit der nächstliegenden Station Funkverbindung aufnahm, war ich maßlos glücklich. Doch die Freude währte leider nicht lange, nur bis zu dem Augenblick, als der Funker von der Insel Tschetyrjochstolbowoj mich etwas fragte. Da gab es eine bedrohliche Pause, und ich starrte hilflos auf meinen neben mir stehenden Retter, den diensthabenden Funker. Der war für mich jetzt so etwas wie ein Dolmetscher, fühlte ich mich doch in diesem unglücklichen Moment wie einer, der die Sprache des Landes nicht kennt, in das er da unversehens geraten ist. Ich konnte vorerst nur von einer Zeit träumen, da ich selbst einmal ein so flotter »Dolmetscher« in der Funksprache sein würde.

Eines Tages schlug uns Kurko vor, wir sollten doch einmal versuchen, die Nachrichten mitzuschreiben, die täglich vom Funkzentrum »Kap Schmidt« gesendet wurden. Diese Meldungen ersetzten uns damals die Zeitung. Anfangs ging die Sache ja ganz gut, doch dann begann man auf Kap Schmidt die Sendegeschwindigkeit zu beschleunigen, bis 150 Zeichen in der Minute, und dieses stürmische Tempo konnten wir nicht mehr durchhalten. Wir gaben auf, legten die Kopfhörer ab. Einer erklärte sogar: »Aus uns werden niemals Funker.« Kurko blickte uns drei Praktikanten an und meinte:

»Freunde, den Mut nicht sinken lassen! Ist doch kein Fiasko, ist eine ganz normale Erscheinung. Übt euch soviel wie möglich im Aufnehmen, vergeßt aber auch das Geben nicht, sonst büßt ihr Tempo ein. Jetzt habt ihr einzelne Buchstaben und Wörter

164

verstanden, bald werdet ihr auch ganze Sätze verstehen.«
Diese freundschaftliche Unterstützung durch den älteren Kollegen beflügelte uns. Die beiden Funkerinnen Kotowitsch und Kobosewa blickten von der Höhe ihrer Stellung als »Diensthabende« etwas schadenfroh auf uns junge Moskauer herab, wir aber sahen ziemlich neidisch zu, wie sie arbeiteten. Sie »hämmerten« wirklich tüchtig herum auf ihrer Taste, wie Kurko sich gern ausdrückte, und dabei war erst ein Jahr vergangen, seit sie ihren Lehrgang in Krasnojarsk beendet hatten. Später gaben die Mädchen offen zu, daß sie genauso begonnen hatten wie wir.

Unmerklich sammelten auch wir Praktikanten von Tag zu Tag die nötigen Erfahrungen, wurden auch wir in den Schichtdienst einbezogen. Bald holten wir die Wetterberichte von den umliegenden Stationen ein und gaben sie nach Kap Schmidt weiter, bald tauschten wir Telegramme aus.

Die Tätigkeit der Fachleute auch unserer Polarstation – der Meteorologen, Funker und Mechaniker – ermöglichte Wettervorhersagen, half Seeleuten und Fliegern, den richtigen Kurs einzuschlagen und mit den Nachbarstationen an der Küste der Ostsibirischen See und der Tschuktschensee in ständiger Verbindung zu bleiben.

Am 9. Mai 1945 saß ich wie immer um halb zehn in der Funkkabine. Gegen elf sendete das Funkzentrum »Kap Schmidt« verschlüsselt: »An alle! Warten Sie!« Nach weiteren drei Minuten teilte man uns mit, es werde sogleich eine Meldung von besonderer Wichtigkeit durchgegeben.

»Es wird doch nicht gar der Krieg aus sein?!« entschlüpfte es mir.

Und schon ertönten aus dem Lautsprecher Morsezeichen: »An alle! An alle! An alle! Achtung! Achtung! Achtung!« So erfuhren wir von der bedingungslosen Kapitulation Deutschlands und vom Ende des Krieges in Europa. Alle standen da wie vom Donner gerührt, bedeutete das doch den großen Sieg des sowjetischen Volkes in einem langen, äußerst harten Kampf über den schlimmsten Feind der Menschheit, den Hitlerfaschismus.

Ich rief in unserem Wohngebäude und in der Siedlung an.

Im Nu war die Funkkabine zum Bersten voll von Überwinterern. Die Leute schrien laut »hurra«, weinten, umarmten und küßten einander. Erst gegen Morgen, am ersten Friedensmorgen unseres Landes, das während des zweiten Weltkriegs die größten Opfer gebracht und die schwersten Leiden zu ertragen hatte, trat auf der Polarstation und im Hafen wieder Ruhe ein.

Zwischen meiner ersten Überwinterung auf der Tschuktschenhalbinsel und der Arbeit als Glaziologe auf Spitzbergen lag ein langer Zwischenraum, sowohl zeitlich als auch räumlich gesehen. 1944 war ich als ganz junger Mensch in den fernen Norden gefahren, jetzt – 1965 – war ich doppelt so alt.

Eine ganze Weile erlaubte es das Wetter nicht, die sehr interessanten Arbeiten in Angriff zu nehmen, die im wissenschaftlichen Programm vorgesehen waren – die Erforschung der oberen Schichten des Lomonossowplateaus, die sich aus mehrjährigen Schneelagen gebildet hatten.

Für jemanden, der der Glaziologie fernsteht, mag der »Schnee vom vergangenen Jahr« etwas schon nicht mehr Vorhandenes, etwas nicht Reales, einfach ein Nichts bezeichnen, jeder Glaziologe aber weiß: Gäbe es keinen vorjährigen Schnee, gäbe es auch keine Gletscher. Die Spezifik von deren »Lebenstätigkeit« besteht ebendarin, daß Schnee sich in den oberen Teilen eines Gletschers, dem sogenannten Nährgebiet, ablagert, den Sommer überdauert und auf diese Weise vorjährig wird.

Das einfachste und am weitesten verbreitete Verfahren bei der Untersuchung der oberen Schichtenfolge eines Gletschers besteht darin, daß auf seiner Oberfläche eine Grube ausgehoben wird, in der man dann den Aufbau der zahlreichen, verschieden gearteten Schnee-, Firn- und Eisschichten ablesen kann, die allein dem Fachmann etwas sagen. Grabungen helfen dem Glaziologen die von der Natur verfaßte »Geheimschrift« der Schichtung lesen, die ihm von Bedingungen und Veränderungen des Wetters und des Klimas vergangener Jahre berichtet. Wenn Glaziologen die Grubenwände betrachten, können sie sich eine Vorstellung davon machen, wie ein bestimmter Sommer in der Vergangenheit ausfiel: warm oder kalt, kurz oder lang. Will man ermitteln, wieviel Niederschläge im Verlaufe eines Jahres gefallen sind, muß man das Niveau des letzten Sommers finden, das nämlich dient als untere Grenze des Saisonschnees. Ein erfahrener Glaziologe vermag die Grenze zwischen Sommer- und Winterschichten sogar visuell zu bestimmen.

Stärke und Dichte der Schneedecke der Wintersaison 1964/65 auf dem Lomonossow-Gletscherplateau war uns schon bekannt, wir wußten auch, wieviel Niederschläge hier in dieser Zeit gefallen waren. Was aber war davor – vor zwei, drei, fünf Jahren? Um das zu klären, mußte man zeitweilig zum Gletscher-»Maulwurf« werden und versuchen, tiefer in die obere Schichtenfolge des Plateaus vorzudringen.

Der letzte kalendermäßige Sommermonat war angebrochen. Und genau am ersten Tag des August setzte bei uns auf dem Plateau unerwartet früher Winter ein. Eine ganze Woche lang hielten uns kompakter Nebel, heftiges Schneetreiben und Schneestürme gefangen. Die Temperatur sank für lange Zeit unter den Gefrierpunkt. Wie auf Geheiß der Schneekönigin gruben sich alle Fluchtstäbe eiligst in den frischen Schnee ein, der zusehends an Mächtigkeit zunahm.

Endlich aber durchbrach die Sonne, die wir so vermißt hatten, die dichte mehrfach gestaffelte Wolkenblockade und schien wieder auf uns herab. Bald rannen Schmelzwasserbächlein über die Dächer der Zelte, leichter Dampf stieg darüber auf. Die Schneepegel wurden wieder »länger«: Der Schnee um sie herum sackte zusammen.

Aus den täglich eingehenden Funksprüchen wußten wir, daß Troizki, Korjakin und Michaljow mehrmals versucht hatten, sich von der Küste zu uns durchzuschlagen. Plangemäß hätten wir schon lange gemeinsam mit dem Ausheben der Grube beginnen müssen. Das Niederbringen dieses Schachtes war eine der aufwendigsten Arbeiten, die unsere Expedition erledigen sollte. Wegen ständigen Nebels in der Mitte des Nordenskiöldgletschers und nicht ausreichenden Proviants mußten unsere Kameraden schließlich, um nicht noch mehr Zeit und Kraft unnütz zu vergeuden, in die Gegend um Pyramiden zurückkehren. Warteten wir noch länger auf ihre Hilfe, würden diese seltenen schönen Tage ungenutzt verstreichen. So beschlossen wir also, nur zu zweit den Schacht zu graben.

Bei unserer scherzhaft »Firngrube« genannten Operation war gängigstes Gerät jetzt der Spaten, genauer gesagt, verschiedene Spaten, Schaufeln, Schippen. Die ersten zwei Meter kam ich relativ leicht voran, dann aber gab es »Störungen«: Der aus dem Schacht geschaufelte Schnee rutschte wieder zurück. Da stellten wir eine Winde mit Rolle auf und befestigten an der Trosse einen riesigen, aus einem Zweihundertliter-Benzinfaß hergestellten Kübel.

Markin dreht die Kurbel der Winde, die den schweren, bis zum Rand mit vorjährigem Schnee gefüllten Kübel zügig heraufholt. Alle zwei Stunden geht er weg zu seinem meteorologischen Meßplatz, um die fälligen Beobachtungen vorzunehmen. Währenddessen untersuche ich die Wände des Schachtes, gebe mir Mühe, auch nicht die winzigste Schicht oder Kruste zu übersehen; mindestens dreimal bestimme ich die Schneedichte in jeder Schicht. Natürlich möchte man so rasch wie möglich die Niederschlagsmenge der Vorjahre ermitteln, denn ob der Gletscher »zugenommen« oder »abgenommen» hat, das ist keine eitle Neugierde von uns, davon hängt vielmehr sein Dasein ab.

Auf dem Grund des Firnbrunnens lange stillzustehen ist nicht gerade angenehm: Allmählich wird mir kalt. Unwillkürlich muß ich an den von der Schneekönigin verzauberten Knaben Kay denken, den sie nach Spitzbergen brachte, vielleicht sogar gerade hierher, wie der Kapitän der »Sestrorezk« behauptet hatte. Wenn man Andersens hübschem Märchen Glauben schenkt, interessierte sich Kay auch für bestimmte Probleme der Glaziologie: Er machte sich an flachen, spitzen Eisschollen zu schaffen. Allerdings hatte der verzauberte Kay es wohl viel leichter als ich, weil er die Kälte überhaupt nicht spürte, hatten ihn die Küsse der Schneekönigin doch kälteunempfindlich gemacht, ja Kays Herz hatte sich in ein Stückchen Eis verwandelt...

Gegen Ende des ersten zehnstündigen Arbeitstages hat sich der Schacht schon sichtbar in den Gletscher hineingefressen. Blutunterlaufene Schwielen, Schmerzen im Rücken und in den Händen und ein heftig knurrender Magen erinnern mich daran, daß es Zeit ist, daß wir essen und ausruhen. Ich ziehe meinen breiten Leibgurt straff und befestige ihn mit einem Karabinerhaken am Windenseil. Auf »hoch!« geht es langsam nach oben, dabei ziehen alle Schnee- und Firnschichten verschiedener Dicke an mir vorüber, die sich bei unterschiedlichem Wetter gebildet haben, bei Wind und Schneesturm, Stille und Schneefall, starker Kälte und bei Tauwetter – eine ablesbare Geschichte der oberen Gletscherschichten.

Während ich mich mit der Beschreibung der Schneeschichten befasse, hat Markin den Ofen geheizt und Essen gekocht. Im Zelt herrscht jetzt eine tropische Hitze, wir müssen sogar die Stofftür zurückschlagen. In der Eß- und Ruhepause kommen allerlei ergötzliche Geschichten zur Sprache, wir erzählen einander von unseren früheren Expeditionen. In unserer Freizeit lesen wir auch Bücher und Zeitschriften. Obwohl wir hier nur zu zweit sind, empfinden wir keine Langeweile. Zwar hat jeder von uns seinen eigenen, schon seit langem geprägten, sicher nicht gerade idealen Charakter, seine mit den Jahren »eingefahrenen« Gewohnheiten und Neigungen, doch stellen Markin und ich hier ein wenn auch kleines, so doch einträchtiges Kollektiv dar.

Den dritten Tag nun schon hören wir nicht mehr das widerliche Pfeifen des Windes, rast kein Schneesturm, der einem so auf die Nerven geht. Allerdings tanzen ständig zarte sechsstrahlige Schneeflocken in der Luft, sie fallen langsam aus einer niedrigen, gleichsam mit unsichtbaren Fäden an unsere Station gebundenen, bauschigen bleifarbenen Wolke heraus. Nachts jedoch, wenn wir schlafen, treibt der Wind sein Spiel mit dem Schnee. Damit der Schacht nicht zugeweht wird, decken wir ihn mit Sperrholzplatten und einer Plane zu und »verschmieren« alle Ritzen dicht mit Schnee.

Je tiefer der Schacht wird, desto mehr Widerstand leisten die vielen Eisschichten dem Spaten, der mehrjährige Firn wird immer fester und kompakter. Ich greife zu dem bewährten Werkzeug der Eisangler – der Brechstange, doch der breite Schacht ist nun einmal kein enges Eisloch. Da hilft nur noch die Keilhacke, das zwar altmodische, aber effektive Werkzeug der Bergleute. Die umherfliegenden Eissplitter zerkratzen einem das Gesicht, fallen einem hinter den Kragen und in die Schäfte der hohen Watstiefel. Zusätzliche Arbeit nicht nur für mich, sondern auch für meinen »Fördermann«: Der Kübel wird bedeutend schwerer.

Ich greife etwas vor, wenn ich sage, der Schacht erreichte eine Tiefe von etwa fünfzehn Metern. Auf seiner Sohle brachten meine Kameraden noch eine zehn Meter tiefe Bohrung nieder, in der wir die »Körpertemperatur« des Gletschers maßen. Unsere Operation »Firngrube« ließ uns also einen fast 25 Meter tiefen Blick ins Innere dieses Reservoirs von »festem« Wasser werfen. Ein so großes vertikales Profil auf einem Gletscher war damals Rekord auf dem Archipel. Es ermöglichte uns eine interessante glaziologische Exkursion durch acht vorangegangene Winter und Sommer, dadurch bekamen wir Schnee zu sehen, der in diesem Kühlschrank der Natur an die dreitausend Tage gelegen hatte.

Wir konnten feststellen, daß sich in den letzten Jahren die Winterniederschläge auf dem Plateau verringert hatten und daß sie langsamer geschmolzen waren. Michaljow entdeckte eine sogenannte kalte Firnzone, die hier auf der Insel bisher noch nicht gefunden worden war. Um was für ein Gebilde handelt es sich dabei? Im Laufe eines Sommers verwandelt sich der Schnee unter dem Einfluß von Schmelzwasser in Firn; der gefriert dann und wandelt sich unter dem Druck später sich hier anhäufender neuer Firnschichten allmählich in Eis um.

Ungefähr zwei Monate waren bereits seit unserer Landung auf dem Eisplateau verstrichen. Unsere glazialklimatischen Beobachtungen standen vor dem Abschluß, und die Evakuierung der Station rückte immer näher. Mitte August erhielt ich von Troizki ein Telegramm aus Barentsburg: »Bereitet euch auf Landung zweier Hubschrauber vor stop gebt ab 12 Uhr stündlich Wetterbericht nach Pyramiden.«

Mit einer solchen Mitteilung hatten wir schon seit Monatsbeginn gerechnet und uns deshalb beizeiten auf die jeden Tag zu erwartende Ankunft der Maschinen vorbereitet. Alles Überflüssige hatten wir eingepackt, verschnürt, zugenagelt.

Gegen Mittag verschlechterte sich das Wetter zusehends, und das hatten wir am meisten befürchtet. Vom oberen Negrigletscher her quollen dicke graue Nebelschwaden heran, krochen langsam auf das Lomonossowplateau und drohten jeden Augenblick dessen höchsten Teil zu verschlingen. Aus dunkelgrauen Wolken fiel dichter Schnee als schräge Wand direkt auf die Nebelschicht. Aber die Hubschrauber würden ja von der entgegengesetzten Seite anfliegen.

Um vier Uhr meldete Pyramiden:»Besatzungen beim Essen, sind in einer Stunde bei euch. Auf Wiedersehen in Pyramiden – Ende der Verbindung.«

Vierzig Minuten später vernahmen wir tatsächlich ein fernes Dröhnen. Na endlich! dachte ich bei mir. Also haben wir unser Zelt nicht umsonst abgebaut! Doch plötzlich wurde das Geräusch leiser und leiser und verstummte bald ganz. Die Hubschrauberpiloten wollten doch nicht etwa angesichts der jähen Wetterverschlechterung in unserem Gebiet nach Pyramiden zurückkehren?

Die nächste halbe Stunde verging in dumpfer Erwartung. Die Funkverbindung mit dem Bergwerk hatten wir bereits beendet, es wäre sinnlos, das Gerät einzuschalten. Plötzlich vernahmen wir erneut das vertraute, wie Musik in unseren Ohren klingende Motorengeräusch. Kein Zweifel: Die langerwarteten Hubschrauber näherten sich.

»Da ist er ja! Ganz nah!« rief Markin und wies in Richtung Echo-Nunatak.

Erst jetzt bemerkte ich, daß eine hellrote Maschine ganz niedrig direkt auf uns zu flog. Von hier aus schien es, als berührten ihre Räder den Gletscher. Vor Freude schoß ich einige Leuchtkugeln ab.

Die Kabinentür öffnete sich, und Korjakin in seinem unikalen graugrünen Pelzanorak purzelte heraus. Wir schlossen einander fest in die Arme. Korjakin folgten Troizki und Michaljow, langsam kletterte auch der rotwangige lächelnde Kommandant aus der Kanzel.

»Da bin ich also wieder, um euch zu holen. Wie geht's denn?« fragte Fursow.

»Bestens! Nur nach einem Bad haben wir uns gesehnt. Es waren ja immerhin zwei Monate...«

»Wird sofort organisiert, wenn wir zurückkommen! Bald könnt ihr nach Herzenslust schwitzen«, schaltete sich der zweite Pilot ein.

Unser Gespräch wurde durch das Nahen des zweiten Hubschraubers unterbrochen, der vor dem Schneemeßfeld landete. Die Piloten stiegen aus und kamen auf uns zu. Vornweg ging ein mir unbekannter Flugzeugführer, der sich von seinen Kollegen nicht nur durch seine hochgewachsene Gestalt und sein selbstbewußtes Auftreten, sondern auch durch seine für einen Gletscheraufenthalt etwas unzweckmäßige Kleidung abhob. Er trug verwegen eine neue Uniformmütze der Aeroflot, sorgfältig gebügelte, ziemlich enge schwarze Hosen und elegante spitze Schuhe, wie sie damals Mode waren. Bei jedem Schritt sanken seine Füße tief in den Schnee ein, und er schimpfte auf den Gletscher, was das Zeug hielt. Ich begrüßte ihn und stellte mich vor.

»Timocha«, antwortete der »Neue« vom Festland und drückte mir fest die Hand.

Wenig später erfuhr ich, daß dieser Flieger den vor kurzem auf den Kontinent zurückgekehrten Wassjukow abgelöst hatte und er der neue Kommandant der Hubschraubergruppe war.

Nach der Landung des zweiten Hubschraubers verschlechterte sich das Wetter ganz und gar, uns drohten ernsthafte Unannehmlichkeiten: beide Maschinen hätten nämlich Cefangene der Schneekönigin werden können. Die kompakte, trübe Wand aus auf den Gletscher fallenden Schneeflocken erreichte schließlich auch uns, und schon beleckte Nebel tückisch das Gelände vor der Station. Da wir wußten, wie schwierig die Situation und wie berechtigt die Unruhe der Flieger war, luden wir gemeinsam mit den Besatzungen so schnell wie möglich unsere nicht gerade kleine »Hauswirtschaft« ein.

Timocha, der zum ersten Mal auf einem Gletscher war, noch dazu bei so schlechtem Wetter, wurde nervös. Ihm schien, wir hätten es gar nicht so eilig, von hier wegzukommen. Er verbrachte seinen ersten Monat auf der Insel und war die Besonderheiten des Spitzbergener Wetters noch nicht gewohnt.

Mit schneidender Stimme gab Timocha Befehl zum Abflug nach Pyramiden, und wir verabschiedeten uns eilig von Troizki, Korjakin und Michaljow, wünschten den Kameraden eine erfolgreiche Beendigung ihrer Arbeit und glückliche Rückkehr zum Eisfjord.

Von diesem Augenblick an war jede Verbindung mit der Gruppe Troizki abgerissen bis zu dem Zeitpunkt, zu dem sie wieder in Pyramiden eintreffen würde. Ihnen das Funkgerät dazulassen wäre zwecklos gewesen, keiner von ihnen konnte funken. Wir gingen also ein gewisses Risiko ein, ohne das eine Expedition nun einmal nicht denkbar ist, aber wir wußten im voraus, daß uns dies Aufregung und Nerven kosten würde.

Der Nordenskiöldgletscher, über dem wir jetzt dahinschwebten, hatte sich in den paar Wochen von der Schneedecke befreit, die auf dem Eis lagerte, und bot jetzt einen völlig anderen Anblick: Zuvor unsichtbare Spalten hatten sich aufgetan, drohend bäumten sich steile Gletscherbrüche auf, neu gebildet hatten sich Rinnen, Gletschersümpfe und Seen, ungestüme Flüßchen und Bäche, Trichter von Gletscherbrunnen, in die sich Tausende von Tonnen Schmelzwasser ergossen.

Wahrscheinlich waren wir noch keine zehn Minuten unterwegs, als unten die lange Gletscherzunge abriß und das breite blaue Band des Eisfjords flimmerte. Bald endete auch dieses, und unter unseren Hubschraubern sah man Häuser, Autos und ... Menschen, viele Menschen. Pyramiden!

Die Obrigkeit von Pyramiden begrüßt uns, erkundigt sich interessiert, wie es uns auf dem Gletscher ergangen sei, und schlägt uns dann vor, Hotelzimmer zu beziehen, weil Timochas Hubschrauber eine norwegische Delegation nach Longyearbyen bringen müsse. Deshalb müsse sofort all unser Expeditionsgepäck aus dieser Maschine ausgeladen werden. Völlig fassungslos stehe ich neben Fursow und weiß nicht, was tun. Ein Schiff fährt ja erst in zwei Tagen.

»Nun laß den Kopf nicht gleich hängen! Los, schleppe dein Zeug zu mir herüber«, schlägt Fursow ohne Zögern vor.

Jemand protestiert: Man dürfe einen Hubschrauber nicht derart überladen und gleichzeitig noch Personen mitnehmen... Wir schaffen aber dennoch schnell das Stationsgepäck von Timocha zu Fursow hinüber, in dessen Kabine nun allerdings kaum noch Platz zum Sitzen bleibt. Ich wende mich an meinen »Retter«: »Kannst du denn derart beladen vom Erdboden absetzen?« »Freunden muß man aus der Klemme helfen! Wir lassen Benzin ab, behalten nur das Notwendigste im Tank, damit wir uns wenigstens bis Barentsburg schleppen können. Hab keine Angst, so ist nun mal unsere Arbeit.«

Aus diesen schlichten Worten sprach die Sicherheit eines starken Menschen und eine große Güte, Wesenszüge, die allen sowjetischen Fliegern eigen sind, denen ich in meiner langjährigen Arbeit in der Arktis begegnet bin.

Spät abends startete Fursow. Die ganze Maschine ist mit unserem Stationsgepäck vollgestopft. Über meinem Kopf dröhnt der Motor, der die riesigen Rotoren dreht. Mein Platz, auf dem ich halb liegen muß, ist direkt unter der Decke oberhalb der Kabinenfenster, durch die ich die rasch zurückbleibende Siedlung erkennen kann, die Ufer des breiten Mimertales, wie Spielzeug kleine Dampfer, die in der kleinen Bucht liegen und warten, bis für sie ein Anlegeplatz frei wird, und schließlich die massigen Berge, ohne die ein Landschaftsbild Spitzbergens undenkbar ist. Stolz ragen sie über der Bucht auf, ihre unzugänglichen turmähnlichen Gipfel erinnern an die Zinnen einer mittelalterlichen Burg. Besser noch überschaue ich die gegenüberliegende Seite des Eisfjords. Dort lassen lockere Wolken die Berge gleich hoch erscheinen, als hätten sie deren Gipfel an einer wie mit dem Lineal gezogenen Linie abgeschnitten; am Fuße dieser Felsriesen aber wallt als schmaler Streifen grauer Nebel. Doch schon tritt die Wand von Bergen auseinander, und der breite Schlund des Sassenfjords öffnet sich...

Keine dreißig Minuten sind vergangen, da taucht schon der Grönfjord auf. Fursow zieht eine kleine Schleife und landet auf »seinem« Platz. Ein Geländefahrzeug rattert heran, und wir fahren in die Siedlung zum Häuschen der Leningrader Expedition. Das vertraute Geräusch treibt Scherschnjow vor die Tür, der selbst gerade erst von einer Exkursion zurückgekehrt ist. Wer im Felde gearbeitet hat, weiß am besten, wie schön es ist, fern der Heimat Landsleuten zu begegnen. Scherschnjows Gastfreundschaft kennen alle Poljarniki in Barentsburg. Auch jetzt wieder deckt unser Gönner rasch den Tisch, auf dem alles erscheint, was Geologen so zu bieten haben.

Plötzlich hören wir vom Grönfjord her vertrautes Sirenengeheul – die »Sestrorezk« läuft ein. »Da ist heute an Schlaf nicht zu denken«, rufe ich Scherschnjow zu, und schon springen wir die Holztreppe hinunter. Trotz der späten Stunde kommen aus allen Häusern die Barentsburger gerannt, als hätte ein Alarm sie aus dem Bett gejagt. Auch sie wollen das Einlaufen des Passagierschiffes nicht versäumen und eilen zum Hafen. Die »Sestrorezk« ist für die Bergleute sozusagen ein Stück Heimat.

Zwei Wochen später trafen Troizki, Korjakin und Michaljow mit der »Jakan« von Pyramiden hier ein. Bei ihrem Abstieg vom Lomonossowplateau hatten sie von den Schneepegeln, die fast bis zum Ende der Zunge des Nordenskiöldgletschers aufgestellt waren, die letzten Daten abgelesen und auch gemessen, mit welcher Geschwindigkeit sich der Gletscher bewegt.

Bei der ehemaligen Station hatten sie neben dem sorgfältig abgedeckten Firnschacht ein ungewöhnliches Erkennungszeichen errichtet: eine hohe Schneepyramide, gekrönt von einem langen Duraluminium-Fluchtstab. Im Schachtinnern verblieben bis zu »besseren Zeiten« die drei Meter langen Holzplanken vom Fußboden des Wohnzeltes, die Wetterhütte mit Unterbau, der eiserne Förderkübel, der Dichtemesser, die Milchkanne, der Tisch und andere Habseligkeiten. An dem Fluchtstab hatten sie eine Aluminiumflasche befestigt mit einer Notiz in russischer und englischer Sprache, daß sich hier im Sommer 1965 die glazialklimatische wissenschaftliche Station »Lomonossow-Gletscherplateau« der Spitzbergenexpedition der Akademie der Wissenschaften der UdSSR befand. Vielleicht finden andere Forscher nach Jahren die unter Schnee und Eis begrabenen Überreste unserer Station und führen die an dieser Stelle von uns begonnenen Arbeiten fort.

»Wir sitzen alle in einem Boot«

Nach kurzer Erholungspause haben wir uns Forschungen im Bereich des Adventtales in der Nähe von Longyearbyen vorgenommen, wo sich ein ganzes »Netz« interessanter Gebirgsgletscher befindet. Ende August informierte das Konsulat der UdSSR den Sysselmann über die von unserer Expedition geplante Arbeit und bat ihn, zu gestatten, daß wir Glaziologen die norwegischen Hütten im Adventtal zeitweilig als Unterkunft benutzten.

Bald traf eine positive Antwort ein. Am 4. September verfrachtete Fursow wieder einmal unsere gesamte Expedition in seine »Libelle« und beförderte sie an der Südküste des Eisfjords entlang an den Bestimmungsort. Nach fünfzehn Minuten tauchte rechts der Adventfjord auf. Die erste Landung erfolgte etwa sieben Kilometer hinter Longyearbyen bei einem Häuschen, das wir auf der Karte markiert hatten. Hier sollte die Gruppe bleiben, die aus Markin, Michaljow und mir bestand, Troizki und Korjakin flogen noch etwa zwanzig Kilometer weiter bis ins oberste Adventtal.

Die Tür »unseres« Hauses war verschlossen. Die üblicherweise an sichtbarer Stelle unmittelbar am Eingang hängenden Schlüssel waren nicht zu finden. Wir schauten unter die Schwelle, untersuchten alle Ritzen und Löcher um die Tür herum, drehten mehrere Steinplatten um – keine Schlüssel. Unsere Lage wurde richtig tragikomisch: Die Erlaubnis, in der Hütte zu wohnen, hatten wir, aber hineingelangen konnten wir nicht. Schließlich meinte Michaljow:

»Heute ist Samstag. Wahrscheinlich sind deshalb hier keine Leute zu sehen, da werden wir hier auch nichts erledigen. Wir müssen nach Longyearbyen tippeln. Vielleicht treffen wir unterwegs jemanden, den wir fragen können, wie wir in diese vermaledeite Hütte gelangen.«

Rucksäcke, Kisten und Säcke stapelten wir an der Hauswand auf und marschierten die wie Graphit glänzende gewalzte Kies-Schlacke-Straße dahin. Schon vom Hubschrauber aus hatten wir

176

sehen können, daß diese Straße die Siedlung mit einer entfernten Grube verband, in deren Nähe »unsere« Hütte stand.

»Ich glaube, dort an der Kurve hinter dem See stehen Autos. Los, legen wir einen Schritt zu, sonst fahren sie weg«, unterbrach Markin unser Schweigen.

Wegen der Schlüssel den Gouverneur aufzusuchen war nicht gerade sehr taktvoll von uns, aber doch notwendig, denn er hatte ja schließlich das Telegramm selbst nach Barentsburg abgeschickt, in dem außer der offiziellen Erlaubnis, die norwegischen Hütten benutzen zu dürfen, noch gestanden hatte: »Herzlich willkommen in Longyearbyen.«

Schon waren wir in der Kurve, in deren Nähe zwei große »Volvo«-Kipper standen. Den Fahrer des ersten sprachen wir in Englisch an. Keine Reaktion – klarer Fall, er hatte nicht verstanden. Wir gingen zu Deutsch über – mit dem gleichen Ergebnis! Was tun? Wir boten dem Mann Moskauer Zigaretten an, schenkten ihm ein Spitzbergenabzeichen. Standen da, rauchten, lächelten, aber eine Verständigung war nicht möglich. Sehr ärgerlich. Plötzlich sagte einer einfach so, auf russisch: »Hör mal, guter Freund! Wir – Moskau! Rußland! Expedition!« In diesem Augenblick kam Leben in das Gesicht des Fahrers. Schon schwatzte er auf norwegisch los, wiederholte öfter die Wörter »russisk«, »Moskva«. »Aha«, überlegte ich, »er hat schließlich doch verstanden, wer und woher wir sind. Jetzt müßten wir das noch mit den Schlüsseln klären!«

Der Fahrer rief seinen Kollegen vom anderen Kipper heran, und mit dessen Hilfe fanden wir dann rasch eine gemeinsame Sprache – Englisch. Schon brausten wir nach Longyearbyen.

Der LKW hielt unweit der langen Pier, und der Fahrer holte einen alten, doch noch sehr rüstigen graubärtigen Opa heran. Dessen von Runzeln gefurchtes Gesicht wies die ganz besondere Bräune des Nordens auf, hervorgerufen durch die Sonne und den scharfen eisigen Wind. »Dieser alte Mann wird euch weiterhelfen«, meinte der Fahrer zum Abschied.

Unser neuer Helfer war einer der ältesten Jäger und Tierfänger auf Spitzbergen. Er hatte mehrere Dutzend Sommer und Winter auf den Inseln des Archipels verbracht und erinnerte sich sogar

14 374

noch recht gut an Russanow und Nansen, die Spitzbergen 1912 besucht hatten.

Vom Hafen laufen wir zu einem nahen Hügel am Eingang ins Longyeartal, an dessen entgegengesetztem Ende die Stirnen zweier Gletscherzungen herabhängen, die des Larsbreen und die des Longyearbreen. Links entdecken wir eine Sehenswürdigkeit des Städtchens – eine von Bergarbeitern in ihrer Freizeit hergestellte Kirchenglocke, die man nach dem zweiten Weltkrieg auf hohen Säulen unter einem Satteldach hier aufgehängt hat. Sie läutet an Feiertagen und erfreut die Bevölkerung mit ihrem schönen melodischen Klang. Rechts steht ein einstöckiges Haus mit dem Büro des Gouverneurs von Svalbard. Davor flattert an hohem Mast die Staatsflagge Norwegens.

Von dieser Stelle, dem »Seeviertel«, hat man einen wunderbaren Blick auf den breiten, sich nach Norden und Osten hinziehenden Eisfjord und den unter uns liegenden kleinen freundlichen Adventfjord, auf das weit hinein ins Gebirge sich erstreckende Adventtal und auf das vergleichsweise kleine, auf drei Seiten durch steile Hänge eingeengte Longyeartal. An ebendiesen Hängen ist die Siedlung Longyearbyen entstanden.

Unser Begleiter betrat ungeniert, als gehöre er dahin, den Gouverneurssitz, begrüßte die dort sitzenden Leute – es waren der Vizegouverneur und sein Assistent – und unterhielt sich kurz mit ihnen. Am Eingang zu den inneren Räumen bemerkten wir ein Schild mit durchgestrichenem Gummistiefel – wir verstanden den Hinweis und zogen unsere Straßenschuhe aus.

Der große hagere Vize-Sysselmann wußte vom Gouverneur, der gerade nach Norwegen auf Urlaub gefahren war, vom bevorstehenden Besuch sowjetischer Glaziologen in Longyearbyen und erkundigte sich, wie wir uns in der Hütte eingerichtet hätten.

Nachdem er sich unsere Geschichte angehört hatte, bemerkte er, für dieses Häuschen sei nicht er zuständig, sondern die hiesige Gewerkschaft der Kohlegesellschaft, über die Schlüssel verfüge nur die Vereinigung der Bergleute. Er bat uns, zwanzig Minuten auf ihn zu warten, setzte sich hinters Lenkrad eines Kleinbusses und fuhr zur fernen Grube.

Wir blieben in Gesellschaft eines irgendwie bekümmerten, wortkargen Mannes zurück, von dem wir zu unserer Verwunderung erfuhren, er sei der einzige Polizist auf dem ganzen Archipel. In dieser Eigenschaft sei er oft gezwungen, zu Lande und zu Wasser Inspektionsfahrten zu unternehmen und nicht nur alle Siedlungen auf den Inseln Spitzbergens zu besuchen, sondern auch die vielen Hütten zu kontrollieren, in denen Jäger, Touristen und Expeditionsteilnehmer hausen.

Bald kehrte der Vizegouverneur zurück, und mit ihm kam auch der Vorsitzende der Arbeitervereinigung. Er übergab uns freundlich die Schlüssel, wünschte uns Erfolg bei unserer Arbeit und lud uns für Sonntag zu einem Empfang ein, den die Kohlegesellschaft und der Sportklub »Svalbard Turn« zu Ehren einer sowjetischen Delegation aus Barentsburg veranstaltete.

Wir bedankten uns für Unterstützung und Einladung und schickten uns an, zu unserer Hütte zu wandern, doch wir brauchten nicht zu Fuß zu gehen: Der Polizist fuhr uns im Auto hin. Während er die äußere Tür öffnete, beobachtete ich neugierig, wie am Seil der Schwebebahn kleine Loren vorbeiglitten – in Richtung Longyearbyen mit Kohle beladen, zurück leer.

Auf Spitzbergen wird nicht nur Kohle gefördert. Im Sommer ist der Archipel auch Ziel vieler Expeditionen und Touristen, im Winter stellen Jäger und Tierfänger Eisbären oder Meerestieren sowie Pelztieren nach (seit Anfang der siebziger Jahre ist die Eisbärenjagd auf dem gesamten Archipel allerdings verboten). Zu jeder Jahreszeit benutzen die Leute in Gruppen oder einzeln die an ihrem Weg liegenden Jagdhütten, etwa um Schlechtwetter abzuwarten, sich aufzuwärmen, ihr Essen einzunehmen, auszuruhen, zu schlafen oder einfach darin ihre Zeit zu verbringen. Für diese Hütten sind der Gouverneur, der Sportklub »Svalbard Turn«, die Bergarbeitergewerkschaft und die Kohlegesellschaften zuständig. Sie alle kontrollieren deren Zustand und das Vorhandensein von Brennmaterial und Lebensmitteln. Sehr beliebt sind private Hütten, die buchstäblich um alle norwegischen Siedlungen herum verstreut sind, mitunter aber auch viele Kilometer von ihnen entfernt liegen. In ihnen verbringen die Norweger gern ihr Wochenende.

Zwei Tage später empfing uns der Vizegouverneur in seinem

Sitz, und wir plauderten mehr als zwei Stunden zwanglos über Spitzbergen und die Erforschung des Archipels. Er hörte sich aufmerksam unseren Bericht über unsere Forschungsarbeit auf dem Lomonossowplateau und in den anderen Gebieten der Insel an und erkundigte sich dann, womit er uns behilflich sein könnte. Uns interessierten die in den letzten Jahren gewonnenen Beobachtungsergebnisse der meteorologischen Stationen Longyearbyen und »Isfjord Radio«. Der Vizegouverneur schlug vor, mit ihm zur Station »Svalbard Radio« zu gehen, um dieses Problem an Ort und Stelle zu klären. Bei »Svalbard Radio« empfing uns der Direktor der Wetterdienststelle, der Markin gleich einen ganzen Stoß meteorologische Journale übergab und dazu bemerkte:

»Nehmen Sie sie ruhig mit. Wenn Sie sie nicht mehr brauchen, geben Sie sie mir oder dem Diensthabenden zurück.«

Dann machte er uns mit der Arbeit der Funkwetterdienststelle bekannt, lud uns sogar zum Abendessen im Kreise seiner Familie sowie zweier seiner Kollegen ein. In dem freundschaftlichen Gespräch stellte sich heraus, daß der gastfreundliche Hausherr in ganz jungen Jahren den Soldaten und Matrosen der Sowjetarmee geholfen hatte, als sie die Finnmark im Norden Norwegens von den Hitlerfaschisten befreiten. Uns fiel auf, daß die Norweger mitunter das Wort »Tirpitz« gebrauchten und danach ihr Glas leerten. Die Vorgeschichte dieses ungewöhnlichen, aus einem einzigen Wort bestehenden Toasts erzählte uns der Direktor selbst:

»1944 wurde das faschistische Schlachtschiff ‚Tirpitz‘ vor der Küste Norwegens versenkt. Der an dieses Ereignis erinnernde, bei den Norwegern sehr beliebte Toast kam nach dem Kriege auf und hat sich bis heute gehalten.«

In Murmansk hatten wir uns zwar mit Sprachführern und Taschenwörterbüchern versorgt, doch war es mit unseren Norwegisch-Kenntnissen trotzdem nicht weit her. Als Michaljow aber jetzt den bekannten skandinavischen Trinkspruch: »Din skål, min skål, alle vakker jenter skål!« (»Auf dein Wohl, auf mein Wohl, auf aller schönen Mädchen Wohl!«) ausbrachte, den er irgendwo aufgeschnappt hatte, gab es lauten Beifall.

Am 8. September »sammelte« Timocha alle Geologen und Glaziologen ein, die sich im zentralen und östlichen Teil der Insel aufhielten. Zuerst holte er die Leningrader samt Ausrüstung von der Agardhbucht weg, flog denn »nebenbei« zu Troizki und Korjakin und von denen zu uns. Man konnte bloß staunen, wie Timocha es schaffte, mit so schwerer Ladung und noch dazu fünf Glaziologen aufzusteigen!

Vor der Abfahrt zum Festland wollten Markin, Michaljow und ich noch die norwegische Wetterstation »Isfjord Radio« besuchen. Wir stopften also alle möglichen Lebensmittel und Souvenirs, auch frisch gebackenes Weiß- und Schwarzbrot in unsere Rucksäcke, wußten wir doch, daß die Norweger unser Brot lieben, obwohl uns auch nicht entgangen war, daß die Skandinavier im Gegensatz zu uns nur sehr wenig Brot essen, zum Mittagessen überhaupt keines. So nahmen wir also auch unseretwegen für alle Fälle Brot mit.

Das kleine Küstenschutzboot »Mirny« legte die vier Kilometer von Barentsburg zum anderen Ufer des Grönfjords schnell zurück. Hier stand uns nun ein Fußmarsch zum Kap Linné bevor. Wir entschieden uns für den kürzesten Weg – er führte über einen Paß, den dichte Nebelschwaden verbargen. Lange konnten wir uns an dem fernen, aber starken Heulen des Grubenventilators orientieren. Dieser kräftige »Atem« Barentsburgs, der wie ein monotones Lied klang, störte zwar die Stille des Grönfjordgebietes, half uns aber auch, den richtigen Weg zu finden. Schließlich erblickten wir nach vielen recht steilen Auf und Ab hinter dem Paß den langersehnten Linnésee. Auf zwei Seiten von Bergen eingezwängt, tauchte er ganz unerwartet vor uns auf. Die sich nach Norden erstreckende Wasserfläche wies uns jetzt sicher den Weg zur Station. An seinem mit frischem Schnee bedeckten Westufer entdeckten wir die winzige, hellrot angestrichene Linnéhütte; wir brachten es nicht über uns, an dieser »Oase« in der verschneiten Felswüste vorüberzugehen, zumal der Schlüssel an gut sichtbarer Stelle an der Tür hing.

Wir heizten das Miniöfchen, kochten Tee, verschnauften etwas und marschierten dann weiter. Der Polartag des Jahres 1965 ging zu Ende, die Sonne hatte sich schon für lange Zeit von Spitzbergen verabschiedet. Als die Station in Sicht kam, dämmerte es bereits. Auf der fernen Landzunge zeigten sich zuerst die hohen Antennen-

masten und ein riesiger silbrig glänzender Tank – der Kraftstoff-
behälter – und schließlich die Häuser.

Laut bellten und heulten die grönländischen Schlittenhunde in
ihren Käfigen, als sie Menschen witterten. Hinter den modernen
breiten Fenstern eines großen Hauses brannte Licht, Leute aber
waren nirgends zu sehen. In diesem Augenblick trat ein junger
rundbäckiger Mann aus dem Haus, begrüßte uns Gäste und führte
uns in einen Umkleideraum, wo die Stationsmitarbeiter ihre Ober-
bekleidung und ihr Schuhwerk aufbewahrten. Im ersten Stock wies
er uns dann ein geräumiges helles Zimmer mit drei Betten an.
»Bitte, machen Sie sich's hier bequem, es ist unser Gästezim-
mer. Während Sie sich einrichten, beeile ich mich mit dem Abendessen.«

Bald darauf ging er mit uns in den geräumigen Speisesaal der
Station, aus dem gedämpfte Jazzklänge und die heisere Stimme
eines Sängers zu hören waren. In der rechten Ecke saßen einige
baumlange Stationsmitarbeiter, sie spielten Karten zu Louis-Arm-
strong-Musik.

Man bat uns zu Tisch, jemand legte eine neue Platte auf, und
da erschallte aus den hohen Tonsäulen das auch bei den Norwegern sehr beliebte russische Wolgalied. Der große hagere Stellver-
treter des Stationsdirektors stellte neben das Fähnchen seines Landes eine Miniaturflagge der Sowjetunion auf den Tisch. Das Gesicht dieses Mannes kam mir irgendwie bekannt vor – natürlich,
das war ja der Torhüter der norwegischen Fußballmannschaft,
der kürzlich in Longyearbyen gegen die Barentsburger mitgespielt
hatte. Aus einem Nebenraum holte man Bier, Wein, Säfte, Obst,
Drinks, Schokolade herbei. Wir waren gerührt von so viel Aufmerksamkeit und Gastfreundschaft der Norweger und fühlten uns
sogleich unter Freunden, die übrigens auch später bemüht waren,
uns behilflich zu sein, wo sie nur konnten.

Die Station »Isfjord Radio« ist 1933 errichtet worden, bald nach
dem Bau des mächtigen Leuchtturms auf Kap Linné. Lange Zeit
dienten Leuchtturm und Station nur Schiffen, die Spitzbergen anliefen: der Leuchtturm mit seinem Feuer, die Station mit Meldungen über Wetter und Eiszustand im Fjord und im Küstenbereich

der Grönlandsee. In der Nachkriegszeit aber nahmen dann Luftverkehrsgesellschaften einiger Länder Nonstopflüge zwischen Norwegen und Alaska über Spitzbergen hinweg auf. Der erste Flug von Norwegen nach Japan über Spitzbergen und den Nordpol fand im Mai 1954 statt, im nächsten Jahr kam eine neue Route nach Tokio hinzu, die über Spitzbergen, Grönland, die kanadische Insel Cornwall und Alaska führte. Schließlich eröffnete Ende 1957 die skandinavische Luftverkehrsgesellschaft SAS den regelmäßigen transkontinentalen Luftverkehr von Kopenhagen und Stockholm nach Tokio über Spitzbergen. Das ungestüme Entwicklungstempo der Luftfahrttechnik machte Flüge von Verkehrsmaschinen von Europa über den Nordpol nach Südostasien und von Europa nach Amerika möglich. Die Funkwetterdienststelle »Isfjord Radio« wurde zum zuverlässigen Helfer für Piloten, deren Routen über den Nordpol führen, und auch für Maschinen, die Longyearbyen anfliegen.

Die vier Tage Arbeit am Kap Linné vergingen wie im Fluge. Wir machten uns mit den langjährigen Wetterbeobachtungen vertraut, die man uns hier ebenso liebenswürdig zur Verfügung stellte wie in Longyearbyen bei »Svalbard Radio«.

Als wir die Station verließen, hatte reichlich gefallener Schnee die Steilhänge der nahen Berge und die breite Küstenebene, über die wir zurückkehren wollten, in ein silbriges Gewand gehüllt. Strömung und Wind hatten so viel frisches Meereis und Trümmer von Eisbergen von Westen in den Eisfjord getrieben, daß er sich tatsächlich in eine riesige Eisbucht verwandelt hatte.

Unterwegs mußte ich an das interessante Buch »Ich lebte auf Svalbard«* denken, das ich kürzlich in der Grubenbibliothek gelesen hatte. Sein Autor ist Liv Balstad, Frau des ersten Gouverneurs von Svalbard nach Kriegsende, die insgesamt neun Jahre auf dem Archipel verbracht hat. 1955 sah diese mutige Frau Spitzbergen zum letzten Male, bald darauf starb sie. Geblieben aber ist ihr reiche Kenntnisse vermittelndes Buch, in dem sich Liv Balstad mit großer Warmherzigkeit über die Russen und Norwe-

---

* Deutschsprachige Ausgabe 1963 beim VEB F. A. Brockhaus Verlag Leipzig erschienen (A. d. R.)

gern eigene Freundlichkeit und ihrer beider Bereitschaft äußert, unter den rauhen natürlichen Bedingungen Spitzbergens und fern der Heimat einander zu helfen.»Während der kalte Krieg draußen in der Welt immer mehr um sich griff«, bemerkt Liv Balstad, »wurde die norwegisch-sowjetische Freundschaft auf Spitzbergen immer enger.« Tatsächlich bildeten sich unmittelbar mit Inbetriebnahme der sowjetischen Gruben auf Spitzbergen, also von 1931 an, gutnachbarliche Beziehungen zwischen Sowjetbürgern und den Norwegern heraus. Sie trugen ihr Teil zur Festigung des gegenseitigen Vertrauens, der Entspannung und des Friedens auf dem europäischen Kontinent bei.

Während meines Aufenthalts auf Spitzbergen waren Gäste der sowjetischen Bergwerke die Premierminister Trygve Bratteli und Oddvar Nurdli, Erbprinz Harald mit Gattin, Norwegens Außenminister Knut Frydenlund, Mitglieder von Stortingkomitees sowie norwegische Journalisten, Mitarbeiter von Film und Fernsehen, Künstler... In der Regel unterstrichen die Mitglieder der norwegischen Regierung mehrfach die Notwendigkeit, die freundschaftlichen Beziehungen zwischen den Vertretern des norwegischen und des sowjetischen Volkes auf Spitzbergen aufrechtzuerhalten und weiterzuentwickeln. Diejenigen, denen an einer Vertiefung dieser Beziehungen lag, erklärten mehr als einmal, daß es notwendig sei, Wege zu einer Annäherung der Ansichten in gewissen strittigen Fragen zu suchen, und kritisierten solche Pressevertreter, die aus Sensationslust mitunter geneigt sind, die hin und wieder auf dem Archipel aufgekommenen Meinungsverschiedenheiten zu übertreiben.

Nach seiner Spitzbergenreise 1977 gab Außenminister Frydenlund eine Erklärung ab, in der er ausdrücklich feststellte:»Wir freuen uns, daß sich seit Entstehung der sowjetischen Siedlungen zwischen Norwegern und Sowjetbürgern gutnachbarliche Beziehungen herausgebildet haben, und wir hoffen, daß diese guten Beziehungen sich auch künftig weiterentwickeln werden...«

Von hier aus
starteten sie zum Pol

Wie im Fluge war der Winter in Moskau nach unserer ersten Spitzbergenreise vergangen. In den freundlichen warmen Strahlen der Frühlingssonne schmolzen die letzten Reste schmutzigen Schnees in unserer Stadt, deren Bewohner mit Ungeduld auf den Sommer warteten. Meine Kameraden und ich hingegen waren bestrebt, den Sommer möglichst schnell hinter uns zu bringen und in den Winter zurückzukehren – auf die Gletscher Spitzbergens.

Über die einstweiligen Ergebnisse unserer Forschungsarbeit auf dem Archipel hatten wir im Geographischen Institut der Akademie der Wissenschaften auf einer Sondersitzung des wissenschaftlichen Seminars für Glaziologie berichtet, und die bedeutendsten sowjetischen Glaziologen unterstützten unser Bestreben, die Erforschung der Gletscher Spitzbergens fortzusetzen.

Der »Arktis«-Expreß brachte die Teilnehmer der zweiten glaziologischen Expedition nach Murmansk. Schon lag vor uns die Kolabucht, wo unsere Seereise beginnen sollte. Vom Bahnhof begaben wir uns direkt zum Handelshafen, wo stolz der neueste Eisbrecher »Kiew« vor Anker lag, auf dem wir nach Spitzbergen fahren durften.

Schon am zweiten Tag nach unserer Abreise zerschnitt, zerquetschte, zertrümmerte, verdrängte der mächtige Eisbrecher mit Leichtigkeit das meterdicke Eis, das den Eisfjord blockierte, als führe er durch offenes Wasser.

Glück muß ein Glaziologe haben – die Ankunft des Frühlings auf der Insel hatte sich verzögert. Alle Berge, küstennahen Täler und Ebenen und natürlich auch die Gletscher trugen noch eine dicke Schneedecke. Also waren wir noch rechtzeitig gekommen, bevor das Tauen einsetzte. Von unseren Poljarniki erfuhren wir, daß der letzte Winter außergewöhnlich kalt und nicht so schneereich wie der vorhergehende gewesen war.

Um nicht kostbare Zeit zu verlieren, begann die Expedition schon am nächsten Tag auf der gegenüberliegenden Seite der Bucht mit Schneemessungen. Gleich darauf setzte ein Hubschrauber Glaziologen auf dem Paß zwischen dem Östlichen Grönfjordgletscher und dem Fridtjofgletscher ab. So ein System von Gletschern bezeichnet der Fachmann mitunter als Jochgletscher, weil sie auf zwei einander gegenüberliegenden Berghängen lagern, aber sich mit ihren oberen Abschnitten auf dem Kamm vereinigen.

Auf dem Paß lag dreimal mehr Schnee als an der Küste. Eine zehn Meter tiefe thermische Bohrung, die in der Eisscheide niedergebracht wurde, zeigte, daß der gesamte Schnee vom vergangenen Jahr mit Schmelzwasser gesättigt war, das bis in große Tiefe in die Firnschicht eingedrungen und im Herbst gefroren war. Die dabei abgegebene Wärme hatte die Firnschicht bis auf null Grad erwärmt.

Jetzt konnten wir den schwierigsten Teil unserer Arbeit in Angriff nehmen – die Landung auf der Eisscheide des Holtedahl-Gletscherplateaus, das ungefähr vierzig Kilometer östlich der norwegischen Siedlung Ny Ålesund (früher Kingsbay) liegt. Ehe ich jedoch etwas von dieser seinerzeit sehr bekannten nördlichsten Siedlung erzähle, die durch den hier erfolgten Start von bedeutenden Nordpolexpeditionen berühmt geworden ist, sei kurz an die erregende Geschichte der vielen Versuche erinnert, den Pol von Spitzbergen aus zu erreichen.

Einen großen Aufschwung nahm die Polarforschung zu Beginn des 19. Jahrhunderts. Wichtiger Anreiz dafür waren natürlich auch die großzügigen Belohnungen, die den Entdeckern der Nordwestpassage und des Nordpols versprochen wurden.

Der geographische Nordpol der Erde! Seit Jahrhunderten streben die Menschen – Entdeckungsreisende, Seefahrer, Flieger und Forscher aus vielen Ländern – immer wieder diesem unsichtbaren abstrakten mathematischen Punkt entgegen, wo es nur eine einzige Himmelsrichtung gibt – Süden – und in dem alle Meridiane unseres Planeten zusammentreffen.

Das vorige Jahrhundert eröffnete den Beginn internationaler »Wettläufe« zu diesem fernen Ziel. Es war damals noch nicht bekannt, wie es eigentlich um den Pol herum aussah: Gab es dort offene See, Eis oder Land? Man wußte allerdings, das es in den arktischen Meeren drei Landgebiete gab: Grönland, Nowaja

Semlja und Spitzbergen. Da nun Spitzbergen verhältnismäßig nahe sowohl dem Pol als auch nicht weit von Europa lag und zudem am leichtesten zu erreichen war, zog es das Interesse vieler Polarforscher und Entdeckungsreisenden auf sich. Spitzbergen schien ihnen so etwas wie ein bequemes letztes festes »Sprungbrett« zu sein, von dem aus man den Pol erreichen und damit seine ehrgeizigen Absichten verwirklichen konnte. Machten sich im vorigen Jahrhundert diese Wagehälse von hier aus zu Fuß, mit Schlitten und Booten, Seeschiffen, Hunden, Rentieren und sogar mit einem Luftballon auf den unerforschten Weg nach Norden, so in unserem Jahrhundert mit Flugbooten, Flugzeugen, Luftschiffen, Unterseebooten und erneut zu Fuß.

Den ersten ernsthaften Versuch, von Spitzbergen aus den Pol zu erreichen, unternahm 1827 der englische Polarforscher und Seefahrer William Edward Parry. Er glaubte nicht daran, daß man mit einem Segelschiff durch das arktische Eis zum Pol gelangen könne, und schlug deshalb etwas ganz anderes vor: Schaluppen mit stählernen Kufen zu benutzen, so daß man sie sowohl auf dem Eis als auch auf dem Meer verwenden konnte.

Auf dem Schiff »Hecla« fuhr Parry nach Spitzbergen, erreichte Anfang Juni 1827 dessen Nordküste und ging in einer kleinen Bucht des Sorgfjords – heute Heclabucht – vor Anker. Hier ließ er das Schiff zurück und trat in Begleitung des Polarforschers James Clarke Ross die erste Schlittenexpedition zum Pol an. Ungefähr dreihundert Mann unternahmen mit zwei auf Kufen gestellten Schaluppen den Versuch, als erste den Pol zu stürmen.

Parry hatte auf seinem Schiff zahme Rentiere mitgebracht, konnte sich jedoch nicht entschließen, sie vorzuspannen. Die mit Proviant für 71 Tage beladenen Schlittenboote von Menschen durch das Packeis ziehen zu lassen erwies sich als unwahrscheinlich schwierig. Der Marsch wurde noch dadurch erschwert, daß eine Strömung die Eismassen ständig nach Westen und Süden trieb. In 35 Tagen schafften die Engländer nur 170 Meilen (Luftlinie). Parry mußte einsehen, daß ein weiteres Vordringen nach Norden ein hoffnungsloses Unterfangen wäre, und faßte den vernünftigen Entschluß umzukehren. Trotz des Mißerfolges ein Rekord: Erstmalig waren Menschen bis 82° 45′ nördlicher Breite vorgedrungen.

Auch die Polarunternehmen bis dahin recht fern stehender Deutschen entschlossen sich, den Versuch zu wagen, einen Weg zum Pol zu finden. Der namhafte Geograph und Kartograph August Petermann rief dazu auf, auch eine deutsche Arktisexpedition auszurüsten. Im Mai 1868 verließ die kleine Jacht »Germania« unter Kapitän Carl Koldewey Bergen in Richtung Grönland, war aber wegen der Eismassen gezwungen, nach Osten, nach Spitzbergen, abzudrehen. Hier erreichte Koldewey lediglich den 81. Breitenkreis, und um nicht überwintern zu müssen, kehrte er nach Süden um.

Auch weiterhin stellten sich dem Menschen auf seinem Weg zum Nordpol unüberwindliche Hindernisse entgegen. Um die riesige Eisfläche zu überwinden, mußte man vor allem die im Eise hilflosen Schiffe durch praktischere und schnellere Luftfahrzeuge ersetzen; das war zunächst allerdings ein sehr riskantes Unternehmen. Für den Einsatz von Luftfahrzeugen in der Arktis plädierten Julius v. Payer, Fridtjof Nansen, Adolf Nordenskiöld, Robert Peary und andere bekannte Polarforscher. Sie träumten von Schiffen, die sie wie Vögel über Meere und Gebirge, Eis und andere Hindernisse beförderten. Und dieser Zeitpunkt kam. Der erste Versuch, ein neues Hilfsmittel zur Erreichung des Pols in der Praxis zu nutzen – einen Luftballon –, wurde Ende des 19. Jahrhunderts von Spitzbergen aus unternommen. In einem lenkbaren Luftballon den Nordpol zu überfliegen, auf diese Möglichkeit wies der schwedische Ingenieur Salomon August Andrée hin. Seine Idee unterbreitete er nach seiner Rückkehr von Spitzbergen, wo er 1882 an Wetterbeobachtungen im Rahmen des Programms des Ersten Internationalen Polarjahres teilgenommen hatte.

Vierzehn Jahre lang arbeitete Andrée an seinem Projekt für eine Expedition, die erstmalig nicht durch Wasser und über Eis, sondern auf dem Luftweg zum Pol vorstoßen sollte. Sorgfältig überlegte er, welche Ausrüstung und Verpflegung mitzunehmen waren, ja sogar, wie man die Verbindung mit der Außenwelt aufrechterhalten konnte; dazu wählte der Forscher einige Dutzend Brieftauben aus.

Nach den Berechnungen des begabten Ingenieurs wurde in Paris ein Luftballon gebaut, der den Namen »Adler« erhielt. Sein

Volumen betrug fast fünftausend Kubikmeter, seine Tragfähigkeit drei Tonnen. Befördern konnte er drei Personen, Boot, Schlitten, Lebensmittelvorräte für vier Monate sowie die notwendigen Instrumente. Den Ballon lenken und ihn auf einer bestimmten Höhe halten wollte man mit Hilfe von drei Ballastleitseilen, die eine Gesamtlänge von tausend Metern und ein Gewicht von 850 Kilogramm hatten.

Am 7. Juni 1896 begab sich die Expedition nach Spitzbergen. Als Startplatz wählten die Luftschiffer die öde Virgobucht auf der Däneninsel am Nordwestrand des Archipels. Zwischen Hügeln am Südwestufer der Bucht bauten die Schweden einen hohen Bretterschuppen für den Luftballon, und Anfang August waren alle Vorbereitungen beendet. Der Winter rückte näher, doch es wollte und wollte sich kein Wind in Richtung Norden einstellen. Deshalb mußte man die Expedition auf das nächste Jahr verschieben und zum Festland zurückkehren.

Kurz vorher, am 14. August, war völlig unerwartet die »Fram« in die Virgobucht eingelaufen. An jenem Tage hatte das legendäre norwegische Schiff seine beispiellose dreijährige Transarktiseisdrift unweit der Nordküste von Spitzbergen beendet, und bald ankerte die »Fram« in der Nähe des Dampfers »Virgo«. Andrée fuhr mit seinen Gefährten in einem Boot zu den Norwegern hinüber, um sie zu begrüßen. Auf dem Rückweg begleiteten sie der Kapitän der »Fram«, Otto Sverdrup, und weitere norwegische Seeleute, die den Startplatz des Ballons besichtigten.

Im Mai 1897 brachte ein Kanonenboot die schwedische Expedition erneut in die Virgobucht. Am 11. Juli blies dann endlich der langerwartete starke Südwind, und der »Adler« stieg empor mit den Pionieren der Polarluftfahrt an Bord: Andrée, dem Physiker Nils Strindberg und dem Techniker Knut Fraenkel.

Das erste Mißgeschick traf die Luftschiffer gleich zu Beginn ihrer Reise: Der Ballon verlor bald an Höhe, man mußte eiligst Ballast abwerfen. Der vom Wind erfaßte »Adler« schoß ungestüm über der Bucht in die Höhe und flog in nordöstlicher Richtung davon. Während dieses Manövers rissen alle drei Leitseile ab, so daß der Ballon die erforderliche Lenkbarkeit völlig verlor.

Vier Tage nach dem Start fingen norwegische Seeleute in der

Barentssee eine Brieftaube ein mit einer Kapsel unter den Flügeln. Als sie diese öffneten, lasen sie folgende Nachricht:»13. Juli, 12.30 Uhr. 82° 02′ n. Br., 15° 05′ ö. L. Guter Flug Richtung O 10° S. An Bord alles wohlauf. Dies ist die dritte Taubenpost. Andrée.« Im Mai 1899 trieb eine kleine Boje an die Küste Islands mit einer kurzen Information, die bald nach der obigen Nachricht abgeschickt worden war. Im nächsten Jahr fand man an der Nordküste Norwegens eine Schwimmboje mit einem Zettel drin. Die Ballonbesatzung hatte sie nach achtstündigem Flug auf das Meereis abgeworfen. Außerdem fand man noch einige z. T. leere Bojen.

Dann erfuhr weitere 33 Jahre lang niemand mehr etwas vom Schicksal der kühnen Forscher. Im Sommer 1930 trat die Expedition des Geologen Gunnar Horn ihre Fahrt von Norwegen nach Franz-Joseph-Land an. Unterwegs lief ihr Schiff kurz das Südwestende der Weißen Insel (Kvitøya) an, die etwa achtzig Kilometer östlich des Nordostlandes liegt. Durch Zufall stießen Matrosen hier auf Spuren der verschollenen Expedition. An einem namenlosen Kap, das auf Vorschlag des sowjetischen Ozeanologen N. N. Subow später nach Andrée benannt wurde, entdeckten die Männer ein aus dem Schnee herausragendes Boot. Darin lag eine Stange mit den eingeritzten Wörtern:»Polarexpedition Andrée«. Außerdem fand man einen Fotoapparat, einen Hammer, ein Beil, Kleiderreste und andere Dinge. Nicht weit davon entfernt fand man die Leichen von Andrée und Strindberg. Neben dem Physiker lagen ein Gewehr und der Primuskocher mit Petroleum, und in einer Tasche von Andrées Jackett war sein Tagebuch mit einigen Seiten Eintragungen erhalten geblieben.

Im September fuhr eine Suchexpedition auf der»Isbjorn« (»Eisbär«) nach der Weißen Insel. Ihr gelang es, auch Fraenkels Leiche sowie zahlreiche Ausrüstungsgegenstände zu finden. Nach Entzifferung der Eintragungen im Tagebuch und im Expeditionsjournal, die durch Witterungseinflüsse stark gelitten hatten, und an Hand der entwickelten Filme Andrées und seiner Kameraden ließ sich allmählich die tragische Geschichte der ersten Polarluftschiffer rekonstruieren.

Der Flug des»Adler« hatte drei Tage gedauert. Die intensive

durch dichten Nebel hervorgerufene Vereisung des Ballons erhöhte sein Gewicht und verminderte erheblich die Flughöhe. Allen übriggebliebenen Ballast mußte man über Bord werfen. Doch auch das half nichts, der Ballon schlug immer wieder auf das Meereis auf. Den Flug fortzusetzen wäre völliger Wahnsinn gewesen. Am Morgen des 14. Juli 1897 ging in der neunten Stunde der Ballon 320 Kilometer nördlich von Spitzbergen und 350 Kilometer westlich von Franz-Joseph-Land nieder. Ursprünglich wollten die Schweden sich nach Franz-Joseph-Land durchschlagen und dafür Schlitten und ein Boot mit Segel benutzen. Doch innerhalb von zwölf Tagen entfernten sie sich nur ganze fünfzig Kilometer von der Stelle ihrer Notlandung; sie marschierten nach Osten, aber die Meeresströmung trieb sie in entgegengesetzte Richtung. Als Andrée sah, daß es zwecklos sei, den Marsch in diese Richtung fortzusetzen, beschloß er, diese zu ändern. Er wandte sich den Sieben Inseln zu, der nördlichsten Inselgruppe des Archipels Spitzbergen. Zu diesem Zeitpunkt waren Schuhwerk und Bekleidung der Leute bereits arg zerschlissen. Auch sank die Lufttemperatur merklich ab. Doch auch der neue Plan scheiterte: Die Strömung trieb die Männer vom vorgesehenen Ziel weg nach Osten ab. Im Laufe eines Monats schafften sie insgesamt nur 130 Kilometer, sie waren bereits am Ende ihrer Kräfte.

Eine plötzlich einsetzende rasche Drift beförderte ihre Eisscholle zur Weißen Insel hin, und bald war diese nur noch ein kleines Stück entfernt. Doch bedurfte es unglaublicher Anstrengungen, ehe sie am 5. Oktober mit den Resten ihrer Ausrüstung an das ungastliche Felsenkap gelangten, das von einer geschlossenen Eisdecke umgeben war. Hier errichteten die Luftschiffer ihr letztes Lager, und kurz danach schrieb Andrée die letzten noch eben zu entziffernden Zeilen in sein Tagebuch.

Was weiter geschah, bleibt ungeklärt. Es gibt drei Meinungen über den Untergang des letzten Lagers der Expedition. Die eine besagt, die Hauptursache sei in der großen Übermüdung der Männer und in der Kälte zu suchen. Andere nehmen an, der wahrscheinlichste Grund für den plötzlichen Tod der Schweden sei der, sie hätten trichinöses Bärenfleisch gegessen. Vertreter der dritten Version bringen vor, entweder eine Lawine, die plötzlich von einem

Gletscher herunterdonnerte, oder ein orkanartiger Schneesturm habe das Lager verschüttet.

Die Idee des schwedischen Ingenieurs, für die Erforschung des Arktischen Ozeans Luftfahrzeuge einzusetzen, wurde von sowjetischen Polarfliegern und -forschern 1937, also vierzig Jahre nach dem Tod der Ballonfahrer, glänzend verwirklicht. Vier große Flugzeuge der von Akademiemitglied Otto Schmidt organisierten berühmten Expedition setzten die Besatzung für die erste driftende wissenschaftliche Station der Welt, »Nordpol 1«, die Iwan Papanin leitete, am Pol ab. Im Sommer des gleichen Jahres unternahmen Waleri Tschkalow und Michail Gromow zum ersten Mal in der Welt Nonstopflüge von Moskau über den Nordpol nach Amerika.

Das unvollendet gebliebene Werk Andrées fortzusetzen, schickte sich der amerikanische Journalist und Weltreisende Walter Wellman an, allerdings nun schon im 20. Jahrhundert. Im Gegensatz zu seinem Vorgänger verfolgte er freilich keine wissenschaftlichen Ziele, sondern entfachte vielmehr mit Hilfe seiner Kollegen, Journalisten amerikanischer Zeitungen, einen unglaublichen Rummel um seine eigene Person. Eine »originelle« Vervollkommnung des geschäftstüchtigen Luftschiffers war neben anderen ein Stabilisierungsseil, nämlich eine fünfzig Meter lange Wurst, die mit Dörrfleisch, Erbsen und anderen Lebensmitteln gefüllt und außen mit Metallschuppen bedeckt war. Nach dem Projekt ihres Erfinders sollte diese Wunderwurst über das Meereis geschleift werden und die dabei abgerissenen Stücke nach den Vorstellungen des »Erfinders« rettende »Proviantdepots« für den Fall bilden, daß der Luftballon eine Havarie erleiden und ein Rückmarsch zum Küstenstützpunkt erforderlich sein sollte.

Der Amerikaner errichtete sein Basislager 1906 in der Virgobucht, also dort, wo auch Andrée seinen Stützpunkt eingerichtet hatte. Den ersten Versuch unternahm Wellman im folgenden Jahr. Gleich nach dem Start mußte der Ballon aber auf einem nahen Gletscher niedergehen. Zwei weitere Jahre später startete der Luftschiffer mit dem neuen Luftballon »America« nochmals vom gleichen Stützpunkt aus, erlitt aber wieder einen Mißerfolg. Zwar flog der Ballon dieses Mal einige Kilometer nach Norden, nachdem aber die »Schleppwurst« an schwimmendem Packeis hängengeblieben und verlorengegangen war, mußte der Ballon niedergehen. Die Luftschiffer hatten Glück: Ein in der Nähe befindliches norwegisches Schiff nahm sie auf. Übrigens war an Wellmans Flug auch Nikolai Popow beteiligt, der später einer der ersten russischen Piloten werden sollte.

Im gleichen Jahr, in dem Andrée seinen Ballonflug antrat, legte der russische Ozeanologe und Seefahrer Stepan Makarow ein originelles Projekt vor, in dem er versicherte, mit einem starken Eisbrecher sei es durchaus möglich, »zum Nordpol vorzudringen und alle noch nicht beschriebenen Gegenden des Nördlichen Eismeers kartographisch aufzunehmen«. Diese neue interessante Idee fand lebhafte Unterstützung durch den großen russischen Chemiker Dmitri Mendelejew. Im gleichen Jahr 1897 hielt Makarow in der Russischen Geographischen Gesellschaft seinen berühmten Vortrag mit der Themenstellung »Zum Nordpol – koste es, was es wolle!«.

Nicht nur in jenen weit zurückliegenden Jahren, sondern auch noch vor relativ kurzer Zeit hielten viele Leute die Makarowsche Idee für völlig irreal, ja für reine Utopie. Doch die ganze Welt wurde Zeuge, wie der sowjetische Atomeisbrecher »Arktis« am 17. August 1977 den kühnen Traum des russischen Patrioten Stepan Makarow zu glanzvoller Wirklichkeit werden ließ! Zum ersten Male in der Geschichte der Seefahrt überwand ein großes Schiff die gewaltige Eisbedeckung des Zentralen Polarbeckens und bezwang in aktiver Fahrt den Nordpol. Die Fahrt der »Arktis« in hohe Breiten demonstrierte anschaulich das hohe technische Leistungsvermögen des sowjetischen Schiffbaus, das Können und den Mut der Matrosen der sowjetischen Eisbrecherflotte.

Der Flug des französischen Flugzeugkonstrukteurs und Piloten Louis Blériot über den Ärmelkanal im Jahre 1909 brachte den rastlosen Polarforscher Roald Amundsen auf den Gedanken, man könne Flugzeuge ja auch für die Erforschung der Arktis einsetzen. Dann würden die langen und schweren Monate Seefahrt und Kampf gegen das Eis wegfallen, auch sparte man kostbare Zeit für die Vorbereitung auf solche Fahrten und Expeditionen.

Der Pole Jan Nagórski, Fliegeroberleutnant bei der russischen Kriegsmarine, verwandte 1914 als erster in der Geschichte der Arktis ein Flugzeug bei der Suche nach der Expedition Georgi Sedows und für die Eiserkundung in der Nähe von Nowaja Semlja. Nach seiner Rückkehr nach Petersburg legte er seinen Plan vor, wie der Pol mit einem Flugzeug zu erreichen sei, und schrieb in seinem Bericht, »in arktischen Gebieten zu fliegen ist zwar schwierig, aber durchaus möglich«. Dieser Pionier der russischen Polarluftfahrt war der Ansicht, alle früheren Expeditionen, die den Nordpol bezwingen wollten, seien deshalb gescheitert, weil sie die Kräfte des Menschen nicht real einschätzten, die notwendig sind, die gewaltigen Hindernisse auf der riesigen Strecke zu überwinden. Nagórski beurteilte die großen Möglichkeiten der Luftfahrt richtig; doch bald darauf brach der erste Weltkrieg aus und verhinderte für Jahre den friedlichen Einsatz von Flugzeugen in der Arktis. Nach Kriegsende interessierte man sich bei der Fliegerei erneut ernsthaft für Nagórskis Projekt, und in der Geschichte der hohen Breiten begann eine neue Ära, die den Sieg menschlichen Verstandes und menschlicher Stärke über die Macht des Eises und der Kälte endgültig machte. Wie früher blieb Spitzbergen auch jetzt »Sprungbrett« für Expeditionen, die den Pol bezwingen wollten, nun aber mit Flugapparaten.

Die erste Seite dieser neuen Geschichte schrieb 1925 Roald Amundsen, der sich durch Schiffsexpeditionen in der Arktis und die Entdeckung des Südpols einen Namen gemacht hatte. Der Norweger unternahm eine erste Expedition mit Flugzeugen in jenes Gebiet, wo alle Meridiane zusammenlaufen. In seinem Buch »Der erste Flug über das Polarmeer« schreibt Amundsen, seine Aufgabe habe darin bestanden, möglichst weit in das unerforschte Gebiet zwischen Pol und Spitzbergen vorzudringen und zu klären, was sich dort befindet oder was sich dort nicht befindet.

Mitte April 1925 brachten die Schiffe »Hobby« und »Farm« die Expeditionsteilnehmer zusammen mit zwei zweimotorigen Wasserflugzeugen vom Typ »Dornier-Wal« von Tromsø nach Ny Ålesund. Die Flugboote konnten sowohl vom Wasser als auch von einer Schnee- oder Eisfläche aus aufsteigen.

Am 21. Mai starteten beide Maschinen vom Eis des Kongsfjords aus mit Amundsen, Ellsworth, Rijser-Larsen, Dietrichson, Omdal und Feucht an Bord. Anfangs folgten sie der Küste. An der äußersten Nordwestecke Spitzbergens gerieten sie in dichten Nebel; der löste sich aber später auf, und unter den Flugbooten schimmerte eine geschlossene Eisdecke ohne offene Stellen. In der Nacht zum 22. Mai zeigte sich eine an einen buchtenreichen See erinnernde freie Wasserfläche. Um die notwendigen Beobachtungen durchzuführen, wollte Amundsen diese erste Gelegenheit zu einer Wasserung nutzen. Als die Leitmaschine herunterging, setzte deren hinterer Motor plötzlich aus. Das schwer beladene Wasserflugzeug vermochte mit nur einem Motor jenen »See« nicht zu erreichen und mußte unmittelbar zwischen Packeisblöcken in der nächsten schmalen, mit kleinen Eisschollen und einer dünnen Eiskruste bedeckten Bucht notlanden. Das zweite Flugzeug landete einige Kilometer weiter in einer anderen Wake. Nach Amundsens Ermittlungen waren sie noch ungefähr zwei Flugstunden vom Ziel entfernt.

Wollte man aus dieser Situation heil herauskommen, mußte man das eine Flugzeug aus dem Wasserloch aufs Eis ziehen und eine Startbahn frei machen, um Spitzbergen erreichen zu können. Fast einen ganzen Monat unmenschlicher Anstrengungen bedurfte es, ehe es den sechs Männern gelang, mit dem einen überladenen Flugboot aufzusteigen und zum Archipel zurückzufliegen. Als die Tanks insgesamt nur noch hundert Liter Benzin enthielten, tauchte das Nordkap im äußersten Norden von Nordostland auf. Just in diesem Moment trat eine Störung an den Seitenrudern auf, und zehn Minuten später hatte sich das Steuergerät endgültig verklemmt. Trotz starken Seeganges und heftigen Windes vollbrachte der Erste Pilot Rijser-Larsen eine meisterhafte Notwasserung. Erst nach einer Stunde gelang es, wohlbehalten die Insel zu erreichen und das Wasserflugzeug an einer großen Eisscholle zu vertäuen. Die Männer setzten ans Ufer über, um sich Essen zu bereiten, als einer plötzlich schrie: »Ein Schiff!«

Das rasch fahrende kleine Schiff hatte die arktischen Robinsone jedoch nicht bemerkt. Da gab Rijser-Larsen das Kommando: »Alle Mann in die Maschine!« Im Nu sprang der Motor an, und bald näherte sich das Flugzeug dem Walfangboot.

Die norwegischen Seeleute erkannten sofort ihren Nationalhelden und bereiteten ihm und seinen Gefährten einen herzlichen Empfang.

Auch im Kongsfjord wurden die »von den Toten Auferstandenen« von allen Bewohnern Ny Ålesunds jubelnd gefeiert.

Obwohl dieser erste Versuch, den Nordpol mit dem Flugzeug zu erreichen, nicht von Erfolg gekrönt war, hatte er doch sein Scherflein zu den Erfahrungen beigetragen, die Bahnbrecher so nötig brauchen...

Genau ein Jahr später, im Mai 1926, trafen sich in Ny Ålesund zwei Luftexpeditionen – eine amerikanische, von Richard Evelyn Byrd, Kommodore der Kriegsmarine der USA (dem späteren Admiral und Polarforscher sowie Leiter von vier amerikanischen Antarktisexpeditionen), befehligt, und eine norwegische, wiederum von dem zielstrebigen, umsichtigen »Eiskapitän« Roald Amundsen geleitet.

Byrd und seinen Piloten Floyd Bennett hatte die »Chantier« zum Kongsfjord gebracht, wo die Männer ein großes dreimotoriges Flugzeug auf das Eis entluden. Seine Tragflächen waren neunzehn, der Rumpf dreizehn Meter lang. In jenen Jahren trugen die meisten Flugzeuge Namen. Zu Reklamezwecken gab Byrd seiner »Fokker« den Namen »Josephine Ford« – so hieß die Enkelin des Autokönigs und Millionärs Ford, der diese Expedition finanziert hatte.

Die zwei ersten Versuche, mit diesem Flugzeug zu starten, endeten mit Mißerfolgen. Da montierte Byrd alles von der Maschine ab, was nicht unbedingt notwendig war, und nahm dafür 4,5 Tonnen Treibstoff, Lebensmittel für zehn Wochen und ein Minimum an Ausrüstung mit.

Am 9. Mai hob die überladene Maschine nach sehr langem Anlauf endlich von der Bucht ab. Eine Stunde später wurden die spitzen Berge und Gletscher, die den Piloten zur Orientierung dienten, von der Eintönigkeit des Meereises abgelöst. Es herrschte prächtiges, sonniges Wetter, ein sehr seltener Verbündeter von Polarexpeditionen. Schon hatte man das Gebiet von Amundsens vorjähriger Notlandung überflogen. Nach $8^1/_2$ Stunden Flug schüttelten die Piloten einander kräftig die Hände:

Ihr Flugzeug hatte den Nordpol erreicht! Man trat den Rückflug an.

Etwa fünfzehn Stunden war die Maschine in der Luft gewesen und hatte in dieser Zeit mehr als 2500 Kilometer zurückgelegt, als sie wieder über dem Kongsfjord auftauchte. Der erste, der Byrd und Bennett zu ihrem Erfolg beglückwünschte, war Roald Amundsen. Bekanntlich erschienen später in der Presse kritische Veröffentlichungen, in denen bezweifelt wurde, daß die Amerikaner den Pol erreicht hatten. Unbestritten ist aber, daß es ein typischer Fall von ungewöhnlichem sportlichem Ehrgeiz und von Rekordhascherei war. Man mußte schon großen Mut besitzen, um einen so riskanten Flug zu wagen.

Während alle großen Telegrafenagenturen der Welt noch Einzelheiten über den Flug zum nördlichsten Punkt der Erde verbreiteten, war Amundsens Expedition ebenfalls in Ny Ålesund gestartet.

Im Vergleich zu den Amerikanern hatte er sich eine schwierigere Aufgabe gestellt: einen transkontinentalen Nonstopflug über den Pol nach Amerika. Genaugenommen brauchte Amundsen damit Byrd gar nicht als Konkurrenten anzusehen, obwohl dieser mit der Entdeckung des Pols aus der Luft in dem heimlichen ehrgeizigen Wettstreit der beiden Männer Amundsen zwei Tage zuvorgekommen war. Der im vorigen Jahr mit Flugbooten unternommene und fehlgeschlagene Versuch hatte die Norweger überzeugt: Wollte man in jener Zeit den amerikanischen Kontinent über den Pol erreichen und überhaupt Fernflüge in der Arktis unternehmen, dann war das Luftschiff dem Flugzeug vorzuziehen.

Die Expedition von 1926 hatte Roald Amundsen mit der ihm eigenen höchsten Sorgfalt und Umsicht in allen Einzelheiten geplant. Mit diesem Flug wollte er seine Polarfahrten beenden.

Wie im vorigen Jahr finanzierte der amerikanische Unternehmer Lincoln Ellsworth, der als Navigator schon an dem ersten Flug Amundsens mit den beiden »Dornier-Wal« teilgenommen hatte, auch diese Expedition. Der norwegische Aeroklub erwarb von der italienischen Regierung das halbstarre Luftschiff N-1, das den Namen »Norge« (»Norwegen«) erhielt. Dieses Luftschiff war 106 Meter lang, 19 Meter breit, 26 Meter hoch und besaß drei Motoren; seine Hülle faßte 18 500 Kubikmeter Gas, das Gewicht der gesamten Konstruktion betrug 13 Tonnen. Die zu erreichende Höchstgeschwindigkeit betrug 113 Kilometer in der Stunde.

Zum Kommandanten des Schiffes berief Amundsen den vierzigjährigen italienischen Oberst Umberto Nobile, Konstrukteur von Luftschiffen. Zum Ersten Offizier und Steuermann wurde Hjalmar Rijser-Larsen, Premierleutnant der königlichen norwegischen Flotte und Pilot auf der vorhergehenden Expedition Amundsens, ernannt. Zu den Teilnehmern des Fluges sollten sechs Norweger, sechs Italiener, ein Schwede und ein Amerikaner gehören. Auf Vorschlag des norwegischen Aeroklubs erhielt die Expedition den offiziellen Namen »Amundsen-Ellsworth-Nobile Transpolar Flight«.

Am 10. April 1926 flog das Luftschiff von Rom ab. Sein Weg führte über England, Oslo, Gattschina (bei Leningrad) und Vadsø (Nordostnorwegen). Am 7. Mai landete die »Norge« in Ny Ålesund, wo man das Luftschiff in die während des vorangegangenen Winters eigens dafür gebaute Halle brachte. In deren Nähe hatten die Norweger einen Stahlgittermast errichtet, an dem das Luftschiff vertäut werden sollte.

Vier Tage bereitete sich die Expedition auf den Start vor. Am 11. Mai versammelte sich die ganze Bevölkerung der Siedlung bei der Halle, um das Luftschiff vor seinem beispiellosen Flug zu verabschieden. Die »Norge« erhob sich elegant über der Bucht und entfernte sich langsam nach Norden.

In der Nacht zum 12. Mai gegen halb zwei durchstieß das Luftschiff die Nebelfetzen, der Steuermann bestimmte nach der Sonne genauestens den eigenen Standort und rief dann freudig: »Na also, wir sind am Pol!«

Das Luftschiff ging auf hundert Meter Höhe herab, und man warf auf den nördlichsten Punkt der Erdkugel eine norwegische, eine italienische und eine amerikanische Flagge ab. Das Luftschiff beschrieb eine große Schleife über dem Pol und setzte dann seinen Flug fort. Am Morgen des 13. Mai tauchte offenes Wasser auf, und gegen Abend zeigte sich auch ein ferner Streifen Land – Amerika. Am Morgen des 14. Mai landete die »Norge« bei der Siedlung Teller in Alaska. So endete der achtzigstündige Flug von einem Kontinent zum andern über den Pol hinweg.

Nach seiner Rückkehr nach Italien bereitete Nobile energisch eine eigene Polarexpedition vor, dieses Mal unter italienischer Flagge. Sein Plan sah vor, das weite Gebiet zwischen Spitzbergen, Grönland und dem Pol sowie die Nordküste Grönlands und des kanadischen arktischen Archipels zu erforschen. Man wollte auch, falls die Bedingungen es zuließen, eine Gruppe Wissenschaftler am Pol absetzen.

In Berlin besprach Nobile mit dem Präsidenten der »Aeroarctis«, Fridtjof Nansen, das geographische Programm der Expedition; an dieser Unterredung nahm auch der sowjetische Polarforscher Samoilowitsch teil. Auf Empfehlung des norwegischen Arktisforschers wählten die Italiener aufs sorgfältigste ihre Polarausrüstung aus.

Im Oktober 1927 nahm die italienische Regierung den Vorschlag Umberto Nobiles an. Seine Expedition erhielt privaten Charakter, sie wurde von Privatleuten finanziert. Mussolini hoffte, daß sie in der Arktis neue Landgebiete entdeckte, die man dann Italien angliedern könnte. Oberst Nobile, der im Anschluß an die vorhergegangene Expedition eine Professur an der Ingenieurschule in Neapel erhalten hatte, vertrat zwar nicht faschistische Auffassungen, dennoch wurde er zum General befördert: Reklame muß sein!

Für die Expedition wählte man ein Luftschiff vom gleichen Typ wie die »Norge«. Mitte April 1928 flog die »Italia«, so hieß es, von Mailand nach Spitzbergen. Nobile wollte seinen Küstenstützpunkt in Ny Ålesund einrichten und die dort schon vorhandene Halle sowie den Anlegemast benutzen. Dort traf das Luftschiff am 6. Mai ein.

Der erste Flug erfolgte am 11. Mai und dauerte über acht Stunden. Das zweite Mal startete die »Italia« vier Tage später von Ny Ålesund in Richtung Franz-Joseph-Land und Sewernaja Semlja. Wegen schlechten Wetters mußte sie aber zur Küste von Nowaja Semlja hin abdrehen und zum Stützpunkt zurückkehren; alles in allem hatte sie eine Strecke von 4000 Kilometern zurückgelegt. Auf den dritten Flug bereiteten sich die Expeditionsteilnehmer besonders gewissenhaft vor, weil sie sich als Hauptaufgabe gestellt hatten, den Nordpol zu erreichen.

Außer Nobile gehörten zur Besatzung die Seeoffiziere Zappi, Mariano und Viglieri, der Ingenieur Trojani, der Techniker Cecioni, die Mechaniker Arduino, Pomella, Caratti und Ciocca, der Gerätewart Alessandrini, der Funker Biagi, die Wissenschaftler Malmgren, Běhounek und Pontremoli sowie der Journalist Lago, insgesamt sechzehn Personen. Vierzehn davon waren Italiener, je einer vertrat Schweden und die Tschechoslowakei.

Am Morgen des 23. Mai 1928 zog man das Luftschiff aus der Halle und startete. Anfangs nahm man Kurs auf Nordgrönland, von dort dann auf dem 27. Grad westlicher Länge zum Pol. Am folgenden Tag um 0 Uhr 20 rief der wachhabende Offizier laut und feierlich:

»Wir sind da!«

Malmgren trat an Nobile heran, drückte ihm die Hand und meinte:

»Nur wenige Menschen können so wie wir sagen, daß sie zweimal am Nordpol gewesen sind.«

Danach ging die »Italia« langsam tiefer; aus hundert Meter Höhe wurden die Flaggen Italiens, Schwedens und der Tschechoslowakei abgeworfen und danach ein großes Eichenkreuz, das Papst Pius XI. übergeben hatte.

Zwei Stunden kreiste das Luftschiff über dem Pol in der Hoffnung, einen Landetrupp absetzen zu können, aber das Wetter verhinderte diese Operation, und Nobile gab Befehl zur Rückkehr. Bald geriet das Schiff in tiefziehende Wolken. Volle dreißig Stunden flog man gegen den Wind, ohne zu wissen, wo man sich befand: Die Sonne ließ sich kein einziges Mal sehen. Man orientierte sich nur nach dem Kompaß. Der Wind blies mit einer Geschwindigkeit von fünfzig Stundenkilometern, was den Flug erheblich erschwerte. Die Vereisung verstärkte sich, Schneeböen bereiteten weiteren Verdruß. Gegen 10.30 Uhr des 25. Mai alarmierte der Mechaniker Cecioni die Besatzung:

»Wir sacken ab!«

Zu dieser Zeit befand sich die »Italia« auf dem Anflug auf

Nordspitzbergen. Die Instrumente zeigten an, daß sich das Heck senkte und das Luftschiff rasch an Höhe verlor. Nobile ordnete an, die beiden Motoren schneller laufen zu lassen und den dritten anzuwerfen. Aber das Absacken war nicht aufzuhalten. Als sich der Abstand zwischen Heckgondel und Eis auf zehn Meter verringert hatte, gab der Kommandant Befehl, die Motoren auszuschalten, damit das Luftschiff bei einem Absturz auf das Packeis nicht in Flammen aufging. Unter widerlichem Knirschen streifte die Gondel das chaotisch aufgetürmte Eis. Ein furchtbarer Schlag, und die Kommandokabine wurde aufgeschlitzt.

Das leichter gewordene Luftschiff stieg augenblicklich empor und flog, vom Wind getrieben, in östlicher Richtung davon. Wo sich die Gondel befunden hatte, gähnte ein unheimliches Loch. Die »Italia« verschwand im Nebel und mit ihr sechs Mann der Gruppe Alessandrini. Aller Wahrscheinlichkeit nach sind sie bald darauf bei einem zweiten Aufprall auf das Eis zerschmettert worden.

Wie konnte es zu dieser Katastrophe kommen? Genau weiß das niemand. Nobile meint, Hauptursache für den Absturz des Luftschiffes sei das schlechte Wetter gewesen, äußert aber auch die Vermutung, eins der Heckventile habe infolge Vereisung nicht mehr dicht geschlossen und Gas sei rasch ausgeströmt oder aber ein gebrochenes Stahlrohr vom Gerüst des Hecks habe die Hülle des Gasbehälters durchbohrt.

Nach der Katastrophe der »Italia«, die sich ungefähr hundert Kilometer vom Nordostland entfernt ereignete, blieben zehn Mann, darunter Nobile, auf einer Eisscholle zurück. Nobile selbst hatte beim Aufprall der Gondel Pech gehabt: Ein Bein und ein Arm waren gebrochen, das Gesicht, der obere Teil des Kopfes und die Brust wiesen erhebliche Prellungen auf. Cecioni hatte sich ein Bein, Malmgren einen Arm gebrochen und Zappi das Gesicht verletzt. Den Maschinisten Pomella fand man tot auf, die übrigen waren mit verhältnismäßig leichten Verletzungen davongekommen.

Zum Glück für die Überlebenden waren zusammen mit der Gondel die Lebensmittelvorräte aufs Eis gestürzt, auch das Feldfunkgerät, das man für den Fall mitgenommen hatte, daß ein

Landetrupp abgesetzt werden würde, ferner Navigationsinstrumente, ein Revolver mit Patronen und ein rotes Zelt, das viele Jahre später zu Berühmtheit gelangte durch den gleichnamigen sowjetisch-italienischen Film über die Rettung der Expedition sowie durch Umberto Nobiles Buch über sein Leben und die »Italia«-Katastrophe *.

Der Funker Giuseppe Biagi konnte das Funkgerät einstellen und versuchte, mit dem Stützpunktschiff der Expedition, der »Città di Milano«, im Kongsfjord Verbindung zu bekommen. Aber niemand antwortete auf die Hilferufe. Das schlechte Wetter, das die ersten Tage des Aufenthalts auf der Eisscholle herrschte, verbesserte auch nicht gerade die Niedergeschlagenheit des kleinen Kollektivs, und das Schweigen des Äthers stürzte dieses in höchste Verzweiflung. »Keiner wird auf die Idee kommen, uns so weit entfernt von der vorgesehenen Flugroute zu suchen«, überlegten die Bewohner des roten Zeltes, »und unser aller Schicksal wird es sein, ebenso spurlos verschollen zu bleiben wie die unglückliche Expedition Andrées.« Inzwischen wurde das Lager Nobiles von einer starken Strömung immer mehr nach Südosten getrieben, und das überraschte sogar den erfahrenen Malmgren. Er bezweifelte, daß eine Funkverbindung überhaupt zustande käme, und begriff, daß passives Ausharren auf der driftenden Eisscholle falsch war. Die Offiziere Zappi und Mariano hielten die entstandene Lage überhaupt für hoffnungslos und gaben Nobile ihre Absicht kund, sie wollten einen Versuch unternehmen, die Küste von Nordostland zu erreichen, vielleicht würden sie dort Leute finden, so daß sie der Welt Kenntnis davon geben könnten, wo sich das Lager befand.

Am nächsten Morgen schoß Malmgren mit dem Revolver einen Eisbären, der im Lager aufgetaucht war. Man hatte nun Frischfleisch. Bald näherte sich die Eisscholle der Insel Foyn auf fünf Meilen Entfernung, und da fing Zappi wiederum von seinem Abmarsch an. Nobile gab seine Zustimmung und bat Malmgren, seine Meinung dazu zu äußern:

---

* Deutschsprachige Ausgabe unter dem Titel »Flüge über dem Pol«. 1980 beim VEB F. A. Brockhaus Leipzig erschienen (A. d. R.)

»Was erwartet diejenigen, die weggehen, und jene, die bleiben?« Bedrückendes Schweigen, das Malmgren leise, aber vollkommen ruhig beendete:

»Beide Gruppen erwartet der Tod.«

Daraufhin bot Nobile allen an, sie, außer den Verwundeten, könnten gehen. Er fand aber keine Zustimmung, man wollte Nobile und Cecioni nicht allein zurücklassen. Der Funker Biagi beschloß, sich der Gruppe Malmgren anzuschließen, da er annahm, sie hätte die größeren Chancen, sich zu retten. Doch da erklärte Malmgren mit Entschiedenheit, er werde bleiben, weil er den Leiter der Expedition und den anderen Verwundeten nicht im Stich lassen könne, wenn schon der Funker – die einzige Hoffnung auf Rettung – ginge.

»Herr General, verzeihen Sie mir«, sagte Biagi, der lächelnd ins Zelt kam, »es war eine momentane Schwäche.«

Alle Zurückbleibenden schrieben eiligst Briefe an ihre Angehörigen. Ein tragisches Bild: Die Männer schrieben und weinten dabei.

Am fünften Tag ihres Aufenthalts auf der Eisscholle brachen Malmgren, Zappi und Mariano über das driftende Eis nach Süden auf. »In elender Verfassung und verletzt, mit einem schweren Rucksack voll Proviant auf dem Rücken, schon bei den ersten Schritten stolpernd, aber von einem unbändigen Willen aufrecht gehalten«, schrieb über Malmgren sein tschechischer Kollege Běhounek, »so marschierte er dem Land entgegen, beseelt von dem einzigen edlen Ziel, Hilfe für seine auf dem Eise zurückbleibenden unglücklichen Kameraden zu holen...«

Der Funker hämmerte weiter jeden Tag das Notsignal »SOS. Italia. Nobile...« auf seiner Taste. Der erste, der es hörte, war der sowjetische Funkamateur Nikolai Schmidt aus Wosnessenje-Wochma, einem Dorf in der Oblast Archangelsk, und zwar am 3. Juni. Der junge Mann, ein Komsomolze, schickte sofort ein »Blitz«-Telegramm an die Moskauer Gesellschaft der Funkamateure; diese gab seine Nachricht an das sowjetische Hilfskomitee für das Luftschiff »Italia« weiter, das bereits am 29. Mai gebildet worden war.

Am 6. Juni schrie Biagi, der gerade wieder wie gewöhnlich

die letzten Nachrichten abhörte, plötzlich auf: »Man hat uns gehört!« Eine zweiseitige Verbindung mit der Außenwelt hatte also erst nach zwei Wochen erfolglosen Bemühens hergestellt werden können. Auf der Eisscholle war die Zeit der Verzweiflung vorbei, es kam die der Erwartung.

Das sowjetische Hilfskomitee schlug den Ländern des Westens vor, ein internationales Rettungszentrum zu schaffen, um die Anstrengungen zu koordinieren und zu vereinen, erhielt aber keine Antwort. Daraufhin wurden sowjetische Rettungsexpeditionen ins Leben gerufen. Am 5. Juni beschloß das Komitee, den Eisbrecher »Malygin« in das Gebiet östlich von Spitzbergen zu entsenden. Das Forschungsschiff »Persej« wurde beauftragt, den Eisrand in der Barentssee zu untersuchen, und die »Sedow« sollte in Richtung Franz-Joseph-Land fahren, um nach der Gruppe Alessandrini zu suchen. Am 12. Juni erhielt Professor Samoilowitsch vom Hilfskomitee ein Telegramm, in dem man ihm seine Ernennung zum Leiter einer Rettungsexpedition auf dem Eisbrecher »Krassin« mitteilte.

Neben der Sowjetunion beteiligten sich auch Norwegen, Italien, Schweden, Frankreich und Finnland an der Suche nach den Verschollenen, insgesamt 18 Schiffe, 21 Flugzeuge und ungefähr 1500 Menschen! Ein derartiges Ausmaß von Rettungsaktionen kannte die Arktis bisher noch nicht. Diese Epopöe demonstrierte der ganzen Welt die hohe humanitäre Gesinnung, die Menschen der verschiedensten Länder vereinte. Die Anstrengungen, die das Land der Sowjets, das erst elf Jahre bestand, dabei unternahm, sollten von entscheidender Bedeutung werden.

Als einer der ersten reagierte auf den Hilferuf Roald Amundsen. Zwei Jahre zuvor, nach Überfliegen des Pols mit der »Norge«, war es in den freundschaftlichen Beziehungen zu Nobile zu einem bedauerlichen Bruch gekommen. Kaum hatte Amundsen von der Katastrophe des italienischen Luftschiffes erfahren, da machte er sich ohne großes Überlegen auf, die Expedition seines Gegenspielers zu retten. Mit einer alten, aber leistungsstarken »Latham 47«, einem Wasserflugzeug, das eigentlich für warme Länder bestimmt war, startete der mutige Forscher am 18. Juni von Tromsø aus nach Spitzbergen.

Bald nach dem Abflug bat Amundsen, ihn über die Eisverhältnisse bei der Bäreninsel zu informieren, danach aber brach die Funkverbindung mit der »Latham« ab. Offenbar ist die Maschine in das stürmische kalte Meer gestürzt, ohne den Archipel überhaupt erreicht zu haben. Mehr als zwei Monate später wurde an der Küste Nordnorwegens ein Schwimmer der »Latham« mit Spuren starker Beschädigungen gefunden. Kein Zweifel: Der berühmte Polarforscher und seine braven Gefährten waren umgekommen.

Am Abend des 24. Juni landete ein kleines schwedisches Kufenflugzeug in Nobiles Lager. Ihm entstieg ein junger Flieger, Oberleutnant Lundborg, der sich mit folgenden Worten an Nobile wandte: »General, ich bin gekommen, Sie alle abzuholen... Sie müssen als erster mit, denn Sie müssen Anweisungen für die Suche nach den anderen Kameraden geben.«

Der schwer verletzte Nobile hörte sich die Meinungen seiner Kameraden an und beschloß dann mitzufliegen. Nachdem der schwedische Pilot den Expeditionsleiter zur Rossinsel gebracht hatte, startete er gleich danach erneut, doch mit seinem zweiten Flug hatte er Pech. Bei der Landung überschlug sich das Flugzeug, und Lundborg sah sich selbst unerwartet als Gefangener des Eislagers. Am 6. Juli holte ein anderer schwedischer Pilot, Schyberg, seinen Kameraden auf den Stützpunkt zurück. Danach fanden keine Flüge mehr statt.

Die Bemühungen der Rettungsexpedition auf der »Krassin« brachten schließlich die Entscheidung. Dazu trugen sowohl die hervorragend organisierte Arbeit als auch das erfolgreiche Zusammenwirken von Eisbrecher und Flugzeug bei; dadurch wurde nach den Worten Fridtjof Nansens die Voraussetzung geschaffen, das Unmögliche möglich zu machen.

Spitzbergen westlich umfahrend, konnte sich die »Krassin« dem Standort des roten Zeltes bis auf hundert Kilometer nähern. Man beschloß, Tschuchnowskis Flugzeug »Roter Bär« von hier auf Aufklärung zu schicken. Wenig später schon erhielt man auf dem Eisbrecher das Funktelegramm, das Tschuchnowski weltberühmt gemacht hat: »Malmgren gefunden auf 82° 42′ Breite, 25° 45′ Länge...« Wegen dichten Nebels mußte seine Maschine auf dem Rückflug aber auf dem Eis landen, dabei riß das Fahrgestell ab, und zwei Propeller zerbrachen. Trotzdem funkte der Kommandant des »Roten Bären«: »... Alle wohlauf. Proviant für zwei Wochen. Halte es für notwendig, daß ‚Krassin‘ unverzüglich zur Rettung Malmgrens aufbricht.«

Und wieder dampfte der Eisbrecher durch das weiße Schweigen. Am 12. Juli bemerkte der wachhabende Steuermann durchs Fernglas einen schwarzen Punkt.

»Das scheinen Menschen zu sein, schaut mal hin, Genossen!«

Es war die Gruppe Malmgren; Malmgren selbst aber war nicht dabei. Die Geretteten, Zappi und Mariano, erzählten, der schwedische Wissenschaftler sei schon einen Monat zuvor gestorben. Zwei Wochen nach Verlassen des Nobile-Lagers habe Malmgren seinen Begleitern erklärt, er habe keine Kraft mehr, mit ihnen weiterzumarschieren, und sie gebeten, ihm sein Grab im Eis zu graben. Die Offiziere hätten diese Bitte erfüllt und einige Zeit später den sterbenden Malmgren verlassen, der den Italienern vorher noch seine Kleidung überlassen hätte.

Der geheimnisumwitterte tragische Tod Finn Malmgrens rief einen tiefen Eindruck in der Öffentlichkeit hervor und bot noch lange Stoff für die Presse. Es will einem nicht in den Kopf, wie man einen entkräfteten, aber doch noch lebenden Menschen, einen Unglücksgefährten, so im Stich lassen kann im Eis.

Trotz sehr schweren Packeises schob sich die »Krassin« stetig näher an Nobiles Lager heran. Schon zwölf Stunden nach Rettung von Zappi und Mariano stoppte der Eisbrecher nahe dem roten Zelt seine Fahrt und nahm die letzten fünf Insassen auf. Die Freude dieser Menschen war unbeschreiblich. Der überglückliche Funker Biagi sandte eiligst seinen letzten Funkspruch in den Äther: »Alles vorbei. ‚Krassin‘ eingetroffen. Sind gerettet!«

Bald danach hüllte dichter Nebel alles ringsum ein, und es setzte ein intensives Schmelzen des Eises ein. Die Hilfe war gerade noch rechtzeitig gekommen.

Die umsichtige Aktion der sowjetischen Rettungsexpedition begeisterte die ganze Welt. »Der ‚Krassin‘ ist es gelungen, viel von dem Eis zu brechen, das die UdSSR noch von Europa trennt«, bekannte die englische Zeitung »New Leader«. Ernst Thälmann schätzte die Bedeutung, die diese Großtat sowjetischer Matrosen besaß, sinngemäß so ein: Die politische Bedeutung jener Freude, mit der das Weltproletariat auf die glänzende Rettungstat des Eisbrechers »Krassin« reagierte, resultiere aus der Freude, die vom Wissen um die Überlegenheit der wissenschaftlichen und technischen Errungenschaften des sozialistischen Staates entspringe.

Nachdem die »Krassin« alle Geretteten in den Kongsfjord an Bord der »Città di Milano« gebracht hatte, sollte sie wegen einer dringenden Reparatur nach Norwegen; anschließend sollte sie rasch zurückkommen, um die Suche nach Amundsen und den mit der »Italia« abgetriebenen Männern der Gruppe Alessandrini fortzusetzen. Schon hatte sie das Südende von Spitzbergen passiert, da fing der Funker ein Notsignal des deutschen Schiffes »Monte Cervantes« auf, das ungefähr zweitausend Passagiere und Mannschaften an Bord hatte. Die »Krassin« drehte sofort wieder nach Norden bei, obwohl sie selbst ernste Schäden an Schraube und Ruder aufwies, waren doch achtzig Meilen von ihr entfernt Menschen vom Untergang bedroht. Wenige Stunden später kam am Horizont der riesige Überseedampfer mit seinen vier Schornsteinen in Sicht. Im Vergleich zu ihm sah die auch nicht kleine »Krassin« wie ein winziges Schiffchen aus. Eine Überprüfung des Passagierdampfers ergab, daß sich bei einem starken Stoß gegen Eis im Schiffskörper unter der Wasserlinie große Lecke gebildet hatten. Die »Monte Cervantes« drohte zu sinken, doch konnten durch die schnelle und selbstlose Hilfe der »Krassin«-Besatzung die Lecke geschlossen werden, und das Schiff vermochte seine Fahrt nach Spitzbergen mit den vielen Touristen an Bord fortzusetzen. Anderthalb tausend Passagiere drängten sich auf den Oberdecks und winkten den Matrosen des sowjetischen Eisbrechers zu; das Orchester der »Monte Cervantes« spielte die »Internationale«.

Im norwegischen Hafen Stavanger wurde die notwendige Reparatur der »Krassin« in kürzester Frist erledigt, in Bergen Kohle gebunkert, dann fuhr der Eisbrecher erneut Nordkurs und suchte das ausgedehnte Gebiet zwischen Spitzbergen und Franz-

Joseph-Land sowie deren Küsten ab. Er überwand die starken Eisfelder nördlich von Spitzbergen und erreichte eine Breite von 81° 47′ – so weit war in diesem Gebiet der Arktis bisher noch kein Schiff aus eigener Kraft nach Norden vorgestoßen. Doch die Suche blieb erfolglos.

Das Unternehmen von General Nobile ist wohl die tragischste aller Polarexpeditionen des 20. Jahrhunderts gewesen. Der Versuch der Italiener, in die Geheimnisse der Arktis einzudringen, kam teuer zu stehen: 17 Menschen kostete er das Leben, acht Teilnehmern der »Italia«-Expedition, ferner Roald Amundsen und acht französischen, italienischen und norwegischen Fliegern, die, um das Leben fremder Menschen zu retten, ihr eigenes hingaben.

Die nordnorwegische Hafenstadt Tromsø ist Ausgangspunkt vieler berühmter Arktisexpeditionen gewesen. Auf einem Platz im Stadtzentrum stehen, nicht zufällig, Denkmäler Nansens und Amundsens. Im Juni 1969 gesellte sich ein drittes hinzu; auf der einen Seite der Stele steht in goldener Schrift: »Errichtet von Umberto Nobile, Leiter der Expedition, anläßlich ihres vierzigsten Jahrestages, unter Schirmherrschaft der Italienischen Georgraphischen Gesellschaft.« In den Granitsockel ist eingemeißelt: »Hier auf dem Stein stehen die Namen der Opfer der Hilfsexpeditionen. Zum Gedenken an ein Unternehmen, das den Menschen zum Ruhme gereichte, heute Zeugnis und Erinnerung an ihre edlen Bestrebungen und brüderlichen Beziehungen.« Auf der anderen Seite der Stele sind diese Namen eingemeißelt.

In Rom wurde eine Regierungskommission unter Vorsitz des hochbetagten Polarforschers Admiral Umberto Cagni gebildet, die sich mit der geheimen Untersuchung aller mit dem Absturz des Luftschiffes »Italia« zusammenhängenden Umstände befaßte. In dem abschließenden Urteil gab die Kommission bekannt, daß speziell das Verhalten Zappis und Marianos gerechtfertigt sei, dafür aber wurde General Nobile in jeder Hinsicht für schuldig befunden. Damit wälzte die faschistische Regierung die ganze Schuld am Scheitern der Expedition auf deren Leiter ab. Ihm legte man zur Last: falsche Führung des Luftschiffes vor der Katastrophe, schlechte Organisation der Expedition, Feigheit und Egoismus, weil er als Leiter zuerst das Lager im Flugzeug verließ. Man erkannte ihm den Generalsrang ab und zwang ihn, seinen Abschied zu nehmen. Nach dem zweiten Weltkrieg rehabilitierte eine neu gebildete Regierungskommission den Polarforscher allerdings vollständig. Der Generalsrang war ihm schon 1945 wieder zuerkannt worden. Akademiemitglied Alexej Trjoschnikow, Präsident der Geographischen Gesellschaft der UdSSR, bestätigte, ein Leiter einer auf einer Eisscholle driftenden Expedition sei nicht mit einem Schiffskapitän zu vergleichen – er habe sich dort aufzuhalten, von wo aus er die Expedition am besten leiten und erforderlichenfalls am schnellsten Hilfe oder Rettung bringen könne, falls die Expeditionsteilnehmer in Not geraten waren.

Nur wenigen wird bekannt sein, daß Nobile drei Jahre nach der Tragödie der »Italia« nach Moskau eingeladen wurde und vom 19. Juli bis zum 20. August 1931 an einer Fahrt der »Malygin« nach Franz-Joseph-Land teilnahm. In der dortigen Stillen Bucht traf die »Malygin« mit dem Luftschiff »Graf Zeppelin« zusammen, um Post auszutauschen. Auf der »Malygin« befanden sich auch ausländische Touristen; man hatte auf dem Schiff eine Poststelle eingerichtet, in der Briefumschläge und Briefmarken mit einem Sonderstempel versehen wurden. Geleitet wurde sie von dem damals noch unbekannten Mitarbeiter des Volkskommissariats für Post- und Fernmeldewesen Iwan Papanin. Für Nobile war dies die letzte Fahrt in die Arktis, für den zukünftigen berühmten Leiter der driftenden Station »Nordpol 1« die erste.

Ab Mai 1932 bis Ende 1936 arbeitete Nobile als Konsultant für technische, den Einsatz schon fertiggestellter Luftschiffe betreffende Fragen. 1946 wurde der General auf Vorschlag der Kommunistischen Partei Italiens als Unabhängiger in die Verfassunggebende Versammlung gewählt. Er starb genau fünfzig Jahre nach der Tragödie auf dem Eis, im Juli 1978, im Alter von 93 Jahren.

Kurz vor Ankunft der »Italia« in Spitzbergen hatte hier am 16. April 1928 ein äußerst riskanter und kühner Transarktisflug mit einem einmotorigen Kufenflugzeug seinen Abschluß gefunden. Die Besatzung bestand aus dem Polarforscher und Flieger George Hubert Wilkins und dem hochqualifizierten Polarpiloten Karl Benjamin Eielson. Ihre annähernd 3500 Kilometer lange Route führte nicht über den Pol, wie das die auf Sensationen und Reklamerummel versessenen Zeitungsmagnaten gern gesehen hätten, sondern weiter südlich: vom Kap Barrow in Alaska über die Eiswüste des Ozeans nach Spitzbergen. Wie verlautbart, erfolgte der Flug im Zusammenhang mit der geplanten Aufnahme von Luftverkehr in der Arktis.

Erst der dritte Startversuch gelang, und die Männer landeten ohne Zwischenfälle im Grönfjord nahe der Funkstation. Dieser ungewöhnliche Flug bewies, daß transarktische Flüge im Prinzip möglich sind. Wilkins und Eielson, Amundsen und Byrd hatten mit ihren Flügen allerdings mehr den rein sportlichen Charakter einer Rekordhascherei von einigen wenigen Mutigen demonstriert, wobei sie aber zweifellos der ganzen Welt auch die Entwicklung der Flugzeugtechnik vor Augen führten. Die echte Arktisforschung auf dem Luftwege stand dagegen noch aus, deren Pioniere wurden die Flieger der sowjetischen Polarluftfahrt.

Interessant ist, daß Wilkins und Eielson schon ein halbes Jahr später auch im äußersten Süden unseres Planeten, in der Antarktis, an den Start gingen, und eben hier, auf seiner vierten Flugexpedition nach dem sechsten Kontinent, kam Wilkins eine neue ungewöhnliche Idee: zu versuchen, den Nordpol mit einem Unterseeboot zu erreichen, und falls das gelingen sollte, mit dem U-Boot auch den Arktischen Ozean zu bezwingen. Zu diesem Zweck mietete sich der Forscher beim Marineministerium der USA für fünf Jahre und für einen (!) Dollar (nach amerikanischem Gesetz durfte es ihm nicht unentgeltlich zur Verfügung gestellt werden) das veraltete U-Boot »0-12«. Das kleine Boot erhielt den anspruchsvollen Namen »Nautilus«. Es konnte ungefähr vierzig Stunden unter Wasser bleiben und in dieser Zeit etwas über zweihundert Meilen zurücklegen. Am 4. Juni 1931 verließ das Boot die Neue Welt und fuhr nach Europa. Wilkins leitete die Expedition, Kapitän wurde Danenhower, Sohn eines Teilnehmers der berühmten amerikanischen Polarexpedition unter George de Long auf der Jacht »Jeanette«. Zur Gruppe der Wissenschaftler gehörten der norwegische Geophysiker Harald Sverdrup, Teilnehmer der Amundsen-Expedition auf der »Maud«, der Amerikaner Dr. F. Saul vom Carnegie-Institut in Washington und der Deutsche Dr. Fillinger aus Freiburg.

Am 15. August 1931 lief die »Nautilus« in den Grönfjord auf Spitzbergen ein, verließ ihn aber drei Tage später schon wieder. Am fünften Tag sollte, da man nördlich des Archipels eine geschlossene Eisfläche vorfand, getaucht werden. In diesem Augenblick schrie der wachhabende Bootsmechaniker erregt: »Wir haben das Tiefenruder verloren!«

Ein weiteres Verweilen im Eis konnte mit einer Katastrophe enden: Niete hatten sich gelockert, ein Leck war entstanden. Wilkins beschloß, die Fahrt durch offenes Wasser fortzusetzen, dabei ließ er die »Nautilus« mit dem Bug unter das Eis tauchen, damit die Wissenschaftler bestimmte Untersuchungen vornehmen konnten. Beim Lavieren im Eis schaffte das Unterseeboot einen Rekord: fast 82 Grad nördlicher Breite.

Bald nach der Rückkehr nach Norwegen wurde die »Nautilus« in neutralen Gewässern versenkt. So endete der erste Versuch, mit einem Unterseeboot zum Nordpol vorzudringen.

Der zweite Weltkrieg war zu Ende. Über Spitzbergen dröhnten wieder mächtige moderne Linienmaschinen hinweg, die zum Nordpol und weiter flogen. Die Entwicklung der Luftfahrt und die Erfahrungen, die die Menschheit in den langen Jahren der »Bändigung« des nördlichsten Punktes der Erde sammeln konnte, hatten diesen Eurasien und Amerika gewissermaßen näher gerückt.

Im Jahre 1964 versuchte eine Gruppe junger Norweger auf Skiern von der kanadischen Arktis aus nach Spitzbergen zu gelangen. Sie konnte etwa sechshundert Kilometer weit in Richtung Pol vordringen und gelangte bis zu der amerikanischen driftenden wissenschaftlichen Station »Arlis 2«, von wo sie mit einem Flugzeug evakuiert wurde. Ein Teilnehmer, der Funker

Flettum, war so begeistert, daß er eine neue Tour unternehmen wollte. Dafür hatte er eine neue Marschroute erarbeitet. Nach seiner Meinung sollte man lieber in Spitzbergen beginnen und auf dem amerikanischen Kontinent oder in Grönland enden. Während unserer Arbeit auf Spitzbergen 1967 waren wir Zeuge, wie intensiv sich Flettum auf sein künftiges Unternehmen vorbereitete; er trainierte Langlauf und das Fahren mit Hundeschlitten. Offenbar ist aber seine geplante Expedition wegen finanzieller Schwierigkeiten nicht zustande gekommen.

Die interessanteste derartige Expedition war unbestreitbar der Marsch von vier Engländern von Kap Barrow in Alaska aus über den Nordpol nach Spitzbergen. Ihre Teilnehmer bereiteten sich ebenfalls lange auf ihren Riesenmarsch vor und suchten sich in Grönland 41 Zughunde aus. Die erste Strecke bis zur Packeisgrenze war ungewöhnlich schwierig. Bis zum 24. Juni 1968, also vier Monate nach dem Abmarsch, hatte die Expedition von Kap Barrow aus in Luftlinie erst etwas über 1100 Kilometer zurückgelegt. Bis zum Pol aber blieben noch 900 Kilometer. Der Weitermarsch mußte bis zum Einsetzen der Herbstfröste unterbrochen werden.

Im September traten sie erneut ihren Weg nach Norden an. Doch am vierten Tag erlitt einer der Teilnehmer einen Unfall: Er stolperte unglücklich, fiel nach hinten und verletzte sich dabei schwer den Rücken. Es blieb den Männern nichts anderes übrig, als sich für eine Überwinterung einzurichten. Flugzeuge warfen dreißig Tonnen Fracht über ihrem Lager ab. Ende Februar 1969 zerbrach ihre Eisscholle. Jetzt galt es, unverzüglich aufzubrechen, zumal der Verletzte zu diesem Zeitpunkt einigermaßen wieder hergestellt war.

407 Tage nach dem Start der Expedition, am 6. April 1969, feierten die Engländer ihren Sieg: Sie standen am Pol. Hier begann dann die zweite Hälfte des Marsches, der die vier jetzt nach Süden führte, doch leichter wurde es für sie dadurch nicht. Endlich tauchte in der Ferne Land auf – Spitzbergen. So fand der ungewöhnliche überaus schwere Marsch über den Arktischen Ozean seinen glücklichen Abschluß. Er hatte ungefähr fünfhundert Tage gedauert. Dabei hatten die Teilnehmer

fast sechstausend Kilometer auf driftendem Eis zurückgelegt. Im Unterschied zu ihren vielen Vorgängern nutzen die Polarforscher und -reisenden unserer Zeit die neuesten Errungenschaften von Wissenschaft und Technik; Flugzeuge und Hubschrauber versorgen sie aus der Luft zuverlässig mit Lebensmitteln, Brennstoff und Ausrüstung, evakuieren sie auch notfalls. Unverändert geblieben ist nur das Eis, das von starken Meeresströmungen mitgeschleppt, sich wie eh und je dem entgegenstellt, der einen Marsch zum Pol riskiert. Das Eis vor allem ist es, gegen das es anzukämpfen gilt, will man beweisen, daß menschlicher Wagemut doch stärker ist als die stärksten Eisbarrieren!

Es wird immer wieder Leute geben, die den Start zum Nordpol wagen.

Auf den Spuren früherer Polarexpeditionen

An einem kühlen Junitag des Jahres 1966 nahmen zwei Hubschrauber von Barentsburg aus Kurs auf Nordwestspitzbergen. In einem saßen die Teilnehmer unserer Expedition, der zweite war mit der Ausrüstung für die künftige Gletscherstation auf dem Holtedahlplateau beladen. Nicht einmal zehn Minuten brauchten wir, um den Eisfjord zu überfliegen. Jetzt zog sich unter uns der Westrand des Oscar-II.-Landes hin, während sich links, auf der gegenüberliegenden Seite des Vorlandsunds, eine lange, schmale bergige Insel zeigte, die mit kleinen Gletschern bedeckt war – Prins-Karls-Vorland. An den Stellen, wo Fjorde die felsige Küste zersägt und die Bergketten getrennt hatten, kürzten die Piloten den Weg ab, und wir flogen flach über dem Wasser dahin.

Nach etwa vierzig Minuten tauchte die runde Nase der Bröggerhalbinsel auf, und unmittelbar dahinter dehnte sich die breite blaue Wasserfläche zweier großer Buchten aus. Das waren der Kongsfjord und der Krossfjord mit ihrem gemeinsamen Ausgang zum Meer. Blendend weiße Schneebänder hingen wie silbernes

213

Lametta von den obersten Gipfeln bis zum Fuß der Berge herunter.

Langsam umfliegen wir die Bröggerhalbinsel mit ihrer ebenen Hochfläche. Im Westen und Norden fällt dieses Plateau steil ab, und an seinem Fuß liegt ein flaches Stück Land, das im Kap Kvadehuken endet. Als der Hubschrauber nach Osten abbiegt, öffnet sich uns der großartige Blick auf den Kongsfjord, die schönste Stelle von ganz Spitzbergen. Die Bucht wird markant von spitzen Bergen eingerahmt, wie sie für die ganze Westküste des Archipels, nicht aber für den Osten so charakteristisch sind. In den Tälern ziehen sich breitere und schmalere Gletscher herab. Wohin man den Blick auch wendet, überall sieht man Bergzacken, Schnee, Eis und Moränenwälle.

In dem fernen Winkel des Kongsfjords hängen die grünlichbläulichen Fransen breiter Gletscherströme bis ins Wasser hinein. Einer heißt Kongsvegen, »Königsweg«. Etwas weiter links heben sich hinter einem großen dunkelbraunen Nunatak die drei pyramidenförmigen Riesen des Tre Kroner (»Drei Kronen«) ab, Berge gleichen Typs, die aus horizontal geschichtetem gelblichem Kalk- und rotem Sandstein bestehen, mit Trümmern anderer Gesteinsarten bedeckt. Ihre Namen – Svea, Nora und Dana – symbolisieren die Länder Schweden, Norwegen und Dänemark, die einstmals in einem einzigen Staat vereinigt waren.

Plötzlich wendet sich der Funker des Hubschraubers zu uns um und schreit:

»Gleich kommt Ny Ålesund!«

Und da zeigte sich auch schon die Siedlung selbst. Von oben gesehen erinnerte sie an ein Feld, das mit Dutzenden von großen hellen Blumen übersät ist. In Wirklichkeit aber waren das unterschiedliche Bauten: rote, grüne, weiße, blaue, braune, gelbe und mehrfarbige Häuschen, die an der Peripherie von Ny Ålesund standen. Zwischen dem Südrand der Siedlung und den nächstgelegenen Steilabbrüchen der Berge dunkelte eine mächtige Halde. Vor einigen Jahren arbeitete hier noch das nördlichste Kohlenbergwerk der Welt, das der staatlichen norwegischen Kings Bay Kull Comp. gehörte. Ein einsam stehendes hellgraues Denkmal am Südrand erinnert an das letzte Grubenunglück, das sich im Sommer 1963 hier ereignete. Deswegen wurde diese Grube auch geschlossen, und das einstmals rege Bergarbeiterstädtchen verödete.

Auf der teilweise schon eisfreien Bucht schienen zu Hunderten große und kleine weißblaue Segelboote der seltsamsten Formen zu treiben. Bei genauerem Hinsehen erkannte ich: Es waren Eisberge, die von Gletschern stammten. Die größten von ihnen waren ins Wasser gestürzt und regten sich nicht, so als schlummerten sie. Sie warteten, bis die Flut ihnen den Eisanker lichten half. In der Ferne glitzerten hinter einer Gruppe kleiner Felsinseln links und rechts von einem großen Nunatak Gletscher, daß einem die Augen schmerzten. Sie waren in ihrer ganzen Front von Tausenden tückischen Spalten zerrissen. Es sah aus, als ob Riesenzungen von Süßwassereis gierig das salzige Wasser der Meeresbucht leckten. Ein unvergeßliches Bild.

Der Hubschrauber kippt fast nach links über. Für kurze Zeit rutscht alles, was wir eben erst voller Begeisterung betrachtet haben, nach der Seite. Ein hoher dreieckiger Mast huscht dicht an uns vorüber. Rasch überqueren wir die Zeppelinbucht, die sich nur geringfügig in die Küste einschneidet, fliegen an der Pier vorbei, an zwei silbernen Treibstoffbehältern, an dem imposanten Eisenbetongebäude des ehemaligen Aufbereitungswerks, an dem steinigen Fußballfeld... Noch eine Kurve, und der Hubschrauber überfliegt das Dach einer zweigeschossigen grünen Baracke, landet direkt zwischen den Häusern.

Wir stiegen auf einem freien Platz mitten in Ny Ålesund aus und machten es uns zwischen unserem Hubschrauber und einem ocker angestrichenen Haus mit spitzem Dach bequem. Unser erster Eindruck war: Die Siedlung ist ausgestorben. Doch plötzlich kamen hinter den Häusern riesige zottige Hunde hervor und näherten sich uns schwanzwedelnd. Es waren grönländische Schlittenhunde, die hier ihre »Sommerfrische« verbrachten. Bald darauf fanden sich norwegische Arbeiter in Overalls ein, und während wir uns noch mit ihnen unterhielten, brauste ein »Landrover« heran. Das chauffierende Stadtoberhaupt Henning Nielsen begrüßte uns und lud uns gleichzeitig ein, das Haus zu besichtigen, das er uns sowjetischen Glaziologen für die Zeit unseres Aufenthalts in Ny Ålesund zugewiesen hatte.

Die Hubschrauberpiloten haben es wie immer eilig, nach Hause, zum Stützpunkt, zurückzukehren, wir aber wollen uns dem Holzhaus zuwenden, in dem 1964/65 eine Expedition des Nationalkomitees für Geodäsie und Geophysik bei der Akademie der Wissenschaften der DDR* ihren Stützpunkt hatte. Die deutschen Kollegen hatten damals interessante geophysikalische, glaziologische und andere Forschungen unternommen. Jetzt können wir uns in aller Ruhe hier einquartieren und anschließend einen Erkundungsgang durch Ny Ålesund und seine Umgebung machen.

Da ist zum Beispiel dieses behagliche hellbraune Holzhaus (neben dem wir gelandet waren); hier wohnte Roald Amundsen in der Zeit, als er sich auf seinen Flug zum Pol vorbereitete. Jetzt haben die Norweger dieses massive Gebäude zu einem kleinen Krankenhaus umfunktioniert.

In der Nähe befinden sich die Funkstation und das Postamt – eigentlich eine ganz gewöhnliche Post, wie es sie auf der Welt zu Tausenden gibt. Doch als wir Briefe aufgaben, versah der Postbeamte (nebenamtlich noch Telegrafist und Wetterbeobachter) alle Umschläge mit einem Sonderstempel: in der Mitte ein bärtiger Seehund, auf einer Eisscholle liegend, eingerahmt von den Worten in englischer Sprache: »Nördlichste Siedlung der Welt Kingsbay 79 Grad nördlicher Breite Svalbard«. So einen seltenen Poststempel in ihrer Sammlung zu haben, ist der Wunschtraum vieler Philatelisten auf der Welt. Deshalb häufen sich auch auf dem Tisch des Ny Ålesunder »Postmannes« zu Dutzenden Briefe und Karten mit Rückporto. Alle Schreiber bitten um dasselbe: den Kingsbay-Sonderstempel und die Entwertung der aufgeklebten Marken.

Touristen, die nach Ny Ålesund kommen, können für ein paar Kronen ein spezielles Testat bekommen, das besagt, Mister Soundso oder Miss Soundso beliebten am soundsovielten, »die

---

* Über deren Arbeit berichtete W. Pillewizer in »Gletscherland in der Arktis«, VEB F. A. Brockhaus Verlag, Leipzig 1965 (A. d. R.)

nördlichste Siedlung der Welt« zu besuchen. Uns hat man dieses Dokument nicht gegeben – vielleicht weil es auf dem sowjetischen Archipel Franz-Joseph-Land etliche Siedlungen gibt, die noch weiter nördlich gelegen sind als Kingsbay, so die Polarstation »Rudolfinsel«, das Observatorium »Drushnaja« und die Siedlung Nagurskoje. Mit dem Sonderstempel versieht man die Post offensichtlich nicht nur aus alter Gewohnheit, sondern auch, um für den norwegischen Polararchipel touristisch und philatelistisch Reklame zu machen.

Die Norweger haben einen regelmäßigen Schiffsverkehr zwischen dem Hafen Tromsø und den Siedlungen des Archipels eingerichtet. Einmal in der Woche ertönt in der stillen Königsbucht die Sirene eines kleinen schneeweißen Dampfers, dessen Route in Nordnorwegen beginnt und am 80. Breitenkreis endet. Außer in Ny Ålesund gehen die Touristen noch in Longyearbyen und auf der Station »Isfjord Radio« an Land, sie besichtigen im Norden den Magdalenefjord, die Virgobucht und andere malerische Regionen. Auf jeder Reise biegt dieses Schiff am siebenten Tag von der Route ab und läuft in den Grönfjord ein, um die Neugierde der Passagiere zu befriedigen, die von Deck aus einen Blick auf das sowjetische Bergwerk Barentsburg werfen möchten.

Besonderes Interesse ruft bei den Touristen gewöhnlich Kingsbay hervor. Einige vertauschen hier das schwankende Deck und die warme Kajüte gegen das feste, aber oft verschneite kalte Ufer der Bucht. Bis zum nächsten Einlaufen des Dampfers wandern diese allgegenwärtigen Touristen in der Umgebung des Kongsfjords umher und besichtigen die hiesigen Gedenkstätten und Denkmäler. Die Mutigsten von ihnen entfernen sich dabei viele Kilometer von Ny Ålesund und machen Ausflüge an der Küste entlang, in die Berge und auf die Gletscher.

Solange wir in Ny Ålesund waren, stand das damals betriebene Hotel niemals leer; hier logierten Gäste aus Norwegen, Schweden, den USA, der BRD, England, Italien, Österreich und aus anderen Ländern – Einzelreisende und Familien, junge und hochbetagte Damen, sportliche Leute und Invaliden...

Am nächsten Tag brechen wir zu unserer ersten Tour auf den Westlichen Lovéngletscher auf. Vorher gehen wir die ganze Siedlung ab. Die an große Kabeltrommeln gebundenen Schlittenhunde erheben, als sie uns sehen, ein unvorstellbares Geheul und Gebell, erhoffen sich von uns wohl ein leckeres Stück Seehundfleisch. Hier und da haben sich noch Gleisreste der nördlichsten Schmalspurbahn der Welt erhalten, auf der einst Minilokomotiven schnauften und die geförderte Kohle zur Küste schafften. Eine haben die Norweger in der Nähe der Kohlepier hier als Denkmal auf Schienen stehen lassen, das die einstmalige auf der Kohle beruhende Bedeutung Ny Ålesunds bezeugen soll.

Auf einer Schotterstraße gelangen wir an den Ostrand der Siedlung und gehen direkt auf einen dreieckigen Stahlmast zu. Plötzlich werden wir von aggressiven Seeschwalben »attackiert«. Einer gelingt es sogar, dem zerstreuten Korjakin mit dem Schnabel einen schmerzhaften Hieb auf den Kopf zu versetzen. Wir sind gezwungen, uns mit den Skistöcken zu wehren... Doch da sind wir auch schon am Gittermast. An ihm sollen die Luftschiffe »Norge« und »Italia« vor ihren Flügen ins Unbekannte »geankert« haben? Kaum zu glauben, und doch stimmt es. Die Anlage ist im Originalzustand erhalten, und wahrscheinlich könnte auch jetzt noch, nach vierzig Jahren, wieder ein Luftschiff hier vor Anker gehen.

Etwas abseits liegen dicke Holzbalken mit riesigen Bolzen und Muttern, halbvermodertes Zelttuch und verrostetes Eisen herum. Das ist alles, was von der einstmals riesigen Luftschiffhalle, die noch vor kurzer Zeit über Ny Ålesund aufragte, übriggeblieben ist. Denkmälern gleich erinnern diese stummen Zeugen der heroischen Vergangenheit die Nachkommen an die Heldentaten, die Ende der zwanziger Jahre unseres Jahrhunderts bei der Erschließung der Arktis vollbracht worden sind.

Nicht weit von der Stelle, wo noch vor einigen Jahren die Helling gestanden hat, sehen wir in der Ferne ganz oben auf einem zum Kongsfjord abfallenden Hügel zwei Monumente stehen.

Das eine Denkmal, das der Siedlung am nächsten ist, wurde aus einem grauen Felsbrocken herausgemeißelt. Über den Namen von sechs Fliegern – Amundsen, Dietrichson, Ellsworth, Feucht,

Omdal und Rijser-Larsen – sind die Umrisse von zwei Flugzeugen eingeritzt und zwischen ihnen das charakteristische Profil des Expeditionsleiters. Unten steht das Datum »21. Mai 1925«. Das Monument ist kurz nach jenem Flug von den Bergleuten Ny Ålesunds errichtet worden als Zeichen der großen Verehrung für die kühnen Männer, die als erste gewagt hatten, mit Wasserflugzeugen den Nordpol anzusteuern. Urheber des Projekts war der Direktor der Kingsbay-Kohlegesellschaft, in dessen Haus Roald Amundsen wohnte. Im Frühjahr 1926 sah Amundsen von seinem Flug mit der »Norge« nach Nordamerika jenen Monolith, der ihm zu Ehren aufgestellt worden war. Zwei Jahre später sollte dieser Stein leider das nördlichste Denkmal für den berühmten Forschungsreisenden werden. Seitdem sind vierzig Jahre vergangen. Rauhe winterliche Winde, Schneestürme, eisige Kälte, Schneemassen und sommerliche Regengüsse haben auf der Steinplatte ihre Spuren hinterlassen – Furchen und Risse.

Das Fundament des anderen Denkmals bilden neunzehn verschiedenfarbige Marmorplatten, aus jeder Provinz Italiens jeweils eine. Über ihnen ragen acht hohe Kreuze auf, jeweils eines für einen ums Leben gekommenen Teilnehmer der Nobile-Expedition mit der »Italia«. Die Enden der Kreuze sind ineinander verflochten: Symbol der Brüderlichkeit und gegenseitigen Hilfe der Menschen auf der Erde. Auf einer schwarzen in Richtung Nordpol blickenden Tafel steht geschrieben: »Sie starben für die edle Sache menschlichen Forscherdrangs...« Darunter liest man die Namen der Wissenschaftler Malmgren und Pontremoli, des Journalisten Lago und der Besatzungsmitglieder Alessandrini, Arduino, Pomella, Caratti und Ciocca. Ihr gemeinsames Grab wurde für alle Zeit der Arktische Ozean. Unter den Namen steht noch eine Inschrift, die sich an Gott richtet: »Herr der Alleinstehenden, der Du die letzten Rufe unserer Lieben vernommen hast und das Geheimnis ihrer Heimstatt im Eise kennst, laß sie in Frieden ruhen und mache, daß niemand diese Opfer vergißt.« Auf der nach Süden weisenden Seite des Denkmals liest man: »Den Polarforschern aller Zeiten und Völker.« Auf der Westseite stehen Worte des Gedenkens für die neun kühnen

Flieger, die bei der Rettung der Nobile-Expedition ums Leben kamen: »Wir gedenken Amundsens und all derer, die ihr Leben hingaben im Namen höchster menschlicher Solidarität.« An der Ostseite ist eine vierte Tafel angebracht: »Den am Nordpol Gefallenen, zum 35. Jahrestag der Polarexpedition der ‚Italia‘. Komitee zur Ehrung von Italienern unter Leitung der Flieger a. D. der Stadt Adro (Brescia)«.

Die Blumen auf Spitzbergen sind schön, aber sehr kurzlebig, und die Menschen, die hierherkommen, haben daher »ewige« Kränze gewunden – steinerne. Am Hang des Hügels vor den Denkmälern sind im Moos mit weißen Kalksteinstücken die Namen verschiedener Expeditionen oder auch von Einzelpersonen ausgelegt.

Mit entblößten Häuptern stehen wir lange oben auf dem Hügel, einem Ort, der für immer Symbol für die Eintracht der Menschen auf dem Erdball bleiben wird. Mir fiel ein, was Umberto Nobile kurz nach der Katastrophe so treffend sagte: »Das jahrtausendealte Geheimnis der Polargebiete gibt sich nicht so einfach preis... Das Risiko liegt in der Natur solcher Unternehmungen wie der unseren... Pionier sein ist eine Ehre, die teuer bezahlt werden muß...«

Wir kehren in die Siedlung zurück. Am Nachbarhaus laden junge Leute einen kleinen Handwagen mit Expeditionsgepäck ab – französische Kollegen, die Gletscher und Küste des Kongsfjords und die angrenzenden Gebiete untersuchen. Kurze Zeit später kommt noch ein Mann, von mittlerem Alter, mit einem schweren Rucksack. Seiner stämmigen, kräftig gebauten Gestalt sieht man an, es muß ein alter Seemann sein. Und wirklich, Pierre-André Moullet ist Taucher und zugleich Kapitän, Mechaniker, Maschinist und Matrose des expeditionseigenen Motorbootes. Im zweiten Weltkrieg gehörte er der Résistance an, kämpfte auf einem Unterseeboot der Befreiungsarmee von General de Gaulle. Kurz vor seiner Ankunft in Spitzbergen hatte er in der ozeanographischen Expedition von Jacques-Yves Cousteau gearbeitet. Seine Kollegen nennen ihn einfach Pam, nach den ersten Buchstaben seines Doppelvornamens und seines Nachnamens.

Pam nimmt über Transistor-Funksprechgerät mit seinem Stützpunkt Verbindung auf, und nach kurzem Gespräch übermittelt er uns eine Einladung des Expeditionsleiters Professor Jean Corbel, ihre Station am kommenden Sonntag zu besuchen.

Am übernächsten Tag gehen wir also in Begleitung Pierres auf Besuch. Einen Weg gibt es nicht, wir laufen geradenwegs über das Eis, springen dabei über Spalten und überflutete Stellen. Oft versinken wir bis zu den Knien im Wasser. Unsere Rettung sind die in solchen Fällen unersetzlichen hohen Gummistiefel. Schon von ferne bemerken wir die Maste, an denen die Fahnen Frankreichs und Norwegens wehen. Dann tauchen rote Häuschen auf und bunte niedrige Zelte um sie herum — der Stützpunkt der Expedition des Nationalen wissenschaftlichen Forschungszentrums Frankreichs. Er befindet sich tief im Innern des Fjords, etwa sechs Kilometer von Ny Ålesund entfernt. Gleich daneben türmt sich die weiße gekrümmte Zunge des Östlichen Lovéngletschers, der aus dem benachbarten Tal herabkriecht. Im Schnee zeichnen sich deutlich die schmalen Spuren ab, die Skier und Motorschlitten hinterlassen haben. Man sieht, daß die französischen Glaziologen ihren »Hausgletscher« sehr gründlich untersuchen.

Ein hochgewachsener energischer Mann empfängt uns. Das also ist Jean Corbel, Leiter der glaziologischen Expedition. Er zieht die Gäste sogleich mit sich fort in sein wissenschaftliches »Städtchen«, wo er uns mit dem Klimatologen Professor Charles Péguy und anderen Mitarbeitern der Expedition bekannt macht. Gemeinsam besichtigen wir die Laboratorien, die hydrologische und die meteorologische Station.

Heute ist ein für Juni ungewöhnlich klarer schöner Tag. Gestern noch überzogen schmutziggraue Haufenwolken den ganzen Himmel mit einem vielschichtigen Schleier, aber kurz vor dem Schlafengehen krochen die zottigen Wolken langsam auf die fernen Berge zu, und als wir am Morgen erwachten, sahen wir, daß der Tag wolkenlos und festlich-frühlingsmäßig zu werden versprach. Wie eine blendende kugelförmige Lampe hing die helle Sonne über dem Holtedahl-Gletscherplateau, und ihre goldenen Strahlen mühten sich, das erstarrte Land von seinem Winterkleid zu befreien. Die Gletscherzungen funkelten in ihrer ganzen urtümlichen, gleichsam gemalten Schönheit, Tausende von Lichtreflexen spielten auf ihren kristallenen Fransen, die ins Wasser herabhingen. Dunkel wirkten die flachen Küstenstreifen und die Bergpyramiden, die sich ihrer Schneedecke zu entledigen suchten. Es rauschten die Schmelzwasser, die von den Hängen herabeilten und sich zu brausenden Gießbächen vereinten. Das Meereis, noch kilometerweit bis zum inneren Ende der Bucht fest mit dem Ufer verbunden, »magerte« zusehends ab. Es häuften sich die ohrenbetäubenden Salven der Gletscher-»Geschütze«, die dem ganzen Umkreis die Geburt eines neuen Eisbergs im Kongsfjord verkündeten...

Uns zu Ehren geben die zuvorkommenden Gastgeber ein Essen. Die lange Tafel zieren traditionelle französische Kognaks und Weine. Ein junger Ingenieur entkorkt eine große Flasche »Beaujolais« eigener Produktion. Jean Corbel spricht mit großer Wärme von den sowjetischen Wissenschaftlern, mit denen er auf vielen internationalen Kongressen und Symposien zusammengetroffen ist. Wir tauschen uns über unsere Forschungsergebnisse aus und nehmen mit Vergnügen die Einladung an, mit den Franzosen gemeinsam auf dem Östlichen Lovéngletscher zu arbeiten.

Spät am Abend kehren wir zurück. Am übernächsten Tag gehen meine Kollegen in das Lager der Franzosen, nehmen einen zehn Meter langen Handbohrer und die Apparatur zur Temperaturmessung in Eis und Firn mit. Ich bleibe als Diensthabender in der Stützpunktküche oder, wie wir uns gern seemännisch ausdrücken, in der Kombüse zurück. Jeden Tag wird einem von uns die Ehre zuteil, diese notwendige, aber nicht sehr beliebte Obliegenheit zu erfüllen, weil die Expedition keinen eigenen Koch hat, Essen aber sein muß.

Schnell verflogen bei der Arbeit zwei Wochen. Wir erforschten die Gletscher der Bröggerhalbinsel und des Kongsfjords. Jetzt nun stand uns die Landung auf der Hochfläche des Holtedahlplateaus bevor. 1965 hatten unsere Expedition der zentrale und der östliche Teil der Insel Westspitzbergen interessiert, jetzt wollten wir ihren westlichen Teil erforschen. Wir rechneten darauf, die klimatischen Bedingungen der Vergletscherung des westlichen und östlichen Teils des Archipels zu klären, um sie dann vergleichen und die vorhandenen Unterschiede bestimmen zu können.

Das Holtedahlplateau lockte uns auch noch aus anderem Grund: Vor dreißig Jahren hatte hier die Schwedisch-Norwegische Arktisexpedition gearbeitet, die seinerzeit von namhaften skandinavischen Wissenschaftlern geleitet wurde – von Professor Hans Ahlmann aus Schweden und Professor Harald Sverdrup aus Norwegen. Im Sommer 1934 hatten vier Mitarbeiter dieser Expedition umfangreiche glaziologische Forschungsarbeit auf dem Isachsen-Gletscherplateau und dem von ihm herabfließenden 14.-Juli-Gletscher geleistet. Die Ergebnisse ihrer Arbeit füllten 500 Seiten der bekannten Stockholmer wissenschaftlichen Zeitschrift »Geografska Annaler«, und die Schlußfolgerungen, die Ahlmann nach seiner Rückkehr von Spitzbergen zog, sind allen Glaziologen der Welt bekannt. Für das unweit davon gelegene Holtedahlplateau sind die Bedingungen noch charakteristischer, auch ist seine Fläche um vieles größer, und so gaben wir ihm auch den Vorzug. Es kam uns sehr verlockend vor, die Beobachtungen auf diesem Gletscher zu wiederholen, besonders unter Berücksichtigung aller modernen glaziologischen Erkenntnisse. Wieder einmal sollten wir den Spuren früherer Polarexpeditionen folgen.

Korjakin formulierte es einmal vor einer weiten Tour so: »Das Besondere an unserem Beruf ist, daß wir in solchen Gegenden arbeiten, wohin andere Menschen selten kommen. Deshalb ist es nicht schwierig, seine Vorgänger aufzuzählen. Wir müssen ihren Routen folgen, dieselben Gletscher überqueren, dieselben Flüßchen forcieren, uns über dieselben Felsen hinwegarbeiten, und so ist jede Einzelheit in ihren Aufzeichnungen für uns von Bedeutung. Diese Leute waren die ersten hier, und obwohl viele von ihnen schon lange nicht mehr unter den Lebenden weilen, setzen sie gewissermaßen ihre Arbeit mit unseren Händen fort. Für uns ist es natürlich leichter, weil wir durch bekannte Gegenden kommen, wir haben Karten, Hubschrauber, Funkgeräte... Aber wir sind verpflichtet, etwas Neues zu finden und zu erfahren, uns anzustrengen, unsere Vorgänger in irgendeinem Punkt zu übertreffen, und das waren ja ungewöhnliche Menschen, deren Andenken wir immer in Ehren halten werden...«

Mit Hubschraubern auf Gletscher

Jeden Morgen gab ich nach wie vor nach Barentsburg meine Meldung über das Wetter in der Region Ny Ålesund durch, und jedes Mal bat ich dringlich darum, die Hubschrauber nun endlich zu schicken, damit sie uns auf das Holtedahlplateau brächten. Am dritten Tag schließlich erwachte die schlafende Siedlung vom Motorengedröhn. Wir liefen zum Landeplatz, aber eine Enttäuschung harrte unser: Die Hubschrauber wollten zu den Leningrader Geologen. Dafür konnten Troizki und Korjakin die Gelegenheit nutzen und auf dem Luftweg zum Ausgangspunkt ihrer Marschroute gelangen.

Am nächsten Tag wurde Ny Ålesund von einem Tief heimgesucht, das eine plötzliche Wetterverschlechterung brachte: starken Wind, feinen Regen und niedrige Bewölkung. Und als schon niemand von uns mehr daran glaubte, daß die Hubschrauber je kommen würden, da erschienen sie, sozusagen der Natur zum Trotz, plötzlich über der Bucht. Aus dem Fenster der Leitmaschine winkte uns Wassili Fursow freundlich zu. Wenig später schon stand er vor uns:

»Alles bereit bei euch?« fragte der Kommandant.

Ich bejahte. »Bloß, die Ladung liegt noch auf dem Platz beim Amundsenhaus.«

Fursow hörte mich gar nicht zu Ende an, sondern kletterte sofort in die Kabine zurück. Im Nu erhob sich die Maschine in die Luft, und als wir auf den zentralen Platz der Siedlung angelaufen kamen, hatte der praktische Fursow schon unser Gepäck gemustert und überschlagen, wieviel Flüge er und Wlassow, Kommandant des zweiten Hubschraubers, zu machen haben würden, um das gesamte Hab und Gut von uns Glaziologen nach dem Gletscher zu transportieren.

In der Schnee- und Eiswüste Spitzbergens

Einst war Spitzbergen Hauptstützpunkt für Walfänger
aus aller Herren Ländern

(Oben) Longyearbyen im Winter; die Polarnacht dauert hier mehrere Monate

Sowjetisches Flugzeug Tu 154 auf dem Flugplatz Longyear

Nur die höchsten Gipfel ragen noch aus dem Wolkenmeer heraus

Land der Gletscher und spitzen Berge

Typische Landschaft in Westspitzbergen; der im Kongsfjord
endende Gletscher Kongsvegen

Abendstimmung auf Spitzbergen

Auf den ersten Flug nehmen wir, obwohl er der Erkundung dient, schon viel Gepäck mit, und außerdem setzen Michaljow und ich uns noch mit hinein. In wenigen Minuten überfliegen wir diagonal den Fjord, und schon haben wir unter uns nicht mehr die kalten Fluten der Bucht, sondern die von Tausenden von Spalten und Rinnen zerfurchte schmutzige graublaue Oberfläche der breiten Zunge des Kongsbreen, des Königsgletschers. Zahllose Ströme von Schmelzwasserflüßchen und -bächen stürzen in raschem Lauf vom Eis herunter in Abgründe und in die Bucht. Der Hubschrauber gewinnt immer mehr Höhe. Rechts von uns bleiben die sich hintereinander auftürmenden massiven Bergdrillinge Drei Kronen – Svea, Nora und Dana – zurück. Nach links verläuft das zwischen spitzen Bergen hingestreckte schmale Isachsen-Gletscherplateau.

Und da ist auch schon die Holtedahlfonna! Von oben gesehen, erinnert die Oberfläche des Gletscherplateaus an ein gebleichtes, gestärktes Bettlaken. Schon hüllen sich die fernen Berghänge in einen undurchsichtigen dunkelgrauen Schleier: Dort geht sicher schon starker Schneeregen nieder. Die Füße der nahen, das Plateau einrahmenden Berge versinken in schmutzigen Nebelfetzen. Die daraus hervorragenden vereinzelten Gipfel erinnern an Märchenschlösser und -türme, sie hängen gleichsam im Himmel. Das Wetter verschlechtert sich. Irgendwo hier in der Nähe muß sich auch unser Ziel befinden – die Eisscheide des Plateaus. Aus der Luft den Platz für eine glaziologische Station bestimmen ist immer eine schwierige Aufgabe. Auf der schmalen aufrechten Leiter, auf der gewöhnlich der Bordmechaniker hinter dem Kopiloten steht, thront jetzt die große schlanke Gestalt Michaljows. Fursow hat ihn gebeten, er solle ihm den von uns bestimmten Punkt zeigen. Da schreit er auch schon den Fliegern etwas zu und gestikuliert heftig mit der Linken; offensichtlich hat er den gesuchten Platz entdeckt!

Schnell gehen wir herunter. Wie in einem Film raste die weiße Schneewüste auf das Kabinenfenster zu. Der Hubschrauber neigt sich stark nach Backbord, und ich sehe auf dem blendenden Weiß des Holtedahlplateaus einen Rauchkörper explodieren. Auf diese Weise bestimmt der Pilot die Windrichtung und präzisiert

225

das Landemanöver. Vor uns ist noch niemand mit einem Flug-
apparat hier gelandet, niemand kennt Mächtigkeit und Dichte
der Schneedecke, die Lage der unter dem Schnee verborgenen
tückischen Spalten. Wir hängen über dem Gletscher, in wenigen
Sekunden werden die Räder auf seiner Oberfläche aufsetzen.
Aber was ist denn das? Eine unbekannte Kraft scheint uns eine
halb durchscheinende Mütze überzustülpen. Im nächsten Augenblick hebt sie sich, sinkt dann wieder herab. Ach ja, natürlich,
das ist der Nebel, der sich heimlich herangestohlen hat und
offenbar mit uns Katze und Maus spielen will. Der lange
Arm der Schneekönigin reicht eben auch bis zum Holtedahlplateau, sie verwehrt uns Glaziologen den Eintritt zu ihrem Reich.
Fursow zieht rasch die schwere Maschine nach oben und
schüttelt die zudringliche Umarmung einer kleinen Wolke ab, die
direkt über der Eisscheide schwebt.

Wir beschreiben noch ein paar Kreise über dieser Stelle und
setzen erneut zur Landung an. Wieder ist alles in Nebel getaucht, weiß der Kuckuck, wo der herkommt. Also noch einmal
schleunigster Rückzug. Bei so einem Wetter hätte der Hubschrauberkommandant durchaus das Recht, nach Ny Ålesund zurückzukehren.

Wir hatten schon mehrmals auf Spitzbergen Gelegenheit, mit
Fursow zu fliegen, und jedesmal aufs neue verblüfften mich
seine Ausdauer, seine Beharrlichkeit, sein Können, sein Mut
und sein Gefühl der Verantwortung für die ihm übertragene
Aufgabe, egal ob schwierig oder einfach. Obwohl eigentlich,
offen gesagt, kein einziger Flug über Fjorde, Berge und Gletscher
als einfach zu bezeichnen ist. Fursow liebt nun einmal
seinen gefährlichen Beruf. Schon in Barentsburg bemerkte er einmal in einer Anwandlung von Vertraulichkeit:
»Weißt du, warum mir die Arbeit im Hubschrauber so gefällt?
Ich fliege niedrig, lasse mir Zeit, kann mir in Ruhe die Landschaft ansehen. Wenn es nötig ist, kann ich fast immer landen.
Sag doch selbst, was kann das schon für ein Vergnügen sein,
mit einer Düsenmaschine zu fliegen? Man rast über den Wolken
dahin wie ein geölter Blitz, aus der großen Höhe erkennt man
so gut wie gar nichts von dem, was sich auf der Erde tut, und

außerdem braucht man zum Landen noch einen anständigen Flugplatz!«

Auch jetzt weiß Fursow natürlich, wie wichtig es für uns ist, auf den Gletscher zu kommen. Zielstrebig – aber nicht tollkühn – und beharrlich »springt« er von einer Stelle zur andern, bis er schließlich den günstigsten Moment für die Landung abpaßt. Mit geübtem Ruck öffnet der Bordmechaniker die Tür und springt gewandt vom Treppchen des Hubschraubers, der einen Meter über der Gletscheroberfläche hängt. Im gleichen Moment versinkt der Mann fast bis zum Gürtel im lockeren Schnee, ein sichtbares Zeichen für den Piloten, daß er an dieser Stelle unmöglich landen kann. Der Mechaniker arbeitet sich wieder aus der »Schneefalle« heraus und wendet sich seitwärts. Nach hundert Metern bleibt er stehen und stampft den Schnee tüchtig. Erst als er sich von der Sicherheit des neuen »Platzes« überzeugt hat, reckt er die Arme zur Seite und stellt so ein »T« dar. Sobald Fursow auf diese Weise »Landeerlaubnis« hat, manövriert er vorsichtig seine sieben Tonnen schwere »Libelle« dicht an den einsam auf dem Gletscher stehenden Menschen heran und drückt sie sanft auf die Oberfläche herab. Die Räder bohren sich weich, aber tief in den lockeren, stark mit Schmelzwasser gesättigten Schnee hinein und versinken darin völlig. Da hebt der Pilot die »Vorderfüße« des Hubschraubers ein wenig an, und der Mechaniker schiebt die eigens dafür mitgenommene hölzerne Gangway darunter. Die auf der »Hinterhand« aufgerichtete Maschine nimmt alsbald horizontale Lage ein. Um aber nicht aus Versehen seitlich abzukippen und mit der riesigen Last etwa eine hier befindliche Schnee»brücke« zu durchbrechen, schaltet Fursow den Motor nicht aus, die Rotoren peitschen weiter pfeifend die Luft.

Der Kommandant gibt durch Zeichen kund, daß wir den Hubschrauber möglichst schnell entladen sollen: Es sei noch ein Flug, und zwar mit zwei Maschinen gleichzeitig nötig, und man wisse nicht, wie das Wetter wird. Schnell wie die Feuerwehr werfen wir Zelt, Lebensmittel, Funkgerät, Schlafsäcke und Instrumente hinaus in den Schnee, alles das, was man braucht, um auf dem Gletscher leben und arbeiten zu können, falls die

Hubschrauber nicht mehr zurückkommen. Arktis bleibt eben Arktis, auch heute noch: Sie ist wie früher trügerisch, tückisch und sogar feindlich dem Menschen gegenüber, der nicht ihren Launen Rechnung tragen will.

Auf Bitten Fursows machte ich mich mit Michaljow daran, Landeplätze für beide Hubschrauber glattzutrampeln. Unmerklich verging dabei eine Stunde; der Schnee verdichtete sich mehr und mehr, wurde fester, und wir sanken schon fast nicht mehr ein. Bei dieser ungewöhnlichen Arbeit gelang es uns, einige schmale Spalten »aufzuspüren«, die das Plateau sogar in seinem oberen Bereich durchzogen. Aber da war schon wieder ferner abgehackter Motorenlärm zu hören, die Hubschrauber kamen. Der Nebel war mittlerweile ein wenig gewichen und verbarg sich unweit unter einem steilen Berghang.

Bald darauf ließen sich die Maschinen Fursows und Wlassows auf unseren »Landeplätzen« nieder. Sie brachten den dritten Mitarbeiter der Station, Slawa Markin, und das ganze übrige Gepäck.

Lange konnten sich die Piloten nicht hier aufhalten: Schon leckte der unangenehme Nebel wieder mit weicher hellgrauer Zunge am nahen Vorgelände zum Plateau. Die Schneekönigin bereitete also eine erneute Belagerung unseres Stützpunkts vor. Die Flieger begaben sich zu ihren hellroten Maschinen.

Kaum war das Brummen der am Horizont verschwindenden Hubschrauber verstummt, als wir uns auch schon mitten im tristen Nebel befanden. Mit einem Schlag gab es keine Sicht mehr, feiner kalter Schneeregen ging nieder, die Windböen vom Meer her wurden urplötzlich heftiger. Alles das veranlaßte uns, die Montage unseres braven Zeltes und des Öfchens zu beschleunigen. Als sich angenehme Wärme und Musik aus unserem Kofferradio unter der Kuppel unseres Hauszeltes ausbreiteten, besserte sich sofort die Stimmung, und wir sangen sogar ein improvisiertes Liedchen. Nach einer Weile glückte es mir, Verbindung mit der Funkzentrale in Barentsburg zu bekommen.

Am nächsten Tag machten wir uns nicht weit vom Lager an den Aufbau der glazialklimatischen Station: Zuerst erhob sich auf zwei Meter hohen »Beinen« die Wetterhütte; dann breitete

das Aktinometer seine breiten Schultern aus; in den Firn ge-
bohrte Schneepegel, Thermometermasten, Niederschlagsmesser,
Heliograph und andere Geräte brachten Leben auf die unberührte Schnee-Ebene: Die Station »Gletscherplateau Holtedahl« nahm
ihre Arbeit auf.

Einige Tage hielt uns der Nebel gewissermaßen unter Ver-
schluß und ließ uns keine Möglichkeit zu weiten Touren, auf
denen wir die Schneemenge vom letzten Winter und die Firngrenze bestimmen wollten. Schließlich konnten wir aber eine kleine
Wetterbesserung nutzen und den Osthang des Plateaus besuchen,
wo die Höhenlinien auf der großmaßstäbigen topographischen
Karte plötzlich abbrachen und die dünnen blauen Linien von
punktierten Linien abgelöst wurden, wo sich ein typischer
»weißer Fleck« erhalten hatte, wohl weil zu der Zeit, als die
Luftaufnahme gemacht wurde, über diesem Gebiet Bewölkung
vorhanden gewesen war. So hatte es sich ergeben, daß unsere
kleine Expedition in der zweiten Hälfte des 20. Jahrhunderts
durch unbekannte Landstriche marschieren mußte.

Wir sind alle drei auf Skiern. Ohne Bretter kann man keinen
Schritt tun, ohne daß man einsinkt. Ich gehe als erster, in
der Hand den Anfang eines hundert Meter langen Drahtes, am
anderen Ende geht Markin. Michaljow neben ihm wirkt wie ein
Dompteur, nur daß er statt Peitsche und Lanze eine
Schneemeßsonde mit Skalenteilung hat. Unser »Schneekomman-
deur« ist beständig auf der Hut, aufmerksam folgt er den
Bewegungen seiner Kollegen, die der Draht miteinander
verbindet. Jeder »unsichere« Schritt von mir wird sogleich von
Michaljow korrigiert: »Nach links, noch weiter links, geradeaus,
ein kleines bißchen rechts, so bleiben«, damit das Längsprofil der
Schneemessung, das auf einer Geraden von der Station bis zu
seiner östlichen »Ecke« verlaufen muß, nicht verzerrt wird. Alle
hundert Meter wird Halt geboten: Michaljow mißt die Dicke
des Schnees mit seiner Aluminiumsonde. Die Grenze zwischen
Saisonschnee und Firn zu bestimmen ist nicht ganz einfach,
aber Michaljow hat sich bei solchen Arbeiten im Polaren Ural
und im Kaukasus einen großen Erfahrungsschatz erworben, außerdem hat er eine leichte Hand dabei, obwohl die ganze obere

Schicht des Gletschers mit Schmelzwasser durchtränkt ist. Alle halben Kilometer graben wir den Firn auf, um die Dichte der Schneedecke zu bestimmen und die Vorräte an Winterniederschlägen festzustellen.

Der Abstieg vom Plateau verläuft unmerklich. Sein höchster Teil erinnert in keiner Weise an einen Gipfel mit steilen Hängen. Hier sind die Hänge sehr sanft, mitunter wellig. Wenn ich zu meinen Kollegen zurückblicke, verschwinden sie mir oft aus dem Gesichtsfeld, in Senken zwischen zwei Gletscherhügeln. Je weiter wir vorankommen, um so öfter tauchen rechts und links bislang unsichtbare Berge mit vereisten Flanken auf. Nach ungefähr sechs Kilometern machen wir eine erste geographische Entdeckung oder, besser gesagt, Berichtigung: Der Ursagletscher fließt in einer Richtung ab, die der auf der topographischen Karte angegebenen entgegengesetzt ist.

Wenig später kommt vor uns ein steiler Hang in Sicht, und dahinter tut sich eine Ebene mit hellblauen Seen auf, die sich auf der Eisfläche ausbreiten. Hier, in 620 Meter Höhe über dem Meeresspiegel, finden wir die Firngrenze des Osthangs vom Holtedahlplateau vor. Weiter unten gibt es keinen Schnee und keinen Firn mehr, dort ist das sogenannte Nährgebiet des Gletschers.

Wir beenden unsere Tour und bestimmen zum letzten, zum 85. Male die Dicke des Schnees, der in einzelnen Flecken auf dem nackten Eis liegt; nur einige Zentimeter beträgt sie.

Den Rückweg zur Station treten wir gegen Morgen bei Regen an. Die Kleidung ist schnell durchnäßt, Wasser sickert in kleinen Rinnsalen auf dem Rücken und in die Stiefel, und die Skier sinken ein. Der Schnee klebt in großen Batzen an, die Bretter gleiten nicht, wir müssen sie direkt vom Schnee losreißen. Doch all das vergißt man, wenn man sich vergegenwärtigt, daß wir ein kleines Fleckchen Erde gesehen haben, das noch auf keiner Karte verzeichnet ist, das vielleicht vor uns noch niemand zu Gesicht bekommen hat.

Die Weiterführung dieser Osttour war die Westtour, die in Richtung Königsgletscher und Drei Kronen verlief. Hier die Meßstrecke bahnen erwies sich als viel schwieriger: Einen

Großteil der Zeit mußten wir im Nebel marschieren, nur selten »erwischten« wir Orientierungspunkte zwischen den Nebelfetzen. Doch je weiter wir den Gletscherhang hinabstiegen, um so mehr zerteilte sich allmählich der Nebel, und nun sah man links ganz deutlich die Tre Kroner (Drei Kronen) aufragen, während sich rechts das Isachsenplateau auftat. Um Mitternacht versperrte uns ein breites und tiefes Gletscherflüßchen den Weg. Hier in Nähe des 72. Schneemeßpunktes befand sich die Grenze des Gletschernährgebiets. So erkannten wir, daß am Westhang, der zur Grönlandsee zeigt, weniger Schnee vorhanden ist als am Osthang und die Firngrenze etwas höher liegt. Es ergab sich ein Bild analog dem, das wir 1965 auf dem Lomonossowplateau beobachtet hatten, wo wir die größte Schneeansammlung ebenfalls am Osthang vorgefunden hatten. All das war unzweifelhaft von größtem Interesse für uns.

Wir hatten nicht die Absicht, hier eine tiefe Firngrube anzulegen; wir wollten uns mit wenigen Metern begnügen und dann eine Bohrung niederbringen. Aber da geschah etwas Unvorhergesehenes: In das Bohrloch sickerte Schmelzwasser, das die in zehn Meter Tiefe hinabgelassene Thermosonde und das Gestänge, das sie hielt, anfrieren ließ. Um das von der Kälte in Mitleidenschaft gezogene Bohrgerät zu retten, mußten wir einen Firnschacht graben. »Verschuldet« hatte diesen Vorfall Michaljow, und so machte er sich mit Feuereifer an die Arbeit, das Geschehene wiedergutzumachen. Aber kein Unglück so groß, hat was Gutes im Schoß – wie man so sagt. Michaljow konnte aus dem Gletscher-»Innern« für die letzten Jahre interessante Mengenangaben über die Umwandlung von Schnee in Eis gewinnen. Unsere Station bestand nun zwei Wochen. Wir machten nicht nur unsere Touren, sondern stellten auch meteorologische und aktinometrische Beobachtungen an. So konnten wir eine Beziehung herstellen zwischen dem Schmelzen des Schnees und der täglichen Durchschnittstemperatur der Luft. Dadurch erweiterte die Expedition ihre Kenntnisse von den meteorologischen und Strahlungsbedingungen und den glaziologischen Besonderheiten der riesigen Gletscherregion Spitzbergens.

Die Hubschrauber kamen so schnell, um uns abzuholen, daß

wir noch nicht einmal das Zeltgestänge auseinandergenommen hatten. Das kleine Seitenfenster der Pilotenkanzel öffnete sich, und das lächelnde, von Sonne und Wind gegerbte bronzefarbene Gesicht Fursows schaute heraus. Im nächsten Augenblick stand er schon neben uns.

»Da haben wir euch also doch wiedergefunden! Alles in bester Ordnung!« wandte sich der Hubschrauberkommandant an mich. »Danke für das Wetter; man sieht, ihr habt euch alle Mühe gegeben. Wir haben euch hergebracht, da müssen wir euch auch wieder wegschaffen – das ist Gesetz bei uns Fliegern.«

Der Sommer 1967 sah uns erneut in Ny Ålesund. Dieses Mal aber waren wir nicht auf dem Luftweg, sondern auf dem Wasserweg gekommen. Der kleine Dampfer »Taifun« hatte uns sowie Leningrader Geologen und Botaniker hier an Land gesetzt. Einige Tage später bekam die »Kolonie« sowjetischer Wissenschaftler neuen Zuwachs: Eine Expedition des Geologischen Instituts der Akademie der Wissenschaften der UdSSR unter Leitung von Juri Lawruschin, Teilnehmer unserer Expedition von 1965, traf ein. Im Gefolge der Moskauer Geologen erschien im Kongsfjord die »Beda« (Unglück), eine Schaluppe, die schon manchen Sturm erlebt hatte. Stolz lief sie unter der Flagge der Glaziologischen Spitzbergenexpedition in die Bucht ein, gesteuert von Korjakin und Troizki. Die beiden erzählten, sie hätten am 14. Juli das Basislager der französischen Expedition im Kongsfjord besucht und unter seinen nicht sehr zahlreichen Bewohnern auch Bekannte vom Vorjahr getroffen, die nun die sowjetischen Wissenschaftler einladen, an den Festlichkeiten anläßlich des französischen Nationalfeiertages teilzunehmen.

»Pam hat mich gebeten, euch auszurichten, er käme morgen nach Ny Ålesund und freue sich auf ein Wiedersehen«, teilte Troizki mit.

Am nächsten Tag hallte die norwegische Siedlung wider von den stürmischen Begrüßungen in russischer und französischer Sprache. Abends halfen wir Pam, den Kutter vom Ufer ins Wasser zu schieben. Und schon schwammen wir auf der Bucht.

Auf dem französischen Stützpunkt verbrachten wir ein paar angenehme Stunden. Unterdessen machte sich unsere »Beda« zum Auslaufen bereit, zurück nach Barentsburg. Wir beschlossen jedoch, ihre Route kurzzeitig zu ändern, damit wir an der Küste des Krossfjords an Land gehen konnten. Am nächsten Tag nahm das ohnehin überladene Boot noch Michaljow und zwei französische Glaziologen an Bord. Mehrere Stunden brauchten sie, um die bewegte Bucht zu überqueren und in den benachbarten Krossfjord einzulaufen. Mehrmals drohten die Wellen das Glaziologenboot zu überfluten, aber schließlich gelang es den Leuten doch, unweit der Front des 14.-Juli-Gletschers die Küste zu erreichen.

Was war das Ziel dieser kleinen sowjetisch-französischen glaziologischen Expedition, und wozu war sie aufgebrochen? Die Teilnehmer hatten beschlossen, den Weg der Gruppe von Professor Hans Ahlmann vom Jahre 1934 zu wiederholen. Drei junge Forscher aus der UdSSR und Frankreich hatten sich in diesem Sommer 1967 vorgenommen, über den 14.-Juli-Gletscher zum Isachsenplateau aufzusteigen, es von Nord nach Süd zu überqueren und über den Königsgletscher sowie den Nunatak Ossian Sarsfjellet wieder zur Küste des Kongsfjords abzusteigen. Sie wollten klären, welche Veränderungen in der Ernährung des Isachsengletschers in den verflossenen 33 Jahren vor sich gegangen waren.

Bevor die Expeditionsteilnehmer den Gletscher betraten, mußten sie den mit Bohrer, Gestänge, Instrumenten, Skiern, Zelt und Proviant beladenen Schlitten mehrere Kilometer über Fels ziehen. Schon unterwegs stellten sie fest, daß sie die Reservegasflasche für den Kocher in Ny Ålesund vergessen hatten. Doch ein Zurück gab es nicht mehr: Die Schaluppe tuckerte schon weit weg auf dem Fjord mit Kurs auf Barentsburg. Es gab nur noch eines – vorwärts!

Bis zum Abend marschierten sie auf dem 14.-Juli-Gletscher, auf dem die Franzosen im vergangenen Jahr schon Schneepegel auf einer querlaufenden Meßstrecke aufgestellt hatten. Die Männer lasen die Werte ab und nächtigten auf einer Moräne, drei Kilometer vom Ende des Gletschers entfernt.

Als sie erwachten, regnete es, aber sie mußten ja weiter. Je höher sie den Gletscher aufwärts stiegen, um so mehr hüllten sich die Berge vor ihnen in Wolken, von unten aber, hinter den Männern, schob sich tiefziehende Bewölkung heran. Mit zunehmender Höhe wurde es kühler, und schließlich ging der Regen in Schnee über, es gab Schneesümpfe und von Schnee verdeckte Spalten, in die der Schlitten mehrere Male »hineintauchen« wollte. Gegen Mitternacht machten sie halt.

»Was tun?« wandte sich einer der Franzosen an seine erschöpften und durchnäßten Gefährten. »Übernachten wir hier, oder gehen wir auf den Paß?«

»Es wäre vernünftig, das Nachtlager auf dem Paß aufzuschlagen, denn dann gewinnen wir einen ganzen Tag«, schlug Michaljow vor.

Und wieder stiegen sie bergan, zogen den Schlitten hinter sich her. Allmählich wurde der Hang flacher, was die Nähe des Passes ankündigte. Die Männer spürten das, und sie schöpften neuen Mut. Sie rätselten sogar, wieviel Meter es wohl noch bis zum Gipfel wären – fünfzig oder fünfhundert? Doch nach anderthalb Kilometer zeigte er sich immer noch nicht, obwohl er nach allen Berechnungen ganz in der Nähe sein mußte.

Es war schon gegen Morgen, als sie das Lager aufschlugen. Sie zwängten sich zu dritt in das Zweimannzelt und krochen in die Schlafsäcke.

Sie erwachten in der zweiten Tageshälfte. An Hand von Luftaufnahmen bestimmten sie ihren Standort und stellten Beobachtungen an. Die Gruppe befand sich wirklich auf dem Paß zwischen dem 14.-Juli-Gletscher und dem Isachsengletscher in etwa tausend Meter Höhe. Das Plateau lag zweihundert Meter tiefer. Jetzt konnte man die Skier anschnallen.

Trotz der »Stippvisiten« einer Nebelwolke, von der die Glaziologen oftmals eingehüllt wurden, gelangten sie wohlbehalten auf das Plateau hinab. Auf seiner Oberfläche hatte leichter Frost eine Eiskruste gebildet, die man ohne weiteres zertreten konnte. Schnell stellten die Männer das Zelt auf, und dann ging's an die Arbeit. Wie auch früher schon oft machten sie die Nacht zum Tag, da ja auf Spitzbergen die Zeit der Dämmerung noch nicht angebrochen war. Es war also völlig gleich, wann man während des Polartages schlief, ob am Tage oder in der Nacht.

Die Arbeit begann mit dem Ausheben einer Grube. Firn zeigte sich in zwei Meter Tiefe. Das besagte, daß sich im Laufe des Winters eine zwei Meter dicke Schicht Saisonschnee abgelagert hatte. Dann bohrte man vom Boden der Grube aus ein Loch und bestimmte in ihm die Temperatur des Gletschers bis zu einer Tiefe von 12,5 Metern. So gelang es, festzustellen, daß sich die Bedingungen für die Ernährung des Gletschers auf dem Isachsenplateau und die Temperaturverhältnisse seit der Zeit, zu der Hans Ahlmann hier gearbeitet hatte, nicht wesentlich verändert hatten.

Nächstes Wecken war gegen Abend des 25. Juli. Erst da stellten die drei Glaziologen fest, daß sie sich in einem Spaltengebiet befanden. Obwohl ringsum keinerlei Sicht herrschte, mußte man weitermarschieren: Der Kontrollzeitpunkt rückte heran, zu dem Michaljow vom Ufer des Kongsfjords aus in den Äther gehen sollte. So setzten die Glaziologen ihren Weg nach Süden über das Plateau fort, nur auf ihre Bussole vertrauend, aber vor einem Sturz in Spalten konnte auch dieser genaue Kompaß die Männer nicht bewahren. Und so »hingen« bald sie selbst, bald der Schlitten über unheildrohenden Spalten. Die erzwungenen Aufenthalte bremsten das Tempo und machten den festgelegten Zeitplan zunichte. Durst quälte die Männer. Um einen kleinen Wasservorrat zu haben, trug jeder unter der Jacke und in den Taschen kleine Büchsen mit Schnee, der durch die Körperwärme allmählich schmolz.

Dann zeigten sich kleine Bäche, und schließlich traten die Gletscherspalten offen zutage, der Schnee war von der Gletscheroberfläche verschwunden. Unerwartet stießen die Leute auf einen See. Lange suchten sie ihn auf ihrer Luftaufnahme vom vorigen Jahr zu finden, konnten aber nur etwas diesem See Ähnliches ausmachen, seine Konturen hatten sich im Laufe eines Jahres stark verändert. Aber selbst das war als Orientierung wertvoll. Etwas später konnte Michaljow im dichten Nebel wie durch ein Wunder die schwachen Umrisse von Bergen erkennen.

Jetzt konnte man nun bequem den eigenen Standpunkt bestimmen und die richtige Richtung einschlagen. Nach einiger Zeit blieben die letzten kleinen Schneeflecken zurück, und nacktes Eis begann. Man mußte die Skier auf den Schlitten legen. Es war Mittag des 26. Juli, als die drei ihren Fuß auf den Kronengletscher setzten. Der Schlitten war nur mit Mühe auf dem steilen Hang zu halten, immer wieder versuchte er wegzurutschen. In Wolkenfenstern kamen langsam immer neue Umrisse von Bergen in Sicht, die den Glaziologen unbekannt vorkamen. Deshalb beschlossen sie zu warten, bis es endgültig aufklarte.

Schließlich zerteilte sich der Nebel doch etwas und ließ einen Rundblick zu. Die geschärften Augen der an die Arbeit im Felde gewöhnten Forscher fanden schnell die von ihnen benötigten Orientierungspunkte im Gebirge. Als sie diese mit den Luftaufnahmen verglichen, stellte sich heraus, daß die Gruppe auf ihrem zwanzig Kilometer langen Gletschermarsch nur anderthalb Kilometer von der Route abgekommen war und einen kleinen Nunatak nicht rechts, sondern links umgangen hatte. Sie mußte aber zu dem von Eis umgebenen Berg zurückkehren und von dort auf einem steilen Eisbruch absteigen. Unterdessen hatte sich der Nebel endgültig verzogen, und man konnte einen bequemen Weg einschlagen.

Die drei Männer hatten zwanzig Stunden ununterbrochenen Marsch hinter sich und wollten jetzt gern ihr Nachtlager aufschlagen. Taumelnd vor Ermüdung konnten sie sich bei dem steilen Abstieg kaum auf dem Eis halten. Doch von einer längeren Ruhepause konnte keine Rede sein: Sie strebten zu ihrem Funkgerät, das an einer verborgenen Stelle am Fuße des Ossian Sarsfjellet lag. Dort erwarteten die Wanderer auch ein kleines Proviantlager, Süßwasser und eine Gasflasche, all das hatten Michaljow und ich vorsorglich in unserer Schaluppe dorthin gebracht.

Unweit vom Gletscherende sah man irgendwelche Leute herumkriechen.

»Sicher noch ein paar weitere ‚Verrückte‘, die da auf den Gletscher krabbeln«, sagte Wolodja.

Diese »Verrückten« waren in Wirklichkeit gerade in Ny Ålesund eingetroffene japanische Touristen. Man hatte diese Amateur-Glaziologen gewarnt, es gäbe hier viele Spalten, und sie zur Vorsicht gemahnt.

An diesem Tag überprüfte ich gewissenhaft das Expeditionsfunkgerät, das in meinem Zimmer am Ostrand von Ny Ålesund installiert war. Ab 17 Uhr saß ich mit Kopfhörern da und horchte in den Äther. Aber Michaljow schwieg immer noch. Endlich, gegen 19 Uhr, ließ sich eine leise, heisere Stimme vernehmen:

»Sei gegrüßt! Wie hörst du mich? Ich melde: Bei uns alles in Ordnung, alle gesund. Schicke uns irgendein Wasserfahrzeug. Wir fallen um vor Müdigkeit. Nächste Funkverbindung 23 Uhr.«

Ich beglückwünschte Michaljow zum erfolgreichen Abschluß der Tour und teilte ihm mit, die »Taifun« warte an der Anlegestelle schon auf uns.

Ich begebe mich schnellstens zu den Seeleuten. Sofort läßt der Erste Steuermann unsere sturmerprobte Schaluppe zu Wasser und fährt mit den Matrosen zum anderen Ufer hinüber. Doch um zwei Uhr nachts erscheint der erschöpfte Erste Steuermann der »Taifun« bei mir und verkündet die schlimme Neuigkeit:

»Der Motor ist unterwegs kaputt gegangen. Wir mußten rudernd zum Schiff zurückkehren, ohne die Glaziologen...«

Es muß dringend etwas unternommen werden. Ich beschließe, zum Bürgermeister von Ny Ålesund zu gehen und ihn zu bitten, uns irgendeinen Kahn zur Verfügung zu stellen. Das Stadtoberhaupt zieht rasch wasserdichte Kleidung an und leitet selbst den Trupp, der die Glaziologen holen soll. Zehn Minuten später schon bin ich mit zwei Norwegern und zwei Franzosen unterwegs in den entfernten Winkel der Bucht...

Am Morgen des 27. Juli 1967 verließ die »Taifun« Kingsbay. Von der Anlegestelle winkten die französischen Glaziologen uns noch lange nach.

So also endete dieser etwas ungewöhnliche Marsch von Glaziologen über die Gletscher im Nordwestteil des Archipels. Ein Russe und zwei Franzosen waren dem Weg gefolgt, den der Schwede Hans Ahlmann vor über drei Jahrzehnten hier gebahnt hatte (wenn man diesen Ausdruck bei einem Gletscher gebrauchen darf). In dieser Arbeit sahen wir auch eine Bestätigung der erfolgreichen Zusammenarbeit zwischen sowjetischen und französischen Polarforschern.

Während ich mit Michaljow in der Region Ny Ålesund arbeitete, waren unsere Glaziologen auf der »Beda« weiterhin selbständig tätig. Zu ihrer Aufgabe gehörte es, Informationen über die an der Westküste des Archipels liegenden Gletscher zusammenzutragen. Die Nordwesttour brachten Troizki und Korjakin zu einem erfolgreichen Abschluß. Nachdem sie die französisch-sowjetische Abteilung abgesetzt hatten, durchfuhren sie, erneut auf sich gestellt, den Vorlandsund.

Als wir nach Barentsburg zurückkehrten, bereitete sich die »Beda« auf eine neue Fahrt vor, und zwar in den Bellsund, wo ein behelfsmäßiges Treibstofflager eingerichtet worden war. Von hier aus erforschte die Meeresabteilung den Van-Keulen-Fjord und die Gletscher dieses Gebietes und nahm dann Kurs nach Norden zum Van-Mijen-Fjord. Um dorthin zu gelangen, mußte man eine kleine Meerenge mit dem hübschen Namen Mariensund durchfahren. Am Ende des Fjords lag die Siedlung Sveagruva, und unweit davon befanden sich jene Gletscher und Moränen, die die Glaziologen interessierten.

Der August 1967 zeigte sich auf Spitzbergen von seiner schlechtesten Seite: sehr viel Regen, heftige Winde, dichter Nebel, kalte Tage, lang anhaltende Stürme. Die bis zum äußersten beladene Schaluppe furchte die Dünung des Bellsunds. Bald zeigte sich die schmale Akselinsel, die die Bucht im Osten abschloß. Hinter ihr lag dann der Van-Mijen-Fjord, man brauchte nur durch den Mariensund zu schlüpfen. Die Schwierigkeit bestand aber darin, daß hier die Geschwindigkeit der Gezeitenströme augenscheinlich der des Bootes gleichkam. Anhand von Tabellen ermittelte Korjakin den günstigsten Zeitpunkt für den Durchbruch, den Moment des Strömungswechsels. Die Karten konnten aber nicht alle jetzt notwendigen Informationen liefern. Am meisten störten die bedrohlichen »stehenden« Wellen, die sich beim Kentern des Gezeitenstromes bilden und eine Gefahr für Schiffe darstellen.

Plötzlich tauchte voraus ein Motorboot auf. Es waren Norweger, Geologen, die ersten Leute, die man nach drei Wochen Arbeit im August zu sehen bekam. Die Motoren wurden gedrosselt. Der traditionellen Begrüßung folgte ein kurzer Austausch von Neuigkeiten. Die Nachfahren der Wikinger wollten wissen, ob die russischen Wissenschaftler über den starken Seegang im Mariensund und die Zeit des Gezeitenhochwassers Bescheid wüßten. Befriedigt von der bejahenden Antwort, stellten die Geologen eine weitere Frage:»Wozu brauchen Sie eigentlich diese Gletscher?« Korjakin antwortete fröhlich:»Da liegt der Hund begraben!« Norweger verstehen Spaß, sie lachten laut.

Die graublauen Wolken lichteten sich nach und nach, zwischen ihnen schaute blauer Himmel hervor, und bald spannte sich über dem Fjord von einem Ufer zum andern ein strahlender Regenbogen. Eine Menge rötlicher Algen und Quallen tauchte hoch, was auf Wetterbesserung hindeutete. Das Boot gelangte in gleichmäßig sanfte und ruhige Dünung, hob und senkte sich, daß es einem leicht den Atem benahm. Am Ufer tosten die Wellen ungestüm, dort an Land zu gehen wäre völlig unmöglich. Hinter dem Sund würde die quer zum Eingang in den Van-Mijen-Fjord liegende Akselinsel die Dünung »dämpfen«.

Den Blick auf den Mariensund versperrte noch das Bergmassiv der Halbinsel Midterhuken, die den Van-Keulen-Fjord vom Van-Mijen-Fjord trennt. Die einen halben Kilometer lange glatte Steilwand, blutigrot von der Sonne beleuchtet, brach in das grellblaue Meer ab, man glaubte, sie fiele aus weißen flaumigen Wolken. Je mehr sich das Boot ihr näherte, desto deutlicher zeichneten sich der weiße Saum der Brandung ab, die sich unmittelbar am Fuße brach, und die saftig-grünen Moosflecken auf den Felshängen über dem Wasser.

Als nach seinen Berechnungen nur noch fünfzehn Minuten Zeit bis zum Gezeitenhochwasser blieben, übergab Troizki das Ruder an Korjakin. Er überschlug Zeit und Entfernung und gab dann Vollgas. Das Boot schnellte zur Mitte des sich vor ihm öffnenden Mariensunds. Schon waren die Felsen Svarten und Erta am Westeingang ganz nahe, sie schienen im Schaum der Brandung zu kochen. Jetzt überzogen die Wellenstreifen den Sund vollständig: Der Gezeitenstrom wirkte weiterhin auf die glatte Fläche der Dünung, die sich im Gleichmaß zwischen den Felsen aufbäumte, wurde mit jeder Minute stärker. In Fahrtrichtung türmten sich wildbewegte scharfe Kämme – die stehenden Wellen. Der Sund brodelte. Mit voller Fahrt schoß das Boot in den ersten Streifen stehender Wellen ein, wurde von einer mächtigen Strömung erfaßt und vorwärts gerissen. Die kleine »Beda« tauchte tollkühn bald mit dem Bug, bald mit dem Heck ein, dem Mann am Ruder gelang es nur mit Mühe, sie auf Kurs zu halten. Auch die zweite Wellenzone wurde glücklich überwunden, und bald gelangte man aus der Strömung heraus. Und da war auch schon das flache Kap Mosemeset, das südliche Eingangskap des Van-Mijen-Fjords. In seiner Nähe lag das Wasser ungewöhnlich still und bewegungslos da. Das Unangenehmste hatten sie jetzt hinter sich. Doch da setzten plötzlich wieder derbe Stöße ein, als fahre das Boot über holpriges Pflaster, wieder riß es dem Mann das Ruder aus der Hand, wieder gab es Anprall der Strömung. Aber das war nun auch schon der letzte »Härtetest«, den Besatzung und »Beda« zu bestehen hatten.

Nachdem das Boot das Kap umfahren hatte, glitt es durch ruhiges Wasser. Jetzt erst konnte man sich dem Ufer nähern, sich »verpusten«, sich entspannen. Korjakin und Troizki vertraten sich mit Behagen die Beine auf festem Land. Die Gewaltfahrt durch den Mariensund hatte vielleicht zehn Minuten gedauert, gekostet aber hatte sie die Kraft für einen ganzen Tag. Dafür lag jetzt vor den Glaziologen der auf fünfzig Kilometer offene, kulissenartig von Bergen eingerahmte Van-Mijen-Fjord.

So endete dieser arbeitsreiche Tag, nur einer von vielen auf Spitzbergen.

Während die »Beda« sich mit unseren Kameraden durch den Mariensund kämpfte, wurden Michaljow und ich vom Hubschrauber auf der höchsten Stelle des vom Ostgrönfjordgletscher und Fridtjofgletscher gebildeten Eissystems abgesetzt, wir befanden uns also auf halbem Wege zwischen dem Grönfjord und dem Van-Mijen-Fjord.

Jetzt ist es weit nach Mitternacht. Ein starker Wind heult und befördert Tonnen von Schnee in der Luft. Auf unser Lager und den Gletscher, der auf zwei Seiten von steilen Bergen eingeklemmt ist, senkt sich sanft graue Dämmerung. Eben erst sind Michaljow und ich nach Beendigung der Schneemessungen auf dem Gletscher in unser Zelt zurückgekehrt, wärmen uns Hände und Füße am rettenden Öfchen, verwünschen das schlechte Wetter. Die Schneeflocken trommeln immer stärker gegen unser Zelt, die frechsten dringen sogar durch die Stofftür. In Gedanken weilen wir in der nur wenig über zwanzig Kilometer entfernten Oase Barentsburg. Dort brennen helle Lichter, pulsiert das Leben. Im Augenblick aber müssen wir an etwas ganz anderes denken: Bald sind unsere Arbeiten beendet, und die gesamte Expedition wird sich dann auf dem Stützpunkt einfinden, um sich auf die Heimfahrt vorzubereiten. Sie hat ihre dritte glaziologische »Ernte« auf Spitzbergen eingebracht.

Der November 1967 rückte heran. Spürbar schnell nahte die lange Polarnacht: Mit jedem Tag nahmen die hellen Stunden des Tages ab, und schon spürten wir den feindseligen eisigen Atem der Schneekönigin. Die Bergleute von Barentsburg und Pyramiden trafen Vorbereitungen für die nächste Überwinterung auf der Insel, die Glaziologen für die baldige Abreise zum Festland. Jetzt steckten wir alle in einer sehr wichtigen, aber recht wenig reizvollen »wissenschaftlichen« Arbeit: einnähen, verschnüren, verpacken, zunageln, und zwar schnell. Auf dem Stützpunkt türmten sich Berge von Kisten und Säcken mit Ausrüstung, Gerätschaften und Proben. Wer im Felde arbeitet, weiß, daß damit jede Expedition beginnt und daß sie damit auch endet.

In dem dämmerigen Dunst verschwammen die fernen Umrisse der Südspitze des Archipels. Der Dampfer mit dem an den Süden erinnernden Namen »Dagestan« nahm Kurs auf die heimatliche Küste. Leb wohl, Spitzbergen, Land der spitzen Berge, der Gletscher und Fjorde und des brennbaren Steins! Nein, nicht leb wohl, sondern auf Wiedersehen!

19–374

Die Expedition ist beendet, die Expedition wird fortgeführt!

Nach unserer Rückkehr von Spitzbergen im Herbst 1967 bestand unsere nächste Arbeit im Geographischen Institut darin, das umfangreiche Beobachtungs- und Forschungsmaterial zu systematisieren, das wir im Laufe von drei Jahren bei der Arbeit im Felde gewonnen hatten. Außerdem mußten wir versuchen, Hunderte unterschiedlichster und in den unterschiedlichsten Sprachen verfaßter Bücher, Zeitschriften, Sammelbände, Artikel, Referate, topographische, See- und andere Karten und Luftaufnahmen, die verwertbare Informationen über die Vergletscherung des Archipels enthielten, zu »verdauen«.

Kotljakow, ein junger energischer Geograph, der gerade erst unsere Abteilung von dem Begründer der sowjetischen Glaziologenschule Grigori Awsjuk übernommen hatte, rief eines Tages alle Teilnehmer der Spitzbergenexpedition zu einem Fachgespräch über eine künftige Monographie zusammen. Diese sollte eine verallgemeinernde wissenschaftliche Arbeit werden und die Reihe der Bücher vervollständigen, die über die Ergebnisse der Arbeiten im Rahmen des Internationalen Geophysikalischen Jahres in unserem Institut geschrieben worden waren und die Vergletscherung von Franz-Joseph-Land, Nowaja Semlja und des Polaren Urals zum Thema hatten.

Einige Jahre vergingen. Es war uns gelungen, die große Forschungsarbeit zum Abschluß zu bringen. Wie sehen nun die Resultate aus, die die Glaziologen des Geographischen Instituts erzielt haben? Von einigen ist schon die Rede gewesen. Jetzt soll hier kurz davon berichtet werden, was meiner Meinung nach für den Leser am interessantesten sein kann.

Auf der größten Insel des Archipels – Westspitzbergen – konzentrieren sich zwei Drittel der gesamten vergletscherten Fläche Spitzbergens, und diese ist zudem noch ungleichmäßig verteilt. In den zentralen Gebieten der Insel gibt es nur wenige Gletscher, und zwar kleine Gebirgsgletscher. Gleichzeitig liegen aber weite Küstenabschnitte fast vollständig unter gewaltigen Eismassen begraben, aus denen bald hier, bald da vereinzelte Berggipfel und -kämme herausragen. Im südlichen, sich verengenden Teil der Insel vereinigen sich die peripheren Eisströme und bilden ein einheitliches »Eisstromnetz«, das bis achtzig Kilometer breit ist. Im zentralen Teil Westspitzbergens gibt es also fast keine Gletscher. Wie das? Warum?

Viele Polarforscher haben schon an der Wende des 19. zum 20. Jahrhundert eine wesentliche geographische Besonderheit der Insel vermerkt. Eine solche Verteilung von Gletschern bezeichnete der namhafte schottische Geologe George Tyrrell von der Universität Glasgow, der den Archipel 1919 erforschte, als ein nicht nur schwieriges, sondern auch schwer lösbares Rätsel Spitzbergens. Viele Wissenschaftler Europas haben versucht, diese unbegreifliche Naturerscheinung zu verstehen und zu erklären. Aber die Unzulänglichkeit des Faktenmaterials ließ sie zu keinen überzeugenden Schlußfolgerungen kommen. Neben anderen Problemen beschäftigte unsere Expedition auch diese Kardinalfrage.

Dazu nahmen wir in den letzten Tagen des Winters 1967 auf kilometerweiten Touren Schneemessungen quer über die Insel vor, zogen durch von der Sonnenstrahlung weich gewordenen Schnee zu Fuß oder auf Skiern in den Durchgangstälern von Westen nach Osten.

Bei diesen aufwendigen Märschen konnten wir feststellen, daß sich im Westteil zwei- bis dreimal, im Ostteil anderthalb- bis zweimal mehr Schnee ansammelt als in der zentralen Region. Damit war die geographische Hauptgesetzmäßigkeit der Verteilung der Niederschläge auf Westspitzbergen gefunden: Die Niederschlagsmenge nimmt von der Peripherie zum Zentrum hin ab. Das bedeutet, daß der kontinentale Charakter des Klimas sich von der Küste zum zentralen Teil der Insel hin verstärkt.

Wie erklärt sich diese interessante Erscheinung? Vor allem durch die Lage der Insel selbst innerhalb des Systems der Zirkulation der Atmosphäre im atlantischen Sektor der Arktis. Westspitzbergen liegt nämlich an einer Art Gabelung der Zugstraßen von Tiefdruckgebieten, die ergiebige Niederschläge in Form von Schnee heranführen. Die von der Grönlandsee kommenden Zyklonen ernähren die Gletscher auf der Westseite, die von der Barentssee heranziehenden die Gletscher auf der Ostseite, und nur ein unbedeutender Teil der feuchten Luftmassen dringt bis zum Inselinnern vor. Eben dadurch ist die symmetrische Verteilung des Eisstromnetzes an den Rändern Westspitzbergens und die geringe Anzahl von Gletschern im Inselzentrum bedingt.

Literarische Quellen und ein Vergleich mit benachbarten Gletscherregionen der Arktis ermöglichten uns ein Urteil darüber, wie sich die Vergletscherung des Archipels in den letzten zweihundert Jahren – also ab der Periode maximaler Ausdehnung der Gletscher Mitte des 18. Jahrhunderts – entwickelt hat. Eine Analyse des vorhandenen Kartenmaterials läßt zwei Hauptetappen in der Entwicklung der gegenwärtigen Vergletscherung Spitzbergens erkennen. So überwog in der Zeit von 1870 bis 1900 das Vordringen der Gletscher, während von 1900 bis in die Gegenwart die meisten Gletscher zurückwichen. Das haben auch die Feldforschungen unserer Expedition bestätigt.

Von dem allgemeinen Rückgang der Vergletscherung Spitzbergens in den letzten Jahrzehnten hebt sich das Vordringen einzelner Gletscher ab, das in einer Reihe von Fällen den Charakter katastrophaler ruckartiger Vorstöße trug. Insgesamt jedoch verläuft die Vergletscherung des Archipels in den letzten hundert Jahren synchron mit der Vergletscherung anderer dem Atlantik zugewandter arktischer Gebiete.

Nach Spitzbergen trennten sich zwar die Wege der Teilnehmer unserer Expedition, doch alle setzten sie ihre Forschungsarbeit in den verschiedensten fernen oder nahen Gebieten gegenwärtiger Vergletscherung fort. Die größten Erfolge dabei hatte Wolodja Korjakin. Er überwinterte in der Antarktis, forschte auf den Gletschern Kamtschatkas, des Pamir, des Putoranaplateaus, und sozusagen nebenbei schaffte er es noch, seine Dissertation zu beenden.

Auch der Autor dieses Buches mußte für einige Zeit der Arktis untreu werden. Ab 1968 arbeitete unser Institut nicht mehr dort, im Sommer jenes Jahres begann die mehrjährige Erforschung der Pamirgletscher, und ich wurde Leiter der Aeroglaziologischen Tadshikischen Pamir-Hochgebirgsexpedition.

Wo immer meine Kameraden von der Spitzbergenexpedition

und ich uns auch befanden, stets gedachten wir mit besonderer Herzlichkeit und Wärme dieses Archipels und der vielen Monate Arbeit dort. Wir wünschten und hofften, daß es uns in naher Zukunft gelingen möge, seine so interessante Vergletscherung weiter zu erforschen. Während der Arbeit an unserer Monographie waren eine ganze Reihe wichtiger Fragen aufgetaucht, die wir in den sechziger Jahren wegen fehlender Fakten noch nicht beantworten konnten. So verwandelten sich unsere Hoffnungen und Wünsche allmählich in die Notwendigkeit, die glaziologische Arbeit auf dem Polararchipel wieder aufzunehmen.

Ende 1973 schlug Wladimir Kotljakow Troizki und mir vor, ein Programm für glaziologische Forschungen auf Spitzbergen für die nächsten Jahre wissenschaftlich zu begründen und vorzulegen. Er stellte der neuen Expedition klar umrissene Aufgaben und betonte besonders die Notwendigkeit, intensiver geophysikalische und geochemische Methoden der Erforschung von Gletschern zu nutzen, die in glaziologischen Expeditionen unseres Instituts gerade erst Eingang fanden.

Ich bin schon auf den verschiedensten Schiffen der Reederei Murmansk nach Spitzbergen gefahren, aber an Bord des legendären Flaggschiffs der sowjetischen Antarktisflotte, des Dieselelektroschiffs »Ob«, gelangte ich erstmals. Und wie es so kommt im Leben, gerade auf diesem berühmten Schiff und gerade auf dieser denkwürdigen Fahrt traf ich völlig unerwartet Viktor Tkatschjow wieder, den ich 1944 auf der Polarstation in der Ambartschikbucht als Funker abgelöst hatte. Er war jetzt Erster Nautischer Offizier auf der »Ob« und hatte an allen ihren Fahrten in die Antarktis teilgenommen. Mit uns auf der »Ob« fuhr auch der neue Direktor des Trusts »Arktikugol«. Es war dies seine erste Reise nach Spitzbergen, er wollte mit eigenen Augen sehen, wie die sowjetischen Bergleute in den Gruben Barentsburg und Pyramiden leben und arbeiten. Er interessierte sich auch lebhaft für das, was wir Glaziologen über die Vergletscherung Spitzbergens und über die Besonderheiten der Inselnatur erzählten; er begriff schnell, worum es bei der vorgesehenen Forschungsarbeit ging, er bat, jene Gletscher besonders zu beachten, deren Schmelzwasser die Hauptquelle für die Wasserversorgung der beiden Bergwerke war, und hörte sich aufmerksam unsere Vorschläge zu diesem Problem sowie auch unsere Bitte an, unsere Expedition in Barentsburg besser unterzubringen.

An einem Maiabend 1974 präsentierte sich uns Spitzbergen genau wie vor sieben Jahren, als wir Abschied nahmen von ihm, in seinem prunkvollen schneeweißen Gewand. Wieder wurden wir Zeugen des erregenden traditionellen Empfangs des Schiffes, das in diesem Jahr als erstes vom Kontinent die Insel anlief. Orchesterklänge, Begrüßungsreden, ein Meer unbändiger Freude, Heulsignale, Lärm, Lächeln... Alles war einem so vertraut von früheren Fahrten her. Während der vergangenen sieben Jahre ist Barentsburg nicht älter geworden, im Gegenteil, es hat sich verjüngt, ist größer, in bedeutendem Maße baulich rekonstruiert worden, und es ist auf zwei Stockwerke angewachsen!

Während wir die etlichen Dutzend bekannter Stufen der »Strandterrasse« hochstapfen, registriere ich gleichzeitig für mich all das Neue, was in der kurzen Zeit entstanden ist. An Stelle des alten Klubs erhebt sich ein beeindruckender Steinkubus – der schöne Kulturpalast der Bergarbeiter. Außer einem Zuschauerraum, der für Konzerte und für Vorführung von Breitwandfilmen bestimmt ist, gibt es hier ein Foyer, ein Heimatmuseum, eine Bibliothek und Räume für aktiven Urlaub der hiesigen Werktätigen. Ich gehe sicher nicht fehl, wenn ich sage, daß manche Großstadt auf dem Festland Barentsburg um diesen Kulturpalast beneiden würde.

Im oberen Barentsburg, rechts vom Konsulat der UdSSR, ragt der erste Spitzbergener »Wolkenkratzer« auf. Dieses viergeschossige Wohnhaus hat siebzig komfortable Wohnungen. In seinem Erdgeschoß befinden sich Grundschule, Abendschule, ein Friseursalon und andere Dienstleistungsobjekte. Das Haus ist aus Blöcken errichtet, die in dem Schlackenbetonwerk der Grube Pyramiden hergestellt wurden. Alle Neubauten werden jetzt hier aus Schlackenbetonblöcken gebaut, die Außenwände verkleidet man mit Verblendsteinen.

Rechts vom »Wolkenkratzer« fällt einem ein recht hohes Gebäude mit außergewöhnlich großen (nicht der Arktis angepaßten)

Fenstern und runden steinernen Ecktürmen besonders auf. Äußerlich erinnert dieses Bauwerk an eine mittelalterliche Burg, in Wirklichkeit ist es aber ein modernes Hotel mit Ein- und Zweibettzimmern. Im Erdgeschoß findet man ein gemütliches Café; hier veranstalten die Barentsburger auch gern ihre Hochzeiten und andere Festlichkeiten.

Die Kinder haben einen wundervollen Kindergarten mit Krippe erhalten. Das hübsche zweigeschossige Haus mit großen Fenstern und geräumigen Zimmern für Spiel, Schlaf und Beschäftigung besitzt sogar eine spezielle Veranda für Spaziergänge der Kleinen bei schlechtem Wetter – was praktisch an jedem Tag des Jahres sein kann. Der Erwachsene, der zum ersten Mal hierher kommt, ist sicher erstaunt über die vielen lebenden Blumen, die reifenden Tomaten und Gurken. In der langen Polarnacht bekommen die Kinder Höhensonne. Besonders große Begeisterung ruft ein Besuch der Kindereinrichtung immer bei den Norwegern hervor.

Unterhalb des Konsulats hat man ein ungewöhnliches Bauwerk errichtet, eine Art Riesenboiler von origineller Architektur. Der zweigeschossige Bau hat zylindrische Form und schmale, über beide Etagen reichende Fenster. In einem angrenzenden rechteckigen Bau sind Werkstätten, Büros, Umkleideräume und Duschen untergebracht. Außen ist dieses Heißwasserwerk mit hellen Ziegeln verkleidet und stellt trotz seines aufs rein Nützliche gerichteten Charakters eine echte Zierde von Barentsburg dar.

Vom Grönfjord aus sieht man am Südrand der Siedlung deutlich das massige neue Kraftwerk liegen, das das veraltete und stark rußende Elektrizitätswerk abgelöst hat.

In den sechziger Jahren war es bei schlechtem Wetter kein reines Vergnügen gewesen, durch die Straßen von den Wohnhäusern oder vom Klub in die Speisegaststätte zu gehen. Jetzt ist die Fahrbahn der beiden »zentralen« Straßen mit Betonplatten bedeckt. Und noch eine erfreuliche Neuheit: Endlich ist die fünf Kilometer lange Autostraße vom nördlichen Stadtrand zur geologischen Erkundung des Trusts »Arktikugol«, wo auch die Hubschrauber ihren Stützpunkt haben, im Bau.

Nun also begann unsere Expedition die zweite, aber weitaus schwierigere Etappe ihrer mehrjährigen Forschungstätigkeit. Aus einem relativ kleinen Unternehmen hatte sie sich in eine moderne glaziologische Expedition verwandelt, die mit neuester sowjetischer Technik ausgerüstet war.

Alle Erkenntnis kommt beim Vergleich. Begonnen hatten wir Mitte der sechziger Jahre, jetzt standen wir an der Schwelle der achtziger Jahre. Während dieser Zeit hatte sich die Glaziologie wie jede andere Wissenschaft weiterentwickelt und vervollkommnet. Ein Glaziologe muß die Mächtigkeit eines Gletschers und das Relief unter ihm kennen. Dieses Wissen hilft ihm die Ursachen für Schwankungen und plötzliche Vorstöße der Gletscher begreifen. Er braucht dieses Wissen ferner, um die Eisvorräte zu berechnen und deren Rolle im Gesamthaushalt der Natur zu bestimmen. Diese notwendigen Informationen kann man heute durch Bohrungen und mit geophysikalischen Methoden gewinnen. Als wirksamste und effektivste hat sich in der letzten Zeit die Radarsondierung empfohlen, die von Landfahrzeugen, aber auch von Luftfahrzeugen angewendet werden kann. Diese geophysikalische Methode besteht im wesentlichen, kurz gesagt, darin, daß man nach Verzögerung und Charakter reflektierter Funksignale die Profile der Eisschichtenfolge und des subglazialen Reliefs bestimmen sowie die innere Struktur des Gletschers studieren kann.

Schon seit mehreren Jahren werden derartige Arbeiten vom Flugzeug aus über großen und sehr mächtigen Gletscherdecken ausgeführt. Im Unterschied zu ihnen sind die relativ kleinen und »warmen« Gletscher viel schwieriger zu »durchleuchten«. Die Radaraufnahme solcher Gletscher führte auf Spitzbergen erstmals in größerem Umfange Juri Matscheret durch, ein junger wissenschaftlicher Mitarbeiter unserer Expedition, der vorher auf Gletschern des Kaukasus, des Polaren Urals und des Pamir gearbeitet hatte. So tauchte unter uns »reinen« Geographen der Expedition schließlich auch ein »reiner« Geophysiker auf, dem sich im folgenden Jahr noch ein junger Fachmann zugesellte – Sascha Shurawljow.

Unsere Arbeit begann mit der terrestrischen Radarsondierung des Grönfjord- und des Fridtjofgletschers, die uns von unseren früheren Forschungen schon gut bekannt waren. Die gesamte Radartechnik war auf einem selbstgebauten Schlitten befestigt, dessen Kufen wir durch Skier ersetzt hatten. In der ersten Zeit mußten fünf Mann den schweren Schlitten ziehen. Auf den Skiern war hinten ein kleiner Benzinmotor angebracht, der die Elektroenergie für die Geräte lieferte. Über ihnen reckten sich in zwei Meter Höhe die imponierend breiten Schwingen der Radarantenne, die dem Schlitten das Aussehen eines rätselhaften Flugapparates verliehen. Ununterbrochen brummte der Motor, wir waren wie taub davon. Bald waren es die Schlittenkufen, bald wir selbst, die tief in den nassen Schnee einsanken. Oft fielen dann nicht sehr schmeichelhafte Worte, die an die Adresse dieser »allmächtigen« Technik und des Geophysikers Matscheret gerichtet waren. Der hätte uns am liebsten Tag und Nacht den Gletscher auf und ab gejagt. Den lieben langen Arbeitstag über schaltete er während der Fahrt bald etwas ein, bald etwas aus, regulierte irgend etwas. Auf dem Schirm eines kleinen Oszillographen zuckte ein feiner weißer Strahl. Matscherets Arbeit mußte für einen Außenstehenden wie der Auftritt eines Zauberkünstlers aussehen, und auch wir standen den Experimenten unseres Kollegen, ehrlich gesagt, höchst skeptisch gegenüber.

Jeden Abend, wenn wir Glaziologen nach dem Abendessen in die Schlafsäcke krochen, machte sich Juri an das langweilige Entwickeln der Filme mit den so wichtigen Aufzeichnungen der Radarinformationen. Wenn sie gelungen waren, schien seine Freude keine Grenzen zu kennen. Erst wenn der letzte Film an der Decke hing, legte sich auch der Geophysiker schlafen.

So verging einige Zeit. Nach einer Durchsicht und Instandsetzung wurde die Apparatur schließlich auf ein Spezialstativ montiert, danach in einen Hubschrauber gebracht, dort fest installiert und an das Bordnetz angeschlossen. Jetzt sah die Radarstation schon anders aus – solider, imposanter und schöner!

Matscheret rechnete die Dauer aller seiner Flüge aus und trug diese in die Karte ein. Hierbei war ihm in der ersten Zeit Wolodja Korjakin, der damals gerade das Institut für Geodäsie, Aerofotogrammetrie und Kartographie in Moskau absolviert hatte, eine große Hilfe. Er wurde Navigator. Mit den Piloten wurden alle Varianten der gemeinsamen Arbeit besprochen.

»In der Luft kein unnötiges Gerede«, gab der Leiter der Hubschraubergruppe den Glaziologen mit auf den Weg. »Eure Aufgabe ist es, mit der Besatzung vermittels knapper Kommandos zusammenzuwirken, einander wortlos zu verstehen...«

Jetzt hing fast alles vom Wetter ab, das die Glaziologen auf dem Archipel bekanntlich nicht gerade verwöhnt: Die Gletscher sind öfter als Küste und Buchten von Wolken bedeckt. Hier muß man, wie überall in der Arktis, warten können. Schon vor vielen Jahren hat Nansen zur Geduld aufgerufen, er hielt sie für die beste Tugend eines Arktisforschers, und Amundsen verglich sie mit dem lebensnotwendigsten Medikament in der Apotheke eines Polarreisenden... Nach zwei Wochen quälenden Wartens gaben endlich der Synoptiker des Wetterdienstes und die Hubschrauberflugleitung die Starterlaubnis, und wenig später brach ein mit Treibstoff maximal beladener Hubschrauber zu den Gletschern auf, gefolgt von einer zweiten Maschine, wie die Sicherheitsvorschriften für Flüge unter besonders erschwerten Bedingungen es verlangen. Dutzende von äußerst schwierigen Flügen mit Radartechnik absolvierten die Hubschrauberpiloten, die die Gruppe Matscheret betreuten, an die hundert der verschiedensten Gletscher flogen sie mit unseren Geophysikern ab.

Heute nun findet einer der letzten Radarflüge zu Saisonende statt. Unsere Route führt zum fernen Nordostland. An Bord ist eine einmalige neue Radaranlage installiert, die im Polytechnischen Institut der ASSR der Mari in Joschkar-Ola konstruiert wurde, und zwei Mitarbeiter dieses Instituts beobachten jetzt, wie die Apparatur funktioniert.

Einige Minuten nach dem Abflug gibt der Mechaniker das Kommando, die Instrumente einzuschalten. Shurawljow drückt schnell die Kipphebel für die Stromversorgung und korrigiert das Funktionieren der Geräte; danach beginnt die Aufzeichnung der verschiedenen Radarinformationen auf Film und Magnetband. Über eine Sprechanlage ist Matscheret mit der Besatzung verbunden. Eben wendet sich der Kommandeur an ihn:

»Achtung! Fliegen den Gletscher an... Rand ist erreicht!«

Matscheret gibt sofort das vereinbarte Zeichen, und Shurawljow schaltet unverzüglich den Selbstschreiber ein. Die Radaraufnahme läuft...

Während des Fluges wird der Kurs korrigiert, das Passieren der Orientierungspunkte auf der Erde festgehalten. Am schwersten hat es jetzt der Pilot, der den Hubschrauber tief über der blendend weißen Gletscheroberfläche steuern muß, immer mit der gleichen Geschwindigkeit, immer in der gleichen Höhe und streng nach Kurs. Die Hinlopenstraße taucht auf und hinter ihr ein imposantes Eisfeld, das in drei Hauptfelder gegliedert ist: Vestfonna, Austfonna und Sørfonna (West-, Ost- und Südeis). Hier fliegt es sich besonders schwierig, es gibt keine Orientierungspunkte, man muß sich einzig und allein auf die Instrumente verlassen.

In den Kopfhörern ertönt ein Klicken und der Kommandant sagt mit müder Stimme:

»Haben die Route bis zum äußersten Punkt abgeflogen. Jetzt zurück nach Plan.«

Der Hubschrauber wendet und überquert erneut die Vestfonna. Durch Wolkenfenster ist die zerklüftete Oberfläche der Eiskappe zu sehen. Allmählich senkt sie sich, in Sicht kommt wieder die Hinlopenstraße und dahinter der breite Lappen der Valhallfonna, die in das mächtige Åsgard-Gletscherplateau übergeht. Das Wetter verlangt Korrekturen, wir müssen über den Wolken fliegen, die dieses Plateau bedecken. Dennoch werden die Messungen fortgesetzt, die Apparatur arbeitet wie vorgegeben.

So also sah ein Flugtag der Radarabteilung aus. Und davon gab es auf unserer Expedition von 1974 ab mehrere Dutzend. Den Geophysikern gelang dabei die Erprobung der Variante eines fliegenden glaziologischen Laboratoriums der Zukunft.

Mein Bericht über die Erforschung der Gletscher Spitzbergens im Funkmeßverfahren wäre unvollständig, wenn ich dem Leser die interessantesten Ergebnisse vorenthalten würde.

Wer jemals per Schiff an der Südwestküste Spitzbergens entlanggefahren oder sie in einem Hubschrauber abgeflogen ist, wird sich der imposanten Eisküste erinnern, die sich nördlich des Hornsunds viele Kilometer weit hinzieht. Sie wird von der großen Front des Torellgletschers gebildet, der sich im Norden mit dem Rechergletscher vereinigt. Die Radaraufnahme half uns, ihre für die

Insel Westspitzbergen nicht zu vermutende Mächtigkeit zu ermitteln – sie beträgt 430 Meter! Und noch eine andere Entdeckung machten wir hier: Die Betten des Torell- und des Recherchegletschers liegen größtenteils unter dem Meeresspiegel. So gelang es uns, ein durchgehendes Tal unter dem Eis zu entdecken. Gesetzt den Fall, es würden plötzlich beide Gletscher schmelzen, so könnte man an ihrer Statt zwei Fjorde sehen, vielleicht sogar einen Sund! Die größte Eisstärke ermittelten wir auf dem nordöstlichen Teil der gleichen Insel.»Rekordhalter« wurde der Veteranengletscher mit einer Mächtigkeit von fünfhundert Metern! Außerdem konnten durch Funkmeßverfahren bei einer Reihe anderer Gletscher Spitzbergens einen halben Kilometer dicke Eiskörper »ertastet« werden, die tiefste Abschnitte subglazialer Täler ausfüllen und bisher der Forschung noch unbekannt waren.

Genannt sei noch ein anderes, nicht weniger interessantes Beispiel dafür, wie die Vergletscherung Südspitzbergens erforscht wurde. Am Ende des Hornsunds strömt der imposante Horngletscher herab, der größte Gletscher in dieser Bucht. Im Osten hat er eine gemeinsame Eisscheide mit dem Hamberggletscher, der zur gegenüberliegenden Ostseite der Insel in den breiten Storfjord hinabkriecht. Geologen und Glaziologen äußerten vorsichtige und umstrittene Vermutungen, daß sich unter diesem Doppelgletschersystem die bis zum Storfjord reichende Verlängerung des Hornsunds verbergen könnte. Erste vorläufige Ergebnisse der glaziologischen Radaraufnahme zeigen, daß sich die Betten des Horn- und des Hamberggletschers fast auf Meeresniveau befinden. Erst die gründliche Auswertung allen gewonnenen Materials wird die interessante Hypothese überprüfen helfen, daß der Hornsund möglicherweise keine Bucht, sondern eine Meeresstraße ist. Sollte sich diese Hypothese bestätigen, wäre damit eine neue Insel im Süden des Archipels entdeckt worden, die flächenmäßig etwa der Barentsinsel entspräche.

Das Radar verhalf unserer Expedition dazu, daß sie erstmalig eine wichtige Charakteristik der Vereisung in die Hand bekam – die Größe der Eisvorräte Spitzbergens. Nach Aufbereitung des im Funkmeßverfahren gewonnenen Materials ermittelte Shurawljow die Volumen von 59 Gletschern. Bei der Analyse der Werte von

Mächtigkeit und Fläche stellte er fest, daß sie voneinander abhängig waren. Auf der Grundlage dieser Gesetzmäßigkeiten konnte der junge Wissenschaftler dann 1980 an die Lösung der Hauptaufgabe gehen. Wir wissen heute, daß das Volumen der Gletscher von ganz Spitzbergen 4000 Kubikkilometer beträgt. Zum Vergleich könnte man anführen, daß die in den Gletschern Spitzbergens gespeicherte Wassermenge die jährliche Abflußmenge der Wolga, des längsten und wasserreichsten Stromes Europas, um das Zwanzigfache übertrifft.

An dieser Stelle sei noch einmal daran erinnert, wie wir uns 1965 bis 1967 mit Hilfe von Spaten, Hacke, Brecheisen und Handbohrer in die obersten Schichten des Lomonossow-, Holtedahl- und anderer Gletscher hineinarbeiteten. Damals gelang uns, eine Schichtenfolge von 25 Meter Mächtigkeit zu untersuchen. Von mehr konnten wir zu der Zeit nur träumen. Heute sind die veralteten zeit- und kraftraubenden Methoden der Gletscherforschung durch das bedeutend schnellere und bequemere Verfahren des thermischen Bohrens abgelöst. Es wurde erst vor relativ kurzer Zeit im Arktischen und Antarktischen Wissenschaftlichen Forschungsinstitut von Ingenieur Valentin Morew entwickelt.

Anfang der siebziger Jahre lieferten die Leningrader unserer Abteilung so einen Thermobohrer. Der junge Glaziologielaborant Sagorodnow projektierte dazu eine Winde und ein Steuergerät und stellte beides dann auch her. Im Sommer 1975 wurde er mit der außerordentlich komplizierten, aber sehr wichtigen Niederbringung von Gletschertiefbohrungen betraut, wie sie auf Spitzbergen bisher noch nicht vorgenommen worden waren.

Auf welche Weise dringen denn nun die Glaziologen mit ihrer ziemlich leichten und doch sehr zuverlässigen Ausrüstung ins Gletscherinnere? Das Niederbringen von Gletscherbohrungen geschieht mit Hilfe eines speziellen Thermobohrers, an dessen Ende ein elektrisch beheizter Bohrkopf in Form eines Ringes sitzt. Dieser schmilzt das Eis, und es bildet sich ein Bohrloch. Sein Inhalt, ein ungeschmolzener und unbeschädigter Eiskern von zwei Meter Länge, füllt das ganze Rohr des Bohrers aus. Dieser Bohrkern wird stückweise an die Oberfläche geholt. Vor dem Absenken des Bohrgeräts pumpt man in dieses verdünnten Alkohol, der während des

Bohrens vom Kern direkt in das Bohrloch gedrückt wird, sich dort mit dem Schmelzwasser mischt und dadurch dessen Gefrieren verhindert.

Zunächst untersucht man den Eiskern in einem Laboratorium, in dem niedrige Temperaturen herrschen, dann entnimmt man ihm Proben für nachfolgende Isotopen- und geochemische Analysen. Als erstes Objekt für eine solche Bohrung wählten wir die Eisscheide zwischen Grönfjord- und Fridtjofgletscher, wo schon mehrere Male glaziologische Komplexarbeit geleistet worden war. Im vergangenen Jahr hatte Matscheret hier die Eisstärke gemessen. Jetzt war es doch sehr verlockend, die mit Hilfe verschiedener Methoden gewonnenen Ergebnisse miteinander zu vergleichen. Welcher war der Vorzug zu geben, dem Funkmeßverfahren oder dem Thermobohren?

Die Hubschrauber hatten schnell die gesamte Ausrüstung von Barentsburg auf die Gletscherscheide transportiert. Sagorodnow bereitete mit Unterstützung der Kollegen seine Technik auf den Einsatz vor. Jeden Morgen meldete sich der Leiter der Abteilung, Korjakin, über Sprechfunk bei mir, berichtete über den Stand der Dinge im Lager der Glaziologen und über deren gesundheitliches Befinden:

»Gestern haben wir endlich mit dem Bohren angefangen! Bis jetzt haben wir zehn Meter geschafft. Die Anlage arbeitet wie im Kosmos! Alle sind gesund und munter, wünschen sich ein schönes heißes Bad und senden Grüße...«

Häufiger Gast des Glaziologen-Stützpunktes Barentsburg war der Chef der Hubschraubergruppe, Adolf Krainow, eine interessante Erscheinung, ein ausgezeichneter Pilot und hervorragender Unterhalter und Spaßvogel. Er hatte allen Respekt vor uns Glaziologen, uns »Landstreichern«, wußte unsere Arbeit zu schätzen und war bemüht, uns auf jede Art zu helfen. Sich selbst nannte er gern »Chef-Kutscher«. Lange bevor irgendeine Operation bevorstand, kam Krainow abends zu uns, und wir arbeiteten gemeinsam bis in alle Einzelheiten den Plan des fälligen Transports oder der Funkmeßroute aus; wir stritten uns, jeder wollte seinen Kopf durchsetzen, dann einigten wir uns aber schließlich und machten natürlich unsere Späße. Einmal wollte der Flieger wissen, wie unsere Bohrleute mit dem Vereisen der Bohrlöcher fertig würden. Das Staunen in seinem Gesicht muß man gesehen haben, als Sagorodnow ihm erklärte, daß er beim Thermobohren eine Alkohollösung verwenden muß, die dem Kern nichts ausmacht und die Analysen der Eisproben nicht verfälscht. Durch Versuche ist die Überlegenheit von Alkohollösung gegenüber anderen Flüssigkeiten beim Thermobohren auf Gletschern schon längst bewiesen worden. Auf Spitzbergen werde eine stark verdünnte (zehnprozentige) Lösung verwendet, trotzdem wurden bei einer Bohrung von zweihundert Meter Tiefe ungefähr zweihundert Liter Alkohol verbraucht. Dagegen müsse man in der Antarktis, wo die Eistemperatur unvergleichlich niedriger ist als auf Spitzbergen, schon fast reinen Alkohol hineingießen, damit das Bohrgerät nicht einfriert.

Am anderen Tag flogen wir zum obersten Gletscherabschnitt. Wir wollten schnell nach unseren Leuten sehen, die ihre Arbeit beendet hatten. Das Gerät hatte die gesamte Schichtenfolge des Gletschers durchstoßen und sein steinernes Bett in 213 Meter Tiefe erreicht. Die Übereinstimmung mit den Angaben der Radaraufnahme war verblüffend: Die Differenz betrug insgesamt nur wenige Meter.

Ich sprach mit allen Glaziologen, sah mir die Bohranlage an und auch die Kerne, die Punning, Leiter des Laboratoriums für Isotopengeologie am Geologischen Institut der Akademie der Wissenschaften Estlands, untersuchte. Punning hatte gerade die Entnahme der letzten Eisproben vom Gletschergrund beendet, sägte, hobelte und schmolz sie, goß dann das Wasser in gläserne Ampullen und verlötete diese. Im Herbst sollten sie in Tallinn analysiert werden.

Für die lange Zeit, seit Gletscher existieren, stellen sie eine Art Chronik unseres Planeten dar, die durch Kälte gewissermaßen konserviert worden ist. Die aus Tiefenbohrungen gewonnenen Eiskerne erzählen uns heute vom Klima ferner Vergangenheit. In der letzten Zeit erhielten die Glaziologen wertvolle wissenschaftliche Informationen, als sie die Isotopen- und chemische Zusammensetzung des Gletschereises untersuchten. So kann man beispielsweise durch Analyse der Variationen im Verhältnis der Sauerstoffisotope in einem Eiskern die Temperaturänderungen im Laufe der Jahrhunderte rekonstruieren und auf Grund der jahreszeitlich bedingten Unterschiede im Isotopengehalt das Alter des Eises ermitteln. Und das Vorhandensein gewisser radioaktiver Isotope in der oberen Gletscherschicht erlaubt es, die Geschwindigkeit zu bestimmen, mit der sich in ihr in den letzten Jahrzehnten Firn und Eis angesammelt haben.

Die Messung der Sauerstoffisotope eines Eiskerns, den wir 1976 aus einem zweihundert Meter tiefen Bohrloch auf dem Lomonossow-Gletscherplateau herausholten, ermöglichte es uns, die Veränderungen des Klimas auf Spitzbergen in den letzten neunhundert Jahren zu rekonstruieren. Danach war es im 12. Jahrhundert verhältnismäßig warm, im 13. bis 15. Jahrhundert jedoch kalt. In der Zeit vom 16. bis 19. Jahrhundert gab es einen Wechsel von kurzen Erwärmungen und stärkeren Abkühlungen, wobei die längste Kälteperiode in die zweite Hälfte des 18. und das gesamte 19. Jahrhundert fiel. Für das 20. Jahrhundert, besonders für die fünfziger Jahre, hat sich das Klima jedoch als relativ warm erwiesen.

1980 begab sich unsere Expedition zum zehnten Mal nach Spitzbergen. Eine unserer Hauptaufgaben war es diesmal auf dem Amundsen-Eisplateau zu landen, mitten im Zentrum des Eisstromnetzes im Süden des Archipels. Die Versuche, die Eisstärke hier durch Funkmeßverfahren zu bestimmen, blieben in vergangenen Saisons ergebnislos. Wir beschlossen jetzt, das Thermobohren anzuwenden, und luden dazu wieder in unsere Expedition Viktor Sagorodnow, einen Experten, ein.

Und nun ist alles zum Landen bereit.

Der Chef der Hubschraubergruppe Gennadi Romanow, der das komplizierte Absetzen auf Gletschern sehr schnell aus dem Effeff beherrschte, leitete persönlich den Transport von uns Glaziologen. In der Leitmaschine saßen drei Mann: Troizki, ich und Ryszard Czaikowsky, ein erfahrener polnischer Polarforscher, der schon an mehreren Expeditionen nach Spitzbergen und Antarktika beteiligt gewesen war und den wir vor fünf Jahren hier in Barentsburg kennengelernt hatten. Jetzt war unser polnischer Kollege auf dem Weg zum Hornsund. Wir hatten erfahren, daß Ryszard experimentelle Radaruntersuchungen auf dem Amundsenplateau vornehmen wollte, und so luden wir ihn ein, sich an unserer Arbeit zu beteiligen. Auf früheren Expeditionen hatte Dr. Czaikowsky mehrfach Märsche über diesen Gletscher ausgeführt und kannte sich in den Besonderheiten der Gletscheroberfläche und den verdeckten Spaltenzonen gut aus. Deshalb war bei der Wahl des Standortes der sowjetisch-polnischen glaziologischen Station aus der Luft die Hilfe unseres polnischen Kollegen für uns besonders wertvoll. Bald schon lagen die ersten Tonnen Gerät und Ausrüstung nicht weit vom Kopernikusberg im Schnee, die Hubschrauber aber flogen zurück, um die restliche Ladung von Barentsburg zu holen.

Das leblose weiße Plateau änderte sein Aussehen. Auf seinem höchsten Punkt entstand ein kleines internationales wissenschaftliches »Städtchen«, das aus provisorischen Häuschen, der Bohranlage, Zelten, einem Kältelaboratorium und einem Treibstofflager bestand. Sagorodnow, Leiter der Abteilung, montierte schnell die Bohranlage, brachte die Motoren in Gang, bereitete die Bohrlösung und die Rutschen für die Kerne vor. Endlich kam der feierliche Augenblick des Bohrbeginns, und bald war der erste anderthalb Meter lange Bohrkern an die Oberfläche geholt. Wie oft würde sich das wiederholen? Das hing von der Dicke des Gletschers ab: Sie wurde auf höchstens dreihundert Meter geschätzt.

Bei der schweren zügigen Arbeit verging die Zeit schnell. Auf jeden hochgeholten Kern stürzten sich sofort die Glaziologen: Man studierte seine Struktur, man fotografierte Schliffe in polarisiertem Licht, man entnahm zu Hunderten Eisproben für Analysen... Längst schon waren die »projektierten« dreihundert Meter überschritten, und immer noch war kein Grund erreicht. Eine Sensation schien sich anzubahnen: Schon war einen halben Kilometer tief gebohrt. Erst in 586 Meter Tiefe konnte das Gletscherbett unter dem Eis erreicht werden! So brachte uns diese Bohrung eine ganze Reihe von Entdeckungen. Völlig unerwartet erwies sich der Amundsengletscher als der mächtigste Gletscher Spitzbergens, und zwar an einer Stelle, wo das niemand vermutet hätte. Temperatur- und Strukturuntersuchungen ließen erkennen, daß er ein »warmer«

Gletscher* ist und vor allem, daß das in ihm enthaltene Wasser durch feine Kapillaren durch die Eisschichten hindurchsickert. In einiger Zeit wird eine Laboranalyse der Kernproben wahrscheinlich die Veränderung klimatischer Bedingungen auf dem Archipel während der letzten 1500 Jahre rekonstruieren helfen.

Am 25. März 1981 flog eine erste Gruppe von Expeditionsteilnehmern von Moskau nach Spitzbergen. Vom Frühling kamen wir in den strengsten Winter; beständiger Frost hielt sich um die −30 Grad. Während in Moskau der Schnee schon getaut war und Nieselregen niederging, lagen die Küsten des Archipels und seine zahlreichen Gletscher, Berge und Täler noch unter einer festen Schneedecke.

Nachdem wir umfangreiche Schneemessungen auf den Gletschern und in den großen Flußtälern im westlichen, mittleren und östlichen Teil von Westspitzbergen abgeschlossen hatten, bereiteten wir nun mit Nachdruck den Transport der Thermophysikergruppe auf die Eiskappe von Nordostland vor.

Die Glaziologen projektierten selbst zerlegbare Plattenhäuschen von vier und sechs Quadratmeter Fläche und stellten sie aus Sperrholz, Balken und Brettern auch selbst her. Sie vervollkommneten die Steuereinrichtung der Bohrtechnik und die Winde, sie bauten Vorrichtungen zum Schmelzen von Schnee und einige Geräte zur Bearbeitung der Eiskerne und zum Fotografieren ihrer Dünnschliffe in polarisiertem Licht.

Doch da stand noch die Frage, wie sollte das Leben der »Gletscher-Robinsone« gewährleistet werden? Die Expedition hatte keine ausgebildeten Funker und auch keinen Arzt. Nun, erstere konnten durch die Glaziologen Lukin und Skworzow ersetzt werden, die erstklassige Funkamateure waren. Arzt mußte der Geograph Golubew sein, wissenschaftlicher Oberassistent an der Universität Moskau, der eine Spezialausbildung für Erste-Hilfe-Leistung erhalten hatte und sich in Arzneimitteln auskannte. Ehrlich gesagt, verließen wir uns allerdings mehr auf unsere Leute

---

* Gletscher, deren Eis von der Ober- bis zur Unterseite Schmelztemperatur (oder nahezu) aufweist, heißen warme oder temperierte Gletscher im Gegensatz zu kalten (hochpolaren) Gletschern, deren Eistemperaturen unter dem Gefrierpunkt liegen (A. d. R.)

selbst, auf deren Jugend, Eifer und gute Gesundheit. Ein weiteres Problem war die Verpflegung. Welchen Lebensmitteln sollte man den Vorzug geben? In welcher Menge wurden sie gebraucht? War es doch nicht ausgeschlossen, daß sich die Evakuierung mit Hubschraubern wegen schlechten Wetters verzögerte. Auch wurde die Möglichkeit erörtert, daß man würde zu Fuß zur Küste zurückkehren müssen. Die Grube Barentsburg sagte zu, uns kalorienreiche und bequem zuzubereitende Lebensmittel zur Verfügung zu stellen, und die Bäckerei des Bergwerks wollte hundertfünfzig Weiß- und Schwarzbrote für uns bakken.

Um die ganze Operation zu erleichtern, schafften wir schon im Herbst 1980 auf dem kleinen Seeschlepper »Sarja« mindestens sieben Tonnen Lasten nach Nordostland – die zerlegten Häuschen, Bauholz, Benzin und Bohrlösung in Fässern und Kisten mit Kohle für die Öfen. Anfang Mai hatten die Hubschrauberpiloten die Flugrouten zur Hinnvikbucht im Murchisonfjord und weiter zur Vestfonna endgültig ausgearbeitet und den Treibstoffbedarf für die gesamte Operation berechnet, die in mehreren Etappen zu erfolgen hatte und kurz »NOL« (Nordostland) genannt wurde. Das in Barentsburg verbliebene Gepäck brachten wir nach und nach auf den uns speziell zugewiesenen Hubschrauberlandeplatz. Hier sollte die lange »Luftbrücke« ihren Anfang haben, über die noch sieben Tonnen verschiedenster Ausrüstung und Gerät der Gruppe Sagorodnow zu transportieren waren. Außer dem Leiter gehörten der Gruppe acht Mann an. Überdies war noch eine Transportoperation nach NOL erforderlich, dort sollten etliche Dutzend Fässer Kerosin gelagert werden, das die Hubschrauber für ihre Flüge zum Gletscher und zurück nach Barentsburg brauchten.

Am 15. Mai genehmigte der Synoptiker den ersten Flug. Der flinke Jeep unserer Expedition brachte uns direkt zum Hubschrauber, in dem schon der Leiter der Hubschraubergruppe Romanow saß. Genau wie im Vorjahr leitete er auch diesmal den etwas ungewöhnlichen und recht schwierigen Flug selbst.

»Habt ihr das Markierungszeichen für den Gletscher mitgenommen?« fragte Romanow den Bodentechniker und wandte sich dann an mich: »Sind alle Ihre Leute an Bord?«

Wir bejahten. Nur wenige Minuten vergingen, und schon dehnte sich unter uns der breite zugefrorene Eisfjord. Wir flogen zur gegenüberliegenden Seite, dorthin, wo der Nordfjord abzweigt, der als Dicksonfjord endet. Bald mußte ein enges Tal beginnen; es führte zu einem nicht allzu hohen Paß, der oft von tiefziehenden Wolken bedeckt und deshalb bei unseren Piloten unbeliebt war.

Der neben mir sitzende baumlange Bodentechniker lächelt und streckt den Daumen nach oben. Klarer Fall, der Paß ist bewältigt. Ich sehe auf den Höhenmesser: Er fällt langsam. Heute haben wir Glück gehabt. Obwohl die Wolken die Bergwände neben uns fast bis an deren Fuß einhüllen, über dem Talboden haben sie sich gehoben. Die Hubschrauber sind über den verhängnisvollen Paß wie durch einen Tunnel »gehüpft«.

Weiter fliegen wir über dem linken Rand des großen vom Lomonossowplateau in den Südteil des Wijdefjords hinabströmenden Mittag-Leffler-Gletschers. Bizarre bläuliche Eisberge sind vom Ende der Zunge im Meereis eingefroren. Die Bucht weist genau nach Norden, dorthin führt jetzt auch unser Weg. Hinter bedrohlich dunklen Wolken schießt ein blendender goldener Sonnenstrahl hervor, der die spitzen Zacken der alpinen Berge in malerisches Licht taucht. Stellenweise treten die Bergketten ein wenig auseinander und geben den Blick in tiefe Schluchten und Täler frei, die meist mit glitzernden, märchenhaft schönen Eiszungen ausgefüllt sind. Doch da ändert die Landschaft an der Ostküste des Wijdefjords ihr alpines Aussehen und weicht einem »skandinavischen« Bild mit typischen flachen Gipfeln.

»Sehen Sie, sehen Sie!« Der Funker zeigt auf das Kabinenfenster: »Eisbären!«

Eine Bärenmama führte ihre Kleinen in Sätzen von dem riesigen, lärmenden Vogel fort, der da über sie hinwegflog. Im nächsten Moment sind die Tiere zwischen den hochkant stehenden Eisschollen in Ufernähe verschwunden.

Links ist jetzt das westliche Eingangskap der Bucht, Grahuken, aufgetaucht. Dahinter dehnt sich die grenzenlose Weite des Arktischen Ozeans aus. Hier drehen wir nach Osten bei und umfliegen die riesige Halbinsel Ny Friesland. Erst jetzt bemerke ich die imposante Gletscherkappe des Åsgardplateaus, die Berge bisher vor uns verborgen hatten. Das äußerste Nordende der Insel Westspitzbergen überqueren wir zwischen den Enden der Mosselbucht und des Sorgfjords. In dieser Gegend hatte es seit dem 17. Jahrhundert eine Reihe von Katastrophen und Überwinterungen von Schiffen gegeben. Kühne Menschen, die von hier aus den Sturm nach Norden wagten, hatten dabei den Tod gefunden. Gleich hinter dem Sorgfjord öffnet sich der breite Schlund der Hinlopenstraße, die Westspitzbergen vom Nordostland trennt.

Für mich ein seltenes Ereignis: Ich fliege auf dem achtzigsten Breitenkreis entlang! Der Nordpol ist »fast« zum Greifen nahe. Ganz unglaublich! Seit unserem Start sind nur etwa anderthalb Stunden vergangen. Irgendwie unwahrscheinlich. Unwillkürlich muß ich an den September 1962 denken, als ich das erste Mal mit einer so hohen nördlichen Breite »Bekanntschaft« machte – nur viel weiter östlich, auf Sewernaja Semlja. Der Flug damals mit der einmotorigen AN 2 war allerdings weit schwieriger als der heutige.

Wir nähern uns der Küste des Murchisonfjords. Es öffnet sich die Tür zur Pilotenkanzel, und der Bordmechaniker ruft mich zu sich. Romanow sagt: »Wenn wir über Hinnvika sind, zeigen Sie die Stelle, wo Ihr Gepäck liegt.«

Vor uns tauchen schwarze Punkte auf, versunken in riesige Schneewehen. Das sind die Baulichkeiten des schwedischen Expeditionsstützpunktes, die sich noch vom Internationalen Geophysikalischen Jahr her erhalten haben. Nicht weit von der Küste bemerke ich den halb zugeschneiten »Berg« unserer Ausrüstung. Gleich daneben landen wir.

Das erste, was uns auffällt, sind die großen Fährten eines ausgewachsenen Eisbären. Vorsichtig halten wir nach allen Seiten Umschau, jemand sagt im Scherz:

»Auf der Straße sind keine. Wahrscheinlich wärmen sie sich in den leeren Häusern auf.«

Eiligst entladen wir beide Hubschrauber. Uns steht jetzt eine zweite Aufgabe bevor: Wir müssen im Eisscheidenbereich der Vestfonna einen Platz für die künftige Glaziologenstation finden und markieren. Die Sache wird nicht einfach sein. Es gilt auf der weißen welligen Oberfläche dieses riesigen flachen Eiskalotte die Stelle zu finden, die wir vor dem Abflug auf der Karte ausgewählt hatten.

Gleich nach dem Start bietet sich uns ein eindrucksvoller Anblick – die Schneewüste der Vestfonna, von kleinen Bergen verdeckt. Romanow steuert die Leitmaschine nur nach den Instrumenten, es gibt keinerlei Orientierungspunkte auf dem Eisfeld. Der Hubschrauber setzt zur ersten Landung an. Troizki, der für die Auswahl des Standortes der Station verantwortlich ist, möchte, daß wir etwas weiter nach Osten fliegen. Mit geringer Geschwindigkeit gleitet die Maschine über der Gletscheroberfläche dahin, verharrt dann wieder in der Luft. Ein kurzer prüfender Blick zeigt, daß wir noch ein kleines bißchen weiterfliegen müssen. Endlich nickt Troizki befriedigt:»In Ordnung.«

Auf dem Gletscher verbleibt das Markierungszeichen, die Hubschrauber aber kehren nach Hinnvika zurück. Hier lassen wir eine kleine Gruppe von unseren Leuten zurück, um die Ausrüstung, die im vorigen Herbst per Schiff und heute per Hubschrauber hergebracht worden ist, für den Transport an der äußeren Anhängevorrichtung des Hubschraubers vorzubereiten, außerdem soll sie eine Serie Wetterbeobachtungen, Schneemessungen und andere Arbeiten vornehmen. Von heute an wird Lukin täglich Funkverbindung mit unserem Stützpunkt in Barentsburg halten und über den Gesundheitszustand der Männer, über die geleistete Arbeit und über das Wetter in diesem Gebiet berichten.

Schon einige Tage später absolvierten die mit 25-Liter-Fässern Kerosin beladenen Hubschrauber sechs Flüge nach Nordostland. Der Weg von Hinnvika zur künftigen Gletscherstation, vierzig Kilometer lang, war jedoch jedesmal von einer Wolkenbarriere versperrt. Diese vermaledeiten Wolken verhinderten den Erfolg unserer Operation gerade zu dem Zeitpunkt, da wir schon fast den Sieg hätten feiern können.

Unterdessen war die in Hinnvika verbliebene Gruppe vollständig auf den Abtransport vorbereitet. Um keine Zeit zu verlieren, stürzten sich alle Mitarbeiter in die wissenschaftliche Arbeit. Alexander Krenke, einer der bedeutendsten sowjetischen Glaziologen, hielt sogar für Studenten und junge Wissenschaftler theoretische Seminare ab zu glazialmeteorologischen und Gletscherhaushaltbeobachtungen sowie zur Interpretation der Geschichte des Klimas an Hand von Eiskernen, wie man sie hoffentlich bald aus der Tiefbohrung auf der Eiskappe der Vestfonna zutage fördern würde. Am 31. Mai herrschte in der Region Barentsburg vom Morgen an relativ passables Wetter. Vor Beginn der Funkverbindung mit NOL umringten wir alle unser hiesiges Funkgerät; jeden bewegte nur die eine Frage: Ist die Eiskappe frei? Das lächelnde Gesicht des Funkers bestätigte – sie war frei.

In Hinnvika standen zwei Fertigteilhäuschen, die vorübergehend zu Containern geworden waren. Die übrige Fracht lag an vier Stellen verteilt, damit man sie bequem in die Hubschrauber verladen konnte.

Jetzt begann nun die Arbeit, nach der sich alle so lange gesehnt hatten. Ein Hubschrauber flog zum Gletscher, der andere wurde unterdessen an der Küste beladen. Alle halben Stunden wechselten sie einander ab. Die »Luftbrücke« zwischen Hinnvika und der Vestfonna funktionierte wie ein Weberschiffchen: hin – her, hin – her... Aber immer öfter schauten wir nach Norden, von wo böse graue Wolken langsam auf uns zukrochen. Schnell erreichten sie die Küste in etwa fünfhundert Meter Höhe, und genauso zügig bewegten sie sich weiter – zur Kuppel hin.

Ein Container-Häuschen stand schon auf dem Gletscher, um es herum türmten sich Haufen von Kisten, Säcken, Brettern, Fässern und Ausrüstung. Es lagen da sogar die persönlichen Sachen und, was das unangenehmste war, der größte Teil der Lebensmittel einschließlich Kartoffeln und Zwiebeln, die anhaltenden Frost nicht vertrugen, sowie Fisch und Fleisch, kein übler Köder für Eisbären, die es in dieser Region genug gab.

Romanow hängte das zweite Container-Häuschen an und verschwand mit ihm hinter dem nächsten Berg. Fünf Minuten später kehrte er ohne Hängelast zurück.

»Auf die Kuppel hat sich eine Wolke gelagert«, erklärte der Pilot, »weit und breit nichts mehr zu sehen, ich kann die Gletscheroberfläche nicht ausmachen. Mit Mühe und Not habe ich euer Häuschen buchstäblich in ein Wolkenloch hinabgelassen, wahrscheinlich etwa zwei Kilometer von der Station weg. Wenn das Wetter in zwanzig, dreißig Minuten nicht besser wird, müssen wir

weg nach Barentsburg, sonst bleiben wir in Hinnvika hängen.«
Zehn Minuten später schien es uns, als sei die Kuppel wieder
frei. Sofort flogen die Hubschrauber zum Gletscher ab. Als jedoch
bis zum Abschluß der gesamten Operation nur noch ein einziger
Flug blieb, versank die Vestfonna erneut in einer Wolke. Auch
Hinnvika war zum Teil schon von Wolken blockiert, die fast bis
auf die Erde herabhingen. Unverzüglich mußte der Rückzug angetreten werden.

Dieser Tag leitete eine lange Periode ohne Flugwetter ein. Die
Tiefdruckgebiete fielen einem auf die Nerven, sie führten vom
Nordatlantik ergiebige Niederschläge in Form von Schnee sowie
starke Winde heran. Mitunter kam es vor, daß sich das Wetter
für kurze Zeit besserte, die Kuppel selbst aber blieb in eine
»aufsitzende« Wolke gehüllt. Man konnte nur warten und dabei
immer wieder an den so wahren Ausspruch Nansens denken:
»Geduld ist die höchste Tugend eines Polarforschers!« Also warten wir...

Erst nach achtzehn Tagen erreichte uns durch den Äther in
Barentsburg die frohe Kunde:»Kuppel macht sich frei.« Kurze
Diskussion – fliegen oder nicht fliegen. Offen gesagt, nach den Wet-
terberichten ist das Wetter auf Spitzbergen schlecht. Wir aber
möchten nicht bloß fliegen, wir müssen fliegen, um die Operation
»NOL« zum Abschluß zu bringen, deshalb versuchen wir mit aller
Macht, die Hubschrauberflieger und vor allem ihre Leitung dazu
zu überreden. Endlich wird entschieden –»Flugerlaubnis«. Hurra!
Wie bei einem Alarm springen die Glaziologen in ihre Arbeits-
kleidung, greifen sich ihre Rucksäcke, stopfen die wertvollsten und
empfindlichsten Geräte und frisches Brot hinein, und ab geht's!

Am nächsten Tag schickte mir Sagorodnow den ersten Funkspruch von der Kuppel:»Lebensmittel, Ausrüstung in Ordnung.
Beenden Aufbau des Lagers und der Arbeitsräume. Beginnen mit
der Montage der Bohranlage. Alle gesund, lassen grüßen.«

Innerhalb von drei Tagen richteten die Glaziologen den Wohn-
und Bohrbereich mit einer Fläche von 42 Quadratmetern völlig
ein. Das alte Zelt nutzten sie dieses Mal nicht für Wohnzwecke,
sondern als Küche und Eßraum. In einem der Räume für das
kleine E-Werk richteten sie einen Waschraum mit Dusche ein. Das

Essen wurde auf einem Gasherd gekocht. Wärme lieferte die von den Barentsburger Kumpels geförderte Kohle.

Endlich geht das Bohren los. Unter gleichmäßigem Knattern des Antriebsaggregats dreht sich die Trommel der Winde, über die die Kabeltrosse läuft, sie hält das Bohrgerät. Schon hat es sich mit einem winzigen Teil des gewaltigen Gletschers gefüllt. Aus der Bohrgarnitur wird der Eiskern herausgezogen, und alle kommen angestürzt, ihn sich anzusehen, als bestünde er nicht aus Firn oder Eis, sondern zumindest aus Diamant. Und das ist verständlich: Es sind eben Glaziologen!

Die halbe Abteilung ist unmittelbarer »Konsument« des Kerns – es sind qualifizierte Fachleute der Bereiche Isotopenanalyse, chemische Analyse und petrostrukturelle Analyse von Schnee, Firn und Eis. Sie alle möchten am liebsten sofort mit der Entnahme der Proben für ihre Untersuchungen beginnen.

Das Bohren auf der Kappe nahm große Maßstäbe an. Die Zeit verging sehr schnell, der Thermobohrer drang immer tiefer in den Gletscher ein. In einer Schicht, die gewöhnlich zwölf bis vierzehn Stunden dauerte, konnten vierzig bis fünfundvierzig Meter geschafft und aus dem Bohrloch Massen von Eisproben hochgeholt werden. Wie schon früher wurden Stratigraphie und Dichte des Eises, Größe und Orientierung der Kristalle untersucht und Mikroaufnahmen von Dünnschliffen in polarisiertem Licht gemacht.

Dieses ganze vielseitige Programm hilft uns, den Charakter der Bewegung des Gletschers und seines Aufbaus zu erforschen, gibt uns nach weiteren Analysen eine Vorstellung von den Veränderungen der Isotopenzusammensetzung in Abhängigkeit von den klimatischen Bedingungen und von der Dynamik der Vereisung. Mit anderen Worten – wir versuchen, in einiger Zeit zuverlässige paläoklimatische Rekonstruktionen vorzunehmen, und bemühen uns, mögliche Veränderungen im Haushalt der Gletscher Spitzbergens vorauszusagen. Teilweise für diese Zielstellungen, hauptsächlich aber zur Konkretisierung des Einflusses anthropogener Verschmutzung entlegener Regionen des Archipels und zur Ermittlung von Einschlüssen im Eiskern wurden Eisproben für eine geochemische Analyse entnommen.

Beim Messen der Eistemperatur im Bohrloch stellte Sagorodnow in einem Tiefenintervall von achtzehn bis siebzig Metern eine höchst interessante Erscheinung des Gletscherinnern fest, den sogenannten reziproken Temperaturgradienten. Die ungewöhnliche Temperaturverteilung (die obere Schicht ist wärmer als die untere) in den sogenannten kalten Gletschern Spitzbergens steht im Zusammenhang mit der Klimaerwärmung auf dem Archipel, die schon Ende des vorigen Jahrhunderts begonnen hat.

Die tiefste von acht Bohrungen, die auf der Vestfonna niedergebracht wurden, erreichte das Gletscherbett bei der 208-Meter-Marke. Aller Wahrscheinlichkeit nach liegt an dieser Stelle der Hang einer Erhebung unter dem Eis mit gegliedertem Relief, da die maximale Dicke der Vestfonna nach Werten der seismischen und der Radarsondierung 350 Meter erreicht. Doch dieser Umstand schmälert in keiner Weise die Leistung unserer Glaziologen. Außer mit diesen neuen Zielstellungen befaßte sich die Expedition aber auch weiterhin mit Untersuchungen zur Geschichte der Vergletscherung Spitzbergens im Quartär.

Zum ersten Mal in unserer Expeditionspraxis auf dem Archipel hatten wir 1979 kombinierte Schneemessungen mit Hilfe von Hubschraubern angewandt. An Bord der einen Maschine befand sich die Radarstation, die die Gletscher von Westspitzbergen und Nordostland sondierte, an Bord der anderen waren Troizki und Guskow, die die Schneedecke einer Reihe von Gletschern erforschten, so die auf dem Lomonossow- und auf dem Isachsenplateau. Um die Schneevermesser abzusetzen, hing der Hubschrauber einige Sekunden lang über der Gletscheroberfläche und begleitete dann wieder die Leitmaschine mit den Geophysikern. Während diese in der Luft die Radaraufnahme machten, konnten Troizki und Guskow auf dem Gletscher die Schneemessungen erledigen. Auf dem Rückweg landete der zweite Hubschrauber wiederum kurz, um die Männer aufzunehmen. Unter den schnell wechselnden Witterungsbedingungen Spitzbergens waren diese Schneemessungen, die wir »Luftlande«-Aufnahmen tauften, sicher etwas riskante Operationen.

Jedes Jahr werden Beobachtungen vorgenommen, die den Eishaushalt auf den größten Gletschern im Westen, im Zentrum und im Osten von Westspitzbergen zum Gegenstand haben. Diese Inselregionen unterscheiden sich in klimatischer Hinsicht erheblich voneinander. Die Forschungen der letzten Jahre haben gezeigt, daß der Eishaushalt der untersuchten Gletscher negativ ist, d. h., sie nehmen ab, sowohl in der Ausdehnung als auch in der Dicke. Man hat feststellen können, daß in einzelnen Jahren auf vielen Kar- und Talgletschern der Saisonschnee völlig wegschmolz. Auf zahlreichen Fußmärschen und bei vielen Beobachtungen aus der Luft vom Hubschrauber aus wurden in unterschiedlichen Regionen des Archipels einige Dutzend pulsierender Gletscher entdeckt. Insbesondere konnten wir auf Grund der Studien zur Periodizität rascher Gletschervorstöße das katastrophenartige Vordringen des Von-Post-Gletschers zutreffend voraussagen, der zum oberen Ende des Tempelfjords, dem Nordostknie des Sassenfjords, herabströmt.

Große Aufmerksamkeit widmete unsere Expedition der Erforschung der reliefbildenden Tätigkeit der Gletscher und der Geschichte der Vergletscherung Spitzbergens im Quartär. In unterschiedlichen Regionen des Archipels untersuchte man Meeresterrassen, alte Moränen und Meeressedimente, aus denen organische Restsubstanzen – Schalen von Meeresweichtieren, Treibholzfasern und Torf – geborgen wurden. Durch sie konnte das absolute Alter dieser Ablagerungen mit Hilfe der Radiokarbon- und der Thermolumineszenzmethode bestimmt werden. Dadurch ließen sich die zeitlichen Intervalle von Vergletscherungen und Meerestransgressionen auf Spitzbergen für die letzten 100 00 Jahre wesentlich präzisieren, auch stellte man fest, daß sie mit analogen Vorgängen in Europa und Nordamerika gleichzeitig verliefen.

Da die Wasserversorgung der Bergwerke auf Spitzbergen bestimmte Schwierigkeiten bereitet, wandte sich die Leitung des Trusts »Arktikugol« an die Akademie der Wissenschaften der UdSSR mit der Bitte, unsere Expedition möge doch zusätzliche detaillierte Untersuchungen an jenen Gletschern durchführen, die Barentsburg und Pyramiden mit Trink- und Brauchwasser versorgen. Besonderes Interesse erregte bei uns dabei natürlich der Bertillegletscher, der uns schon 1965 beim ersten Eintreffen in Pyramiden aufgefallen war. Hier haben wir den seltenen Fall, daß der winterliche Abfluß aus dem Gletscher unmittelbar für die Wasserversorgung einer Arbeitersiedlung und eines Bergwerks genutzt wird. Allein im Winter liefert dieser Gletscher über 50 000 Kubikmeter Süßwasser von hoher Qualität.

Wie kommt es wohl, daß dieses Wasser aus dem gefrorenen Gletscherkörper die ganze Kälteperiode lang, also den größten Teil des Jahres über, ausfließt? Dies erklärt sich folgendermaßen: Dynamische Wasservorräte können sich in solchen Gletschern ansammeln, bei denen bedeutende Eismassen Temperaturen um den Schmelzpunkt herum haben. Derartige Gletscher sind in vielen Gebirgsregionen der Erde verbreitet. Wir haben sie auch auf Spitzbergen angetroffen. Das ganze Jahr über fließt Schmelzwasser ab, wodurch im Winter an den Enden der Gletscherzungen Aufeisbildungen (Naledi) von mehreren Hektar Fläche entstehen. Eine interessante Besonderheit dieser Gletscher sind unterirdische Tunnel und Hohlräume. Im Sommer, wenn Schnee und Eis intensiv schmelzen, gelangt Wasser durch Spalten ins Gletscherinnere und füllt dort vorhandene Hohlräume. Im Laufe des Winters werden die Vorräte an flüssigem Wasser allmählich aufgezehrt, und Eis verschließt einen Teil der freigewordenen Hohlräume. Von Jahr zu Jahr verändert sich das innere hydraulische System, die Kanäle und Sammelbecken flüssigen Wassers. Doch kann wegen der Veränderungen im thermischen Regime des Gletschers, hervorgerufen durch wechselnde Temperaturen und geringere Ernährung durch Schnee, der Abfluß stark variieren. Mehr noch, das Wasser kann die Kanäle im Innern des Eises und die Stelle ändern, wo es an die Oberfläche tritt.

Dies alles gilt in vollem Maße auch für den Bertillegletscher. Da in den sechziger Jahren die Wassermenge, die ihm entfloß, zeitweilig den Bedarf der Siedlung und der Grube Pyramiden nicht decken konnte, mußten die Poljarniki den Gletscherabfluß vergrößern. Dazu wurde aus einem Kesselhaus unweit vom Gletscherende Dampf in eine natürliche Eisgrotte geleitet. Der Ausbau des Bergwerks erforderte eine zusätzliche fünf Kilometer lange Wasserzuführung vom Blauen See her. Doch auch diese neue Anlage löste das Problem einer zuverlässig funktionierenden Wasserversorgung nicht vollständig. Es gab weiterhin Schwierigkeiten.

In den letzten Jahren verringerte sich durch das intensive Schmelzen des Bertillegletschers die Eisdecke über der Grotte erheblich, und das führte eines Tages zum Gefrieren des engen Teils der natürlichen Grotte. Es floß kein Wasser mehr ab. Um an Wasser zu kommen, mußten die Bergleute einen Tunnel von 150 Meter Länge in den Gletscher bohren.

1981 zeigte auch diese künstliche Grotte Mucken. Die Kumpel mußten schnellstens eine zweite herausbrechen. Die Hauptschwierigkeit bestand dabei nicht im Vortrieb, das ist ja Bergmannsarbeit, sondern darin, daß man den Abfluß im Gletscherinnern »erwischen« und durch die neugeschaffene Grotte leiten mußte. Diese schwierige Arbeit bewältigten die Poljarniki in bewundernswerter Weise. Sie schlugen einen über hundert Meter langen Tunnel durch und »erwischten« dank genauen Berechnungen den unsichtbaren Wasserlauf im Gletscherkörper. Die Grotte wurde provisorisch verschlossen und gegen Wärme isoliert. In ihrem Innern legte man bequeme Laufstege an, installierte eine Pumpe und verlegte Zuleitungen. Trotzdem ist die Wassernutzung in den nächsten Jahren davon abhängig, daß der Tunnel im Innern des Gletschers bestehen bleibt. Nach unseren Beobachtungen ist das Gewölbe über der neuen Grotte nicht ausreichend dick. Deshalb besteht im Winter durchaus Gefahr, daß der Bach in der Grotte gefriert, weil kalte Luft eindringt. Fachleute haben vorgeschlagen, das Eis über der Strecke durch Spezialmethoden zu verstärken. Jede anderthalb Meter Eisverstärkung verlängern die Lebensdauer der Wasserentnahmeanlage um etwa ein Jahr. Die Bewohner von Pyramiden sind überzeugt, daß es in naher Zukunft keine Probleme mehr mit dem Trinkwasser geben wird, zumal die Aufschüttung eines Staudammes und die Anlage eines Rückhaltebeckens geplant sind.

Zu Beginn der siebziger Jahre haben polnische Expeditionen ihre Arbeit auf Spitzbergen wieder aufgenommen. Es ist für uns besonders erfreulich, daß sich die wissenschaftlichen Kontakte, die mit Polarforschern Polens, Ungarns und der Tschechoslowakei angebahnt wurden, zu fruchtbarer Zusammenarbeit auf Spitzbergen entwickelt haben. Jedes Jahr haben wir auch Gelegenheit, mit norwegischen Spitzbergenforschern zusammenzutreffen, in erster Linie mit Mitarbeitern des Norwegischen Polarinstituts. Solche Begegnungen verlaufen gewöhnlich in einer Atmosphäre schöpferischer Freundschaft, mitunter haben sie sogar den Charakter von Gemeinschaftsarbeit, die der Erforschung der Vergletscherung Spitzbergens besonders förderlich ist. In Erinnerung geblieben sind vor allem die Radarsondierungen der Bröggergletscher, die von Matscheret und Björn Voll 1974 vorgenommen wurden. Im folgenden Jahr machte Troizki zusammen mit Otto Salvigsen und zwei Studenten der Universität Oslo eine interessante geomorphologische Exkursion auf den Hess- und den Finsterwaldergletscher an der Südseite des Van-Keulen-Fjords.

Eine Menge Neues hat es auf dem Archipel gegeben seit der Zeit, da wir hier die erste Etappe unserer Arbeit abgeschlossen hatten und mit der zweiten begannen.

Im Sommer 1974 lief die »Krassin« in die Colesbucht ein. Wirklich, es war jene legendäre »Krassin«, die 46 Jahre zuvor nahe der Küste Spitzbergens die auf einer Eisscholle verbliebenen Teilnehmer der Nobile-Expedition gerettet hatte. Dieser Veteran der sowjetischen Eisbrecherflotte konnte in der Arktis zwar nicht mehr mit seinen weitaus leistungsfähigeren »Enkeln«, den Atom- und dieselelektrisch betriebenen Eisbrechern, wetteifern, wohl aber leistete er unseren Polarforschern noch gute Dienste, als er sich in ein Hilfsschiff für eine geologische Erkundungsexpedition verwandelt hatte. Anderthalb Jahre erfüllte die »Krassin« an der Pier in der Colesbucht ihre Pflicht. Sie lieferte den Bohrleuten Strom, stellte Unterkunft, Essen, Bäder, Speiseraum, Kinosaal, Wäscherei, Bibliothek, ärztliche Hilfe, Funkverbindung zur Verfügung.

Am 2. September 1975 eröffnete der norwegische König Olav V. in feierlichem Rahmen offiziell den nördlich von Longyearbyen gelegenen norwegischen Zivilflugplatz. Nach einem norwegisch-sowjetischen Abkommen wird der »Spitzbergen, Longyear« genannte Flughafen auch von der Sowjetunion genutzt. In einem

Gebäude ist neben der skandinavischen Fluggesellschaft SAS auch die nördlichste Vertretung von Aeroflot untergebracht. Bis zu dreimal im Monat fliegen die komfortablen Tu 154 der Aeroflot die internationale Linie Moskau – Murmansk – Spitzbergen. Nur fünf Stunden benötigt die Tu 154 für die ganze Strecke, wobei sie, bevor sie zu ihrem »Sprung« über die Barentssee ansetzt, noch eine einstündige Zwischenlandung in Murmansk hat. In wenigen Minuten befördern Helikopter vom Typ Mi 8, die dem Trust »Arktikugol« gehören, die hundert und mehr Passagiere vom Flughafen zu den sowjetischen Bergwerken Barentsburg und Pyramiden.

Die Teilnehmer unserer Expedition waren im Herbst 1975 die ersten Passagiere des ersten Flugs einer Tu 154 von Longyearbyen nach Moskau. In den letzten Jahren ersetzten uns die Flugzeuge völlig die früher benutzten Schiffe.

Zweifellos hat die Inbetriebnahme eines ständigen Flugplatzes auf Spitzbergen dieses Gebiet in hohen Breiten der Arktis nicht nur für Bergarbeiter, sondern auch für Forscher und Touristen leichter erreichbar gemacht. Und natürlich wurde damit auch die Beförderung von Fracht, in erster Linie von Gemüse und Obst sowie dringend benötigten Ersatzteilen, erleichtert.

Viele Male habe ich erlebt, daß Spitzbergenveteranen wie auch Spitzbergenneulinge überrascht waren, wenn sie auf dem Archipel eintrafen und die sowjetischen Bergwerke zu Gesicht bekamen. Barentsburg und Pyramiden haben sich in den letzten Jahren tatsächlich sehr gewandelt: Sie sind modernisiert und schöner geworden. Zwar ist die Arktis nicht freundlicher, sind ihre langen dunklen Nächte nicht kürzer geworden, die Gewalt ihrer kalten Winde hat sich nicht vermindert, und auch ihre allem Leben feindlichen Gletscher sind nicht geschmolzen. Doch die Menschen hier haben viel dazu getan, daß sich ihre Lebensbedingungen nur noch wenig von denen auf dem Festland unterscheiden.

Während langer Monate Arbeit im Felde haben wir uns an den Archipel gewöhnt und ihn lieben gelernt. Zwei Gedenksteine, von den Bergarbeitern selbst projektiert, zeugen von fünfzig

Jahren wirtschaftlicher Tätigkeit von »Arktikugol« auf Spitzbergen und vom Bestehen der hiesigen sowjetischen Gruben. Natürlich gibt es auf der Erde Plätze, wo es sich besser leben und arbeiten läßt als auf Spitzbergen. Doch keiner, der auf dem Archipel gewesen ist, wird je die blauen Fjorde inmitten von spitzgipfligen Bergen und silbrigen Gletscherzungen, die wie Oasen wirkenden Siedlungen, die Ankunft des ersten Schiffes und die ersten Sonnenstrahlen nach langer Polarnacht vergessen können.

Spitzbergen–Moskau
1965–1983